모스크바에서 쓴 **러시아, 러시아인**

모스크바에서 쓴 러시아, 러시아인

지은이 · 권 융

펴낸 곳 · 효민디앤피
발행인 · 한수흥
발행일 · 2008년 8월 15일
개정판 · 2019년 11월 20일
주소 · 부산광역시 부산진구 신천대로102번길 17
전화 · 051-807-5100
팩스 · 051-807-0846
출판등록 · 제3-329호
www.hyomindnp.com

값 20,000원
ISBN 979-11-85654-98-0

ⓒ효민디앤피, 2019

권 융 교수의 러시아문화기행

모스크바에서 쓴

러시아, 러시아인

권 융

프롤로그 |개정판 프롤로그|

차이코프스키의 10월

1990년 5월 처음 소비에트연방에 발을 디뎠다. 사회주의의 심장 모스크바. 그때는 도심 곳곳에 빈 풀밭이 많아 어딜 가든 노란 민들레꽃이 지천이었다.
정부지원으로 소장학자들이 모스크바 콤소몰(공산청년동맹) 학교 기숙사에 일주일쯤 머물며 그곳 청년들과 세미나와 친교를 갖는 프로그램이었다. 그때 여러 명의 고려인 유력 인사들도 만나게 되었다. 고르바초프가 페레스트로이카 개혁의 불을 댕기면서 철의 장막 빗장이 막 열리던 무렵이었으므로, 소련이든 바깥세상이든 서로 연결점을 찾기 위해 부심하던 시기였다. 명문 모스크바대학교의 교수를 비롯하여 다양한 분야에서 활동하고 있는 그 고려인들은 한국에서 밀려드는 손님맞이에 무척 바쁜 나날을 보내고 있는 것 같았다.

그때 그를 만났다. 열서너 살쯤 손위인 것 같은 여성 언론인이었다. 고려인 그룹 중 유일하게 서투나마 한국어를 구사하였으므로 그가 통역을 담당하였다. 잠시 의례적 이야기를 나누며 주고받은 명함 덕택에 그 뒤로 한동안 인연을 이어갈 수 있었다.

냉전의 상징이었던 베를린 장벽이 무너지고 사회주의 블록이 붕괴되던 그 시기였다. 한국정부는 북방정책을 화두로 잡고 학자며 학생이며 대거 사회주의권에 파견하여 둘러보게 하였다. 그곳에서 돌아온 지 얼마 안 되어 은사님과 제자가 각기 다른 프로그램으로 모스크바를 방문하게 되었다. 그들이 모스크바에서 그를 만날 수 있게 주선하였다. 일본 책을 번역한 여행책자 외에는 소련 사회에 대한 일반정보가 거의 없던 시절이었으므로 이왕이면 좀 더 알찬 방문이 되기를 바라서였다.

잘한 일이었다. 좋은 사람을 소개해주어 유익한 방문이 되었다는 인사를 받았다. 그리고 인편으로 보낸 작은 선물에 대한 답례를 전해 받았다. 소련 국영 음반회사 멜로지야에서 나온 차이코프스키의 《Seasons》 음반이었다. 차이코프스키라면 고작 '백조의 호수'라든가 '1812년 서곡' 정도를 알고 있던 참이라 그랬을까, 아니면 사는 게 그렇게 바빴을까. 잔잔한 소품곡들을 담은 그 음반은 한두 번 플레이어에 들어가 본 후 선반에서 오랫동안 먼지에 덮여있었다.

뜨겁게 달구어졌던 북방의 '냄비'는 이내 식어들었다. 대학마다 우후죽순처럼 개설되었던 노어노문학과의 학생 지원율이 주춤거리고, 난립했던 북방관련 학회들도 정리되어 갔다. 1997년 여름 시베리아를 횡단한 후 다시 모스크바를 여러 번 드나들었으나 시간이 한참 지난 후에야 불쑥 그가 생각났다. 그리고 현지인을 통한 수소문으로 연락이 닿았던 것 같다. 모스크바의 한국식당에서 함께 저녁을 먹게 되었다.

2000년대 중반이었으니 열다섯 해쯤만의 만남이었겠다. 그동안 무슨 일이 있었던가. 러시아는 체제이행의 재앙을 견뎌내었고, 국민들은 자본주의체제와 외부 세계에 대해 그들이 가졌던 막연한 환상에 넌더리가 났을 것이다. 그리고 둘 다 그새 나이를 많이 먹었다. 그간 한국 사람들을 많이 만났는지 한국어 실력이 훨씬 좋아져 있었다. 반가운 인사 후 지난 시간에 대한 이야기가 오갔다.

러시아를 공부하면서 풀지 못한 의문들 몇 가지를 현지 엘리트에게 확인해 보려는 것도 그날 만남의 목적 가운데 하나였다. 체제 이행 후 많은 시간이 흘렀지만 러시아 사람들이 살아가는 일상에 대한 세세한 정보는 여전히 백지에 가까웠다. 그래서 궁금한 점들이 많았다.

그런데 이어지는 질문에 대한 반응이 의외였다. 이 나라에 대해 무얼 연구하겠다는 거냐, 왜 관심을 갖느냐는 반문이었다. 마치 아무 가치 없는 것에 대해 왜 집착하느냐고 힐난하는 것 같아 당황스러웠다. 한국은 러시아를 잘 모르는데 미답의 분야를 알아간다는 것이 즐겁다. 국립트레차코프미술관의 이동파 작품들을 통해 러시아의 역사와 문화를 들여다보고 있다. 이런저런 이야기에도 그는 여전히 이해하지 못하겠다는 반응이었다. 십수 년 만의 해후는 어색하게 끝이 났다.

무엇 때문이었을까. 그간 러시아에서는 천지가 개벽하는 변화가 있었다. 체제가 바뀌면서 살아가는 방식이 송두리째 뒤집어졌고, 기회를 잡은 사람들은 날아올랐지만 적응하지 못한 사람들은 과거를 그리워하고 있다. 지하철 환승역에서 길을 묻는 이방인이 제대로 열차를 탈 때까지 멀리서 지켜보아주던 사람들은 이제 만날 수 없고, 제 갈 길이 바쁜 사람들만 어깨를 부딪고 지나가는 것이 오늘의 모스크바이다. 짧은 해후여서, 그가 바뀐 세상의 어디쯤을 가고 있는지는 미처 듣지 못했다. 그가 노여운 것은 러시아의 오늘일까 어제일까.

선반을 정리하다가 오래 묵은 음반을 발견했다. 다시 들어보니 너무 좋다. 일 년 열두 달을 표제로 한 곡들 가운데 특히 '10월'은 압권이다. 그때는 왜 몰랐을까. 그때와 지금의 나는 무엇이 달라진 것일까.

이 책을 처음 쓴지 어느새 10년이 넘어버렸다. 그동안 러시아도 달라졌고, 세상과 지나온 일들을 돌아보는 나의 눈도 적지 않게 달라진 듯하다. 그래서 책을 다시 엮기로 했다.

2019년 10월

|초판 프롤로그|

못 ⓒKwunYoong

못은 정말 '못 박힌' 것처럼 그곳을 완고하게 지키고 있었다. 약간 휘어지기도 했지만, 그 쇠붙이의 표면은 오랜 풍상을 겪은 흔적이 역력했다. 2007년 여름, 모스크바 민박집의 창문을 열다가 바깥 창틀 언저리에서 눈에 띈 놈이다. '민박집'이라니 뒷골목에 위치한 아담한 살림집을 연상할 수도 있겠지만 그렇지가 않다. 그 집은 오래전 사회주의 국가 번영의 상징물로 노브이 아르바트 거리에 건축된 현대적 빌딩의 높은 층에 자리 잡고 있다. 1990년 아직 소련이었던 시절 모스크바를 처음 방문했을 때 가이드의 설명으로 알게 된 그 기념비적 건물, 거기서 감히 '민박'을 하게 되다니. 하루가 다르게 변하고 있는 러시아에서는 내일 또 무슨 일이 일어날지 흥미진진하다.

모스크바 노브이 아르바트 거리의 과시적 건물.
사회주의 국가 소련의 번영을 선전하기 위해 건축되었으며, 도로 양쪽에 동일한 모양의 건물들이 도열해 있다. ⓒKwunYoong

그래서, 그런 건물의, 이만한 고층 창틀에, 이놈이 왜 이렇게 주인처럼 버티고 있을까. 창문은 안으로만 열리게 되어있으므로 문고리를 걸어 창을 고정시키는 데 사용된 것 같지는 않았다. 아무리 생각해도 놓여있는 그 모습으로는 용도가 무엇인지를 전혀 짐작할 수 없었다. 냉장고가 널리 보급되지 못했던 사회주의 시절, 음식물을 달아 차가운 바깥 대기에 내놓는 데 그 못을 썼을 거라는 이야기는 나중에야 듣게 되었다.

시차 때문에 잠을 못 이루던 첫날 새벽, 참 희한하게도 그렇게 몇 시간을 못과 마주보고 있었다. 휘황한 거리의 네온사인이 바뀔 때마다, 그리고 여명이 소리 없이 세상 구석구석으로 스며듦에 따라, 못은 조금씩 그 표정을 바꾸는 듯 했다. 세상이 부옇게 밝아오자 거리의 사람들은 저마다 분주히 하루를 준비하고 있었다. 그러나 기억이라는 감옥에 갇힌 듯, 못은 한결 선명하게 자신의 상처를 내보이며 어금니를 꽉 다문 채 완강하게 그곳에 못 박고 있었다.

칠년 만에 다시 찾은 모스크바에는 물가가 엄청 뛰어 있었다. 그곳에서 공부하는 학생들에 의하면 이태 전에 비해 등록금, 기숙사비, 생활비 모두가 두 배 정도는 올랐단다. 식당의 음식 값도 놀라웠다. 예전에는 비싸다고 생각했던 한국식당의 만 오천 원쯤 하는 회비빔밥이 이젠 상대적으로 싼 편이 되어있었다.

무엇보다 살인적인 건 호텔 숙박료였다. 칠년 전, 그러니까 2000년경에는 로컬호텔 한 층을 빌어 영업하던 한국호텔의 숙박비가 하루 40달러정도였지만 쳐다보지도 않았었다. 로컬호텔에서는 나쁘지 않은 시설에 하루 10달러로도 편히 잘 수 있었기 때문이다. 그런데 그 호텔이 리모델링을 하더니 하루에 무려 180달러를 받고 있었다. 기절초풍할 일이었다. 하는 수 없이 찾은 한국 민박집의 숙박비가 하루 80달러였다.

사무실과 호텔 객실의 초과수요가 심한 것도 그런 상황의 원인이지만, 그것은 간단히 말해서 모스크바에 그런 물가를 감당할 만큼 많은 돈이 돌고 있다는 증거일 것이다. 국민의 20%는 빈곤에 시달리고 있다지만 그 정도야 어디든 마찬가지가 아니겠는가. 체제이행기에 빨간 말보로 담배와 스타킹으로 모스크바를 주름잡았던 한국 사람들이 그곳에서 거들먹거릴 수 있는 시대는 이제 완전히 저문 것이다.

유가 급등과 정치적 안정을 바탕으로 체제 이행 초기의 재앙을 극복한 러시아는 급변하고 있다. 그러나 천지가 개벽할 정도로 달라진 모스크바를 찬찬히 들여다보면 변하지 않는 것도 많다. 마치 그 창문에 완강히 버티고 있던 못과 같이.

한 사회의 오늘의 모습은 과거가 남긴 유산이다. 오늘의 러시아 사회에는 이미 사라진 사회주의 소련의 잔재들이 여전히 남아있다. 정치적 행태와 같은 거시적 이슈에 관해서도 그렇고, 주거사정이나 일상생활 같은 미시적 주제에 있어서도 그러하다. 그리고 그것은 더 거슬러 올라 이전세대의 제정러시아에 대해 알아야 더 잘 이해할 수 있다. 비록 체제가 바뀐 러시아이지만 지나간 날에 대한 이해 없이 오늘 거리에서 만나는 파편들을 모아 이것이 러시아라고 말할 수는 없다.

이 책에서는 러시아가 지나온 과거의 시간을 따라 걸으며 그들이 살아가는 모습의 한

모스크바 국제비즈니스센터. 급변하는 러시아의 오늘을 상징한다.

단면을 소개하려 한다. 러시아는 매우 큰 나라이다. 따뜻한 곡창지대로부터 불모의 툰드라에 이르는 다양한 자연환경 속에서 수많은 민족들이 어울려 살아가고 있는 나라이다. 그리고 또 1990년대 초 시장경제체제로 이행한 이후 급격한 변화를 겪고 있는 나라이기도 하다. 그러므로 몇 장의 사진과 몇 줄의 글로써 그곳 사람들의 삶을 규정해버리는 것은 아주 경솔한 일이다. 하지만 장님이 코끼리의 모습을 이해하기 위해서는 어차피 꼬리이든 발가락이든 우선 손에 닿는 작은 부분에 대한 이해로부터 시작할 수밖에 없을 것이다.

2008년 8월

차 례

프롤로그

류릭의 이반

1. 류릭 왕조의 발전 · 16
2. 세 사람의 이반 · 28
3. 동란시대 · 44
4. 러시아 서부의 맞수들_리투아니아, 폴란드, 스웨덴, 리보니아의 독일 기사단 · 54

러시아정교

5. 동방정교의 전래 · 64
6. 러시아정교회의 영욕 · 68
7. 러시아인들의 수호자, 이콘 · 78
8. 사회주의혁명과 정교 · 82

로마노프의 제정러시아

9. 로마노프 왕조의 출범 · 92
10. 장하도다, 스텐카 라진 · 95
11. 서구화의 아버지 표트르 대제 · 101
12. 계몽군주의 꿈, 예카테리나 대제 · 128
13. 모스크바의 붉은 광장 · 136

러시아혁명

14. 절망과 열정의 19세기 러시아 · 156
15. 마침내, 러시아혁명 · 172

혁명 전야의 예술

16. 국민시인 푸시킨 • 188
17. 야스나야 폴랴나의 성자 톨스토이 • 199
18. 문제적 인물 도스토예프스키 • 209
19. 무소르그스키와 차이코프스키 • 217
20. 러시아 발레, 발레 루스 • 224
21. 러시아 미술의 위대한 파트롱, 트레차코프와 마몬토프 • 230

소비에트의 추억

22. 소비에트 연방 • 244
23. 소련의 종말 • 264

옐친과 푸틴의 러시아

24. 옐친의 멋진 신세계_가격자유화와 사유화 • 272
25. 카프카즈의 백학, 체첸 • 287
26. 21세기의 차르, 블라디미르 푸틴 • 297

마피아와 보드카, 그리고 다차

27. 마피아와 보드카 • 312
28. 진정한 나의 집, 다차 • 324

에필로그

저작권 링크

제1편 류릭의 이반

1.
류릭 왕조의 발전

2.
세 사람의 이반

3.
동란시대

4.
러시아 서부의 맞수들 :
리투아니아, 폴란드, 스웨덴, 리보니아의 독일기사단

1. 류릭 왕조의 발전

러시아의 역사는 9세기 경 바이킹 세력이 남하하여 키예프에 입성하면서 시작된다. N.K.Roerich, 바다 건너에서 온 방문객들(1901)

'이반'은 러시아에서 매우 친근한 이름 가운데 하나이다. 민담을 개작한 톨스토이의 동화 《바보 이반》이라든가, 알렉산드르 솔제니친의 대표작 《이반 데니소비치의 하루》처럼 러시아에서는 이반이란 이름을 주변 여기저기에서 쉽게 발견할 수 있다.

러시아 역사에서도 이반은 주요 등장인물이다. 그것도 하나가 아니라 세 사람이 각각 시대의 주연역할을 맡았다. 이반 1세(이반 칼리타), 이반 3세(이반 대제) 그리고 이반 4세(이반 뇌제)가 그들이다. 세 사람의 이반을 이야기하기에 앞서 러시아의 초기 역사를 간략히 정리해 보자.

최초의 국가 키예프 루스

이반 대제(Ivan the Great, 재위 1462~1505) 이전까지의 러시아는 국가 전체를 손안에 쥐고 다스리는 전제적 왕이란 존재가 아직 나타나지 않은 상태였다. 크고 작은 공국들을 통치하는 공(prince)들이 산재해 있었고, 이들 가운데 가장 세력이 큰 자가 대공(grand prince)으로서 맏형 노릇을 하는 정도의 느슨한 연합체가 유지되고 있었던 것이다. 공국의 지배자들은 자기 지역 내에서도 절대 권력을 가진 것이 아니라 귀족들과 협의하여 통치하였으며, 대공도 평소 자신의 영역만 다스리다가 유사시 전 지역에 동원령을 내리는 권한을 갖는 정도였다.

어느 나라든 오랜 시간을 거슬러 그 국가가 처음 탄생하던 무렵의 정확한 사실을 지금 알기는 쉽지 않다. 고대사에 관한 사료가 부족한 것이 주된 이유이겠으나, 목적에 따라 윤색된 후대의 기록들과 주체적이고 영광된 그림을 기대하는 후손들의 입장이 문제를 더욱 복잡하게 만든다. 비교적 오래 되지 않은 러시아의 국가 기원에 관해서도 상황은 마찬가지이다. 11세기 무렵부터 키예프 수도사들에 의해 저술된 러시아 최초의 역사서 《원초연대기》에 의하면, 러시아 땅에서 최초로 국가가 형성된 것은 서기 862년으로 거슬러 올라간다. 당시는 모스크바란 도시가 이 세상에 존재하지도 않았을 때였다. 원초연대기는 스칸디나비아의 노르만 세력이 러시아에 최초의 국가를 세운 것으로 기록하고

V.Vasnetsov, 라도가 호수에 도착한 류릭과 형제들

F. Bruni, 콘스탄티노플 게이트에 방패를 박는 올렉

있다. 그 무렵 부디 자신들을 통치해 달라는 슬라브인들의 요청을 받고 바이킹 일파 류릭(Rurik) 삼형제가 추종세력과 함께 현재 모스크바의 북쪽에 위치한 노브고로드에 들어와 나라를 세웠으며, 이것이 러시아의 첫째 왕조인 류릭 왕조(Rurik Dynasty 862~1598)의 시작이라는 것이다. 바이킹은 노르만의 다른 이름이다. 그리고 그의 후계자 올렉(Oleg)은 바이킹답게 수로를 따라 남하하여 882년 비잔틴과의 교역 요충지였던 키예프를 점령하고 스스로 대공을 칭하였다고 한다. 이로부터 야로슬라프 1세까지 약 170년간 키예프 공국 또는 키예프 루스(Kiev Rus)는 초기 러시아의 중심으로서 여러 공국들 위에 군림한다.

이러한 이른바 '노르만 학설'에 대해서는 여러 반론이 존재한다. 약간의 무리함을 무릅쓰고 단순화시키자면, 논쟁의 핵심은 과연 러시아 국가기원의 중심이 외부세력인 북쪽 노르만인들에 있었는지 아니면 키예프를 중심으로 한 남쪽의 내부적 역량에 근거하였는지의 여부로 정리될 수 있다. 그 첨예한 논쟁을 대표하는 존재 가운데 하나가 '루스(Русь)'의 의미이다. '러시아'라는 국가 명칭의 기원이 되는 루스에 대해서 원초연대기에는 류릭과 함께 도래한 노르만의 일족을 가리키는 것으로 나와 있지만, 루스라는 집단이 그 이전부터 남부 지역에 이미 존재했다는 근거도 있다. 심지어 류릭 자체도 다른 기록에서는 찾아볼 수가 없어서 전설에 속하는 인물에 가깝다. 사정이 이렇다 보니 러시아 국가기원에 관해서는 명쾌한 정리가 어려운 부분이 많다. 하지만 키예프 루스의 성립에 노르만인들이 중요한 역할을 담당했다는 사실, 또한 노르만 출신의 올렉이라는 지배자가 초기 러시아 발전의 핵심적 인물이었다는 사실, 그리고 그럼에도 불구하고 스칸디나비아의 제도와 문화가 키예프에 미친 영향은 별로 중요해 보이지 않는다는 점들은 대체로 타당한 것으로 받아들여진다.

그 후 블라디미르 1세(재위 980~1015)와 후계자 야로슬라프 1세(재위 1015~54)에 이르러 키예프 루스는 전성기를 맞게 된다. 블라디미르는 영토를 확장하는 한편 비잔틴으로부터 동방정교를 공식 도입하여 국가의 통합을 강화하였고(988), 후계자 야로슬라프는 대외전쟁의 승리로 발트해로부터 흑해에 이르는 영토를 확보하는 한편 유럽의 왕가

들과 혼인을 통한 긴밀한 외교관계를 수립하였다. '지혜로운 자'라는 의미의 '무드르이'라는 별명을 가진 야로슬라프는 내치에 있어서 더욱 중요한 업적들을 남겼다. 기독교의 보급에 박차를 가해 최초의 러시아인 수좌대주교를 탄생시켰으며 많은 학교를 세운 사실도 꼽을 수 있지만, 가장 중요한 것은 러시아 최초의 성문법 '루스카야 프라우다'를 편찬한 사실이다. 이 법전은 슬라브의 전통적 관습법과 비잔틴의 법전에 바탕을 둔 것으로서, 오늘 우리가 당시 러시아 사회를 들여다 볼 수 있는 귀한 자료로 남아있다. 이 무렵 키예프 루스의 인구는 5백만에 이르렀다고 하는데, 이는 당시 유럽에서 신성로마제국 다음가는 규모였다고 알려진다.

루스카야 프라우다 첫 페이지 모사본

분열과 혼란의 분령시기

야로슬라프 1세가 죽은 후 키예프는 내부 갈등이 심화된다. 화근은 권력 계승의 원칙이 불분명하다는 데 있었다. 야로슬라프 자신도 형제간의 피비린내 나는 투쟁에서 승리한 끝에 권좌에 오른 사람이다. 그의 형인 스뱌토폴크는 키예프의 대공이 되기 위해 동생을 세 명이나 살해하였지만 결국 야로슬라프에게 패배하는 바람에 저세상 사람이 되었다. 이런 아픈 상처가 있었으므로 야로슬라프는 말년에 영토를 나누어 자식들에게 배분하고 키예프의 장자를 중심으로 결속하도록 간곡히 당부하였다. 그러나 권력은 부자지간에도 나누기가 힘들다고 하지 않는가. 1054년 그가 세상을 떠나자 어김없이 처절한 골육상쟁이 벌어지게 된다.

오랜 내전 끝에 야로슬라프의 손자 블라디미르 모노마흐(재위 1113~25)가 사태를 수습하고 국경지역을 괴롭히던 이민족들까지 제압함으로써 키예프가 다시 한 번 영광을 되찾는가 싶었다. 하지만 이미 기울어 버린 국운은 돌이킬 수가 없었다. 그의 사후 키예프는 또다시 권력투쟁의 수렁에 빠져들며 돌이킬 수 없는 분열과 쇠퇴의 길을 가게 된다.

키예프가 쇠락한 것은 비단 내부적 분열뿐만 아니라 이탈리아 상인들의 활약으로 지중해 무역이 번성하면서 키예프가 교역의 네트워크에서 소외된 경제적 여건 변화, 그리고 폴로베츠를 비롯한 남동부 초원지대 유목민들과의 진절머리 나는 소모전의 영향도 컸다.

키예프가 전체 러시아의 실질적 중심 역할을 하던 시대가 저물면서 러시아는 열개가 넘는 지역으로 분열된다. 하지만 각 공국의 제도와 문화는 변함없이 키예프에 그 뿌리를 두고 있었다. 또한 키예프 대공과 수좌대주교가 각각 전체 러시아의 세속적 종교적 우두머리로 받아들여진 점도 달라지지 않았다. 하지만 공국 간 통합은 실질적으로 무너지고 지역마다 각자도생에 몰두하였던 이 시대를 러시아 역사에서는 '분령시기(分領時期)'라 부른다.

시간이 지나면서 이 가운데 로스토프 벨리키와 수즈달, 그리고 블라디미르를 중심으로 한 북동부가 새로운 중심으로 떠오르고 북부의 노브고로드가 그와 겨루는 국면이 형성된다. 북동부의 강자 로스토프-수즈달 공국의 건설자는 블라디미르 모노마흐의 아들 유리였다. 그는 '돌고루키(긴팔을 가진 사람)'라는 별명을 얻을 만큼 활발하게 북동 삼림지대를 장악해 나갔다. 유리 돌고루키(1090?~1157)는 수즈달 인근의 조그만 마을 모스크바를 북동부의 새로운 중심 도시로 키워나갔으며(1147), 1154년에는 키예프를 점령하여 대공의 자리를 차지하고 러시아 전역을 자신의 아들들이 나누어 통치하도록 하였다.

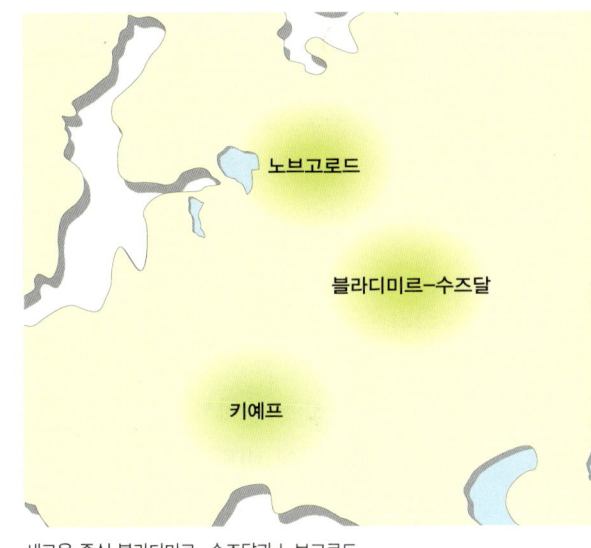

새로운 중심 블라디미르-수즈달과 노브고로드

돌고루키의 아들 안드레이 보골류프스키는 공국의 중심을 수즈달에서 블라디미르로 옮기고 그곳에 우스펜스키를 비롯한 장대한 교회들을 건설하였다. 이후 로스토프-수즈달 공국은 '블라디미르-수즈달 공국'으로 불리게 된다. 아버지를 닮아 왕성하게 세력을 넓혀갔던 그의 행보 가운데에는 매우 주목할 만한 사건이 있다. 아버지의 사후 조카에게 넘어갔던 키예프를 1169년 다시 점령하게 되지만, 그곳을 동생에게 넘기고 돌아와 블라디미르를 중심으로 통치를 이어갔던 사실이다. 이는 키예프가 그동안 러시아의 중심으로서 모든 공들의 선망의 대상이었지만 이제 더 이상 애써 간직할만한 가치가 없어져 버렸음을 의미한다. 이후 약 100년간 블라디미르-수즈달의 대공이 북쪽의 노브고로드와 맞서며 러시아의 맹주 역할을 담당하게 된다.

군웅이 할거하던 분령시기를 종식시킨 것은 뒤늦게 등장한 모스크바였다. 오랜 분열이 끝나고 모스크바가 전체 러시아의 구심점으로 확고한 위상을 구축한 시기를 1533년 이반 4세가 '전체 러시아의 차르'로 공식 즉위한 시점으로 잡는 경우도 있다. 하지만 그보다 앞서 1462년 모스크바 대공의 자리에 오른 이반 3세가 노브고로드를 정복하면서 이미 러시아의 패권은 모스크바에게 넘어와 있었다.

블라디미르의 장대한 우스펜스키대성당
모스크바 크레믈의 우스펜스키는
이 성당을 참고하여 건축한 것이다.
ⓒKwunYoong

타타르의 멍에 (the Golden Horde)

하지만 러시아 땅에서 이처럼 각축을 벌이며 패권을 다투던 각 도시들은 이 모든 일을 부질없게 만들어 버릴 세계사적 먹구름이 동쪽으로부터 다가오고 있음을 전혀 눈치 채지 못했다. 그것은 거대한 몽골군의 침입이었다.

금을 멸망시키고 북중국을 차지한 몽골의 기병은 그 막강한 군사력을 바탕으로 쏜살같이 사방으로 팽창해 나간다. 칭기즈칸의 둘째아들 오고타이는 1224년 지금의 몽골과 북중국 지역에 오고타이한국을, 셋째아들 차가타이는 1227년 중앙아시아에 차가타이한국을 건설한다. 그리고 손자 바투는 1235년 이후 러시아를 거쳐 중부유럽과 남쪽 아드리아

해안까지를 초토화시키고 초원으로 돌아와 지금의 볼고그라드 근처인 볼가강 하구 사라이(Sarai)에 킵차크한국을 세운다. 또한 제4대 대칸 몽케의 동생인 훌라구는 이란을 침공하여 1258년 압바스 왕조를 멸망시키고 일한국을 세운다. 이로써 본토의 원나라를 중심으로 외곽의 독립국인 4한국(汗國)이 연결되는 몽골의 연합대제국이 완성된다. 고려도 이즈음에 몽골의 침입을 받아 끈질기게 항쟁하였으나 결국 항복하고 한동안 원의 속국으로 지내야 했다.

몽골의 팽창과 4한국

러시아가 몽골의 위력을 처음 맛본 것은 1223년이었다. 남쪽의 카프카즈 산맥을 넘어 갑자기 나타난 이 강력한 기병들을 물리치기 위해서 러시아는 어제의 적이었던 폴로베츠인들과 연합군을 구성하여 흑해연안의 칼카 강변에서 맞섰지만 처참한 패배를 당한다. 그러나 이는 예고편에 불과했다. 본격적인 몽골의 침입은 1236년 바투의 15만 대군이

1238년 바투 칸의 수즈달 약탈(출처 : 16세기 연대기)

볼가강 유역으로 밀고 들어오면서 시작되었다. 이후 몽골군은 질풍처럼 러시아 중심부를 휘젓고 다니며 랴잔, 블라디미르, 수즈달, 로스토프, 야로슬라블, 트베르를 쑥밭으로 만들어 버린다. 그리고는 다시 남하하여 키예프를 격파하고 볼린과 갈리치를 거쳐 폴란드와 헝가리로 쳐들어간다.

유라시아 전역을 굴복시켰던 몽골군을 맞아 러시아 인들은 처절하고 용맹하게 저항했다. 그러나 몽골군은 너무 강한 존재였다. 그들은 규모면에서뿐 아니라 군사 편제와 전술전략, 무기 측면에서 당시 다른 국가들과 비교할 수 없을 정도로 우월하였다. 그들의 학살과 파괴가 지나간 곳에는 아무 것도 남아있지 않았다. 원래 몽골군에게 '자비'란 단어는 기대할 수 없었다. 굴복하지 않는 자는 그 뿌리까지 뽑아버림으로써 후환을 없애고, 몽골에 맞서면 파괴와 응징만이 따를 뿐이라는 공포심을 심어줌으로써 그들의 정복과 통치는 효과적으로 수행될 수 있었다. 몽골 침입 10년 후 키예프에는 200채 남짓한 집과 노예들만 남아있었다는 기록이 있을 만큼 러시아 특히 키예프는 철저히 파괴되었다.

러시아에서는 이 몽골 지배자들을 타타르(Tartar)라고 불렀다. 타타르는 원래 몽골과는 무관한 중앙아시아 지역의 투르크계 유목민족을 가리키는 말이었다. 그러나 마치 지옥의 사자들처럼 온 세상을 불태우며 몽골의 대군이 파죽지세로 침입해오자, 공포에 질린 러시아 사람들은 그리스 신화에 나오는 지옥 '타르타로스(Tartaros)'를 떠올리고 이들을 '타타르'라 부르게 된다. 타타르의 의미는 그 후 정복과 병합을 통하여 인근의 여러 민족들이 섞이며 지칭하는 범위가 점차 확대되어, 나중에는 대부분의 투르크계 민족들을 총칭하는 이름으로 사용되었다.

본국의 오고타이 칸이 사망했다는 소식을 듣고 유럽에서 회군한 바투가 1243년 볼가강 유역의 초원에 세운 나라는 킵차크한국(Kipchak Khanate)이었다. 이를 한자로는 금장한국(金帳汗國), 영어로는 'the Golden Horde'라고도 부른다. '한(汗)'은 몽골을 비롯한 유목민족의 군주를 지칭하는 '칸(khan)'을 한자로 표기한 것이며, 'horde'는 몽골어로 '군단'을 나타내는 '오르도'에서 유래된 것이다. 그들이 눌러앉은 남부러시아는 슬라브·동로마·이슬람권과 사통팔달로 교통할 수 있는 중간지역이었다. 따라서 몽골의 지배자들은 문화적으로 투르크 및 이슬람권에 급격히 동화되면서도 중계무역을 통해 번성해갔다. 킵차크한국은 제9대 우즈베크 칸(재위 1312~41)의 치하에서 전성기를 누렸다. 남부러시아와 중앙아시아를 호령하던 킵차크한국은 14세기 말 새로운 패자 티무르에게 유린된 후 킵차크·카잔·크림·아스트라한 한국으로 분열되고 내부적으로 대립하다가 차례로 멸망하였다.

1240년경부터 1480년까지 약 240년간 이어진 몽골의 지배를 러시아인들은 '타타르의 멍에(Tartar Yoke)'라고 부른다. 킵차크한국은 우리 고려에 그리했던 것처럼 러시아 각 공국에 다루가치(darughachi)를 파견하여 내정을 간섭하고 공물 징수를 감독하였다. 몽골의 침입과 킵차크한국의 오랜 지배는 러시아 역사에 커다란 상흔을 남기게 된다. 우선 직접적인 인적 물적 손실이 막대하였고, 도시의 파괴로 상공업과 수공업이 거의 소멸하다시피 하였다. 그보다 더 중요한 것은 킵차크한국으로 인해 서유럽과 교류하는 길목이 차단됨으로써, 14세기 이후 유럽에서 만개하였던 르네상스의 영향을 전혀 누리지 못하였다는 사실이다.

S.Ivanov, 러시아 도시에 나타난 타타르의 다루가치

키예프 루스에 비해 나을 것이 없었던 서유럽 각국이 르네상스의 영향을 서로 주고받으며 문명화 되어가는 사이에 러시아는 여전히 중세의 암흑 속에 머물러 있어야 했으며, 이는 서유럽에서 시민혁명이 이미 마무리된 1860년대까지도 러시아 땅에서는 국민 다수가 농노로 신음하는 후진성을 낳은 중요한 원인으로 작용하였다. 그렇다면 좀 더 나아가서 몽골의 지배가 결국 인류 역사상 최초로 러시아에서 사회주의혁명이 발생하는 사건과도 무관하지 않다고 말할 수 있을까. 물론 이는 상당한 논리적 비약으로 보아야 할 것이다. 그러나 그만큼 몽골의 지배는 러시아 역사에 있어 큰 굴레로 작용하였다. 21세기의 차르로 군림하고 있는 푸틴 러시아대통령의 예에서 보다시피 러시아 국민들은 민주적인 인사보다 설령 독재자라 하더라도 강력한 카리스마를 가진 사람을 지도자로 더 선호해왔다는 평가가 있다. 이러한 성향은 몽골의 잔혹했던 군사 통치와 무관하지 않다는 주장이 비중 있게 거론될 정도로, 진실 여부를 떠나 러시아인들의 의식에서 Golden Horde의 그림자는 오늘날까지도 길게 드리워져 있는 것이다.

모스크바의 등장

전쟁과 재난 앞에서는 한없이 연약해 보이지만 다른 한편으로 더할 수 없이 끈질긴 것이 인간의 삶이다. 재앙에서 살아남은 사람들은 몽골의 지배 아래에서도 서서히 농업을 일으키고 도시를 키워나가기 시작했다. 그에 따라 도시의 주력산업인 상공업도 점차 발달하면서 새로운 중심지들이 하나둘 나타나고 그들 사이에 상호유대가 강화되었다.
이러한 가운데 이제는 전처럼 느슨한 공국들의 연합이 아닌 강력하고 통일된 국가가 필요하다는 생각이 러시아 사람들 사이에 자리 잡기 시작했다. 그것은 다시 싹튼 수공업이나 상공업의 발달을 위해서도 그러했고, 공국들의 권력쟁탈전에 지친 백성들의 안녕을 위해서도 그러했다. 이로써 그동안 러시아가 한 번도 경험하지 못했던 중앙집권화로 나아가는 기초가 자리 잡기 시작한다. 이때 러시아의 새로운 중심으로 떠오르며 역사에 비로소 등장한 것이 바로 현재의 수도 모스크바이다.
그때까지 모스크바는 블라디미르와 수즈달 인근에 위치한 볼가강 지류 기슭의 조그만 마을에 불과하였다. 그러나 유리 돌고루키가 1147년 이곳에 진출한 후 요새를 건설하였고, 뒤이어 1271년 다닐이 블라디미르-수즈달 공국으로부터 독립하여 모스크바 공국을 건설하면서 러시아의 새로운 핵으로 발돋움하기 시작한다. 하필이면 모스크바가 이처럼 러시아의 중심으로 성장하게 된 이유는 무엇일까. 그 해답은 우선 평화가 보장되는 지리적 위치에 있다. 지금도 모스크바 인근을 벗어나면 끝없는 평원에 빽빽한 삼림이 펼쳐진다. 당시라면 지금보다 더욱 깊은 숲속이었을 이곳을 외부에서 침공하기는 매우 번거로운 일이었을 것이다. 더욱이 러시아를 괴롭히던 외적들이 모스크바까지 도달하기 위해서는 주변 도시들과의 전투에서 승리해야만 하였다. 남쪽의 킵차크한국은 랴잔과 니줴고로드가, 북쪽의 독일·스웨덴·리보니아는 노브고로드·프스코프·스몰렌스크가 모스크바를 본의 아니게 대신 방어하는 역할을 담당하고 있었다.

모스크바 시청 앞의 유리 돌고루키 동상 ⓒKwunYoong

외침으로부터 상대적으로 안전한 이점을 바탕으로, 모스크바는 볼가강 수운 요충지로서의 장점을 한껏 살릴 수 있었다. 무역이 활발해지면서 부가 축적되어 가던 모스크바. 그러나 이때 지혜롭고 유능한 지도자를 만나지 못했더라도 과연 모스크바가 러시아의 중심으로 확고하게 자리 잡을 수 있었을까. 여기서 우리는 이반 1세에 대해 주목하게 된다.

외부침공의 방어막이 된 모스크바 외곽의 울창한 삼림지대 ⓒKwunYoong

2. 세 사람의 이반

'돈 주머니' 이반 1세(재위 1328~40)

몽골 치하에서 뛰어난 정치적 수완을 발휘하여 모스크바를 러시아의 맹주로 성장시킨 것은 이반 1세이다. 그는 '칼리타(Калита)'라는 별명을 갖고 있었다. 칼리타란 '돈 주머니'란 뜻이다. 그는 별명에 어울릴 만큼 큰 부를 축적하였고 이를 효과적으로 활용할 줄도 알았다. 당시의 지배자 몽골은 러시아 각 공국의 통치자들로부터 조공을 받으며 이들 간의 경쟁과 반목을 적절히 조장하였다. 각 공들은 자기 영역의 통치권을 인정받는 한편 공국들 사이에서 맏형 노릇을 하는 대공의 지위를 얻기 위해 킵차크한국의 수도 사라이를 뻔질나게 드나들며 권력투쟁에 몰입하였다. 이때 가장 탁월한 수완으로 몽골의 환심을 산 것이 바로 이반 칼리타였다.

킵차크 지배자의 강력한 뒷받침을 기반으로 그가 추진한 다음 작업은 인근 블라디미르에 정착해 있던 러시아정교회의 최고위자 수좌대주교를 모스크바로 데려오는 일이었다. 러시아 국민들은 몽골의 지배로 인해 씻을 수 없는 상처를 입었지만, 러시아정교회는 역설적으로 오히려 이 시기에 급격히 성장하게 된다. 몽골 지배세력은 종교에 대해 의외로 관대하였다. 교회는 세금을 면제 받았고, 킵차크한국의 수도에도 교회가 건립되었으며, 여러 공들은 앞을 다투어 교회에 재산을 기부하였다. 따라서 15세기경에 이르면 정교회는 러시아에서 가장 큰 농지를 소유한 세력으로 등장한다. 교회의 종교적 권위에 더하여 이들이 축적한 막대한 부는 러시아 권력의 향배에서 중요한 역할을 맡기에 충분하였다. 이런 정교회의 우두머리 수좌대주교가 블라디미르를 떠나 모스크바에 머물게 되었다는 것은 이제 본격적으로 모스크바의 시대가 다가오고 있음을 의미한다.

'대제' 이반 3세(재위 1462~1505)

두 번째의 이반은 이반 3세로서, 그 탁월한 업적으로 인해 '이반 대제'라고도 불리는 사람이다. 러시아 역사상 '대제(大帝)'라는 칭호를 얻은 사람은 이반 3세와 러시아 근대화의 아버지 표트르 1세, 그리고 예카테리나 2세 정도이다. 그렇다면 그가 남긴 업적은 과연 어떤 것일까. 그는 북부 노브고로드를 정복함으로써 동북러시아를 통일하였고(1478), 몽골 타타르의 내분을 이용하여 그 뼈저린 지배에서 벗어났으며(1480), 이런 업적을 바탕으로 러시아 땅에서 비로소 전제군주가 다스리는 강력한 중앙집권국가를 이룩한 뛰어난 군주였다.

키예프가 쇠락하면서 러시아 북부의 주요한 세력으로 군림해온 노브고로드 공국은 러시아 역사에서 매우 독특한 존재이다. 초기 러시아 공국들에 있어서 공(prince, 러시아어로는 크냐지 князь)이 비록 강한 권력을 지닌 우두머리이긴 하였지만 전적으로 독자적 권한을 행사할 수 있었던 것은 아니다. 공은 또 다른 세력인 귀족회의(보야레 두마), 그리고 예로부터 전해 내려오던 자유민들의 집회인 민회(베체)의 견제 또는 협력을 받으며 국가를 통치하였다. 그러나 시간이 흐름에 따라 공의 권력은 차츰 강화되어 전제군주로 변모하게 되고 나머지 세력들은 군주의 협력자로서 봉사하게 된다.
하지만 노브고로드의 사정은 전혀 달랐다. 노브고로드에서는 독특하게도 민회의 힘이 매우 강력하였기 때문에 이를 '공화정'으로 보아야 한다는 주장이 있을 정도이다. 우선

자유민들의 집회 베체는 노브고로드에서 특히 강력하였다. V.Vasnetsov, 프스코프의 베체(1908~9)

도시의 자유민은 누구나 성소피아성당의 종(베체의 종)을 울려 민회를 소집할 수 있었다. 이렇게 소집된 민회는 전쟁이나 법률의 채택 등 모든 중요한 사안들을 다루었으며, 도시의 행정을 담당할 고위 관리를 선출하고 심지어는 공을 외부에서 초빙하거나 해임하기도 했다. 노브고로드의 공은 베체로부터 급여를 받는 대가로 군대를 지휘하고 행정 및 사법에 관한 업무를 돌보는 일종의 CEO 같은 존재에 불과했다. 그는 심지어 노브고로드의 토지를 소유할 수도 없었다. 이런 연유로 종종 노브고로드 '공화국'이란 표현을 쓰는 사람들도 있다.

그러나 노브고로드가 단지 이처럼 독특한 정치 시스템만으로 주목의 대상이 된 것은 아니다. 북부 삼림지대의 풍부한 모피는 북유럽 도시들의 상업적 네트워크인 한자동맹(Hanseatic League)의 동쪽 끝 노브고로드의 곳간을 풍요롭게 채워주었다. 뿐만 아니라 그들은 적절한 외교적 수완과 강한 군사력으로 몽골의 침입과 같은 위기의 상황에서 러시아 북부지역을 잘 방어해 내었다.

13세기 바투의 타타르 기병이 러시아 중심부를 폐허로 만들었지만 노브고로드만은 그 참화를 피할 수 있었다. 늪지대가 많은 지형적 조건 때문에 봄철 얼음이 녹은 진창 속에서 몽골의 주력인 기병이 민첩하게 기동하기 어려웠던 것이 중요한 원인이라고 한다. 이처럼 학살은 피했으나, 노브고로드의 통치자 알렉산드르는 당시 도저히 저항할 수 없었던 세기의 정복자에게 무모하게 맞서지 않고 충성을 맹세하는 현명한 전략을 선택하였다. 이로써 그는 러시아 대공의 지위를 얻고 몽골의 총애를 받는 실리를 취하게 된다. 또한 그는 러시아가 위기에 처할 때마다 침략해 오던 스웨덴·리투아니아·독일기사단을 격파하여 백성들을 참화에서 구하였다. 러시아 북서부를 흘러 발트해로 흘러들어가는 네바강 유역이 주요 격전지였으므로, 알렉산드르는 '네프스키'란 별명으로 칭송되었다. '알렉산드르 네프스키'란 '네바강의 알렉산드르'라는 의미이다.

가혹한 몽골 군사독재정치의 압박, 그리고 그를 닮아가듯 지배자의 힘이 점차 강력해지던 러시아의 다른 공국들 사이에서 상대적으로 민주적인 사회제도와 높은 수준의 문화를 꽃 피우던 노브고로드. 그러나 그들의 영광은 그리 오래 갈 수 없었다. 야외에서 개최되는 민회에서는 아무나 큰 소리로 자신의 의견을 이야기할 수 있었기 때문에 때로는 중구난방의 무질서가 초래되기도 했고 극심한 파벌 싸움이 벌어지기도 했다. 날로 강성해지는 모스크바의 위협이 현실화되는 상황에서 이러한 혼란을 무한정 방치할 수는 없었다. 게다가 귀족과 엘리트들에게 부가 집중되면서 그들의 발언권이 점차 커져갔다. 이에 따라 노브고로드에는 점차 소수의 세력이 권력을 행사하는 과두정치가 자리를 잡게 된다. 이에 대한 반발로 내부적 응집력이 현저히 약화된 그들을 정복하고 동북러시아를 한손에 움켜쥔 것이 바로 모스크바의 이반 3세였다. 이로써 노브고로드의 자랑스러웠던 민주적 전통은 역사 속에 묻힌 채 530년이 지난 현재까지 러시아 땅에서 두 번 다시 찾아볼 수 없게 되었다.

K.Lebedev, 이반 3세의 노브고로드 베체 파괴(1889)

이반 3세가 노브고로드와 그 인근 지역을 정복한 정도의 공으로 '대제'의 칭호를 얻은 것은 아니다. 그가 이룩한 가장 중요한 업적은 러시아 역사에서 타타르의 멍에라는 치욕을 씻어낸 일이다. 한때 세상에 당할 자가 없어보였던 몽골이지만, 시간이 지남에 따라 어쩔 수 없이 그 세력이 약화되기 시작했다. 그 기회를 틈타 최초로 반기를 든 것은 이반 대제보다 한 세기 앞을 풍미한 모스크바 대공 드미트리(재위 1359~89)였다. 킵차크는 그가 공납을 거부하자 응징을 위해 군대를 파견하였고, 돈강 유역의 쿨리코보에서 벌어진 처절한 전투에서 놀랍게도 모스크바가 대승을 거두게 된다(1380). 이는 그간 누구도 의심치 않았던 몽골 불패의 신화를 깨뜨린 중요한 사건으로서 러시아 전역에 큰 희망을 안겨주었다. 드미트리는 이 승리로 말미암아 드미트리 '돈스코이'(돈 강의 드미트리)란 별명을 얻게 된다.

A.Bubnov, 쿨리코보 들판의 아침(1947)

그러나 쿨리코보의 대승에도 불구하고 러시아가 아직 몽골을 완전히 축출할 만한 힘을 갖춘 것은 아니었다. 심지어 다시 쳐들어온 타타르가 모스크바를 불태워버리자 드미트리는 칸에 대해 또다시 충성을 약속해야만 했다. 킵차크한국이 결정적으로 쇠락한 것은 중앙아시아의 새로운 패자 티무르의 등장 때문이었다. 지금의 우즈베키스탄에 위치한 도시 사마르칸트를 중심으로 14세기말 중앙아시아와 인도, 투르크까지 휩쓴 티무르의 위세에 1395년 킵차크한국은 수도 사라이까지 초토화되는 수모를 겪는다. 티무르의 철수로 멸망은 간신히 면했지만, 이제 킵차크한국은 크림·카잔·아스트라한 한국이 분열해 나가고 서로 세력 다툼까지 벌이게 됨으로써 급격히 몰락의 길을 가게 된다.

이때 러시아에 걸출한 지도자 이반 3세가 버티고 있었던 것은 타타르에게 큰 불운이었다. 드미트리 돈스코이의 쿨리코보 전투가 있은 지 꼭 100년이 되던 1480년, 바야흐로

N.Shustov, 칸의 문서를 찢어버리는 이반 3세(1862)

때가 이르자 이반 3세는 마침내 킵차크한국이 요구하는 공납을 거부하고 일전을 벌이게 된다. 양측 군사들은 오늘의 스몰렌스크 인근 오카강 지류인 우그라 강변에서 실개천 같은 물을 사이에 두고 오랫동안 대치하였다. 당연히 다시 한 번 처절한 전투가 예상되었지만 결말은 싱거웠다. 몽골군은 동북 러시아의 패자 이반 3세와의 결전을 포기하고 자신들의 본거지로 회군하였던 것이다.

우그라 강에서의 대치(16C)

이런 반전이 일어난 이유는 다음과 같다. 우선 킵차크의 칸 아흐메트가 러시아를 치기 위해 폴란드-리투아니아와 동맹을 맺었지만 기대했던 동맹군이 도착하지 않은 것이 문제였다. 그들이 우그라로 올 수 없었던 것은 이반과 손을 잡은 크림한국 군대가 허를 찔러 리투아니아를 급습했기 때문이었다. 그뿐이 아니었다. 이반은 날랜 군사들을 보내어 크림한국 부대와 함께 킵차크의 수도 사라이를 공격했다. 이 소식을 들은 킵차크의 아흐메트는 황급히 말 머리를 돌릴 수밖에 없었던 것이다. 비록 역사의 성쇠가 그렇다 하지만, 러시아 땅에 질풍노도와 같이 밀려들어와 240년에 걸쳐 그 거칠고 무거운 멍에로 짓눌렀던 타타르가 아닌가. 그런 그들이 이렇다 할 전투 한 번 없이 발걸음을 돌려 역사 속으로 멀어지는 모습은 초라하였다.

그 후 킵차크한국은 자신의 후예이지만 우그라강 전투에서는 적국 모스크바의 편에 섰던 크림한국에 의해 멸망하였고(1502), 카잔한국과 아스트라한국은 약 50년 뒤 또 하나의 이반인 이반 4세에 의해 복속당한다. 가장 오래 지속되었던 크림한국은 18세기까지 명맥을 이어가다가 러시아 역사상 또 한 사람의 뛰어난 군주인 예카테리나 2세에게 멸망당하고 만다(1783). 이처럼 타타르가 역사에서 완전히 사라진 것은 한참 뒤의 일이지만 1480년 우그라에서의 회군을 기점으로 타타르와 러시아의 관계는 오히려 역전되었으므로, 타타르의 멍에는 이로써 종말을 고한 것으로 간주된다.

이런 과정을 통해 이반 3세는 러시아 역사상 처음으로 절대권력을 가진 전제군주의 면모를 갖추게 된다. 분령시기 러시아는 키예프라는 뿌리를 공유하는 여러 공국들의 느슨한 연합체에 불과했다. 하지만 외침에 맞서 전쟁을 치르는 사이에 같은 언어와 종교를 가진 동질적 집단이라는 의식이 강화되었다. 타타르를 몰아내고 노브고로드를 정복한 이반 3세의 강력한 카리스마는 이들을 이끌기에 부족한 점이 없었다. 이로써 그는 전체 러시아를 지배하는 힘을 가진 본격적인 전제군주의 위치에 오르게 된 것이다.

이반 대제가 베니스 건축가 피오라반티를 초청하여 건축한 모스크바 크레믈의 우스펜스키대성당 ⓒKwunYoong

이반3세의 영광은 그것으로 끝나지 않았다. 그의 권위를 한층 더 높임으로써 '대제'라는 칭호가 손색이 없게 만든 또 하나의 사건이 준비되고 있었다. 바로 비잔틴의 멸망이었다. 동·서로마의 분리 후 게르만 민족의 대이동과 함께 이미 오래전 멸망한 서로마제국과는 달리, 지금의 이스탄불인 콘스탄티노플을 수도로 한 동로마제국 즉 비잔틴제국은 쇠락한 상태에서도 명맥을 근근이 유지하고 있었다. 하지만 1453년 마침내 콘스탄티노플이 오스만투르크에 의해 점령됨으로써 천년 역사의 종말에 이르게 된다.

비잔틴은 러시아에 있어 매우 특별한 존재였다. 일찍이 키예프의 블라디미르 1세가 콘스탄티노플로부터 동방정교를 받아들임으로써 국가의 통합이 강화되었고, 함께 전래된 키릴 문자를 비롯하여 당시 세계에서 가장 선진적이던 비잔틴의 문화는 초기 키예프 루스를

모스크바대공국의 게오르기(중심부의 빨간 사각형)와 비잔틴의 쌍두독수리를 결합한 러시아 문장

발전시킨 자양분이자 정신적 고향이었다. 심지어 비잔틴은 15세기에 이르기까지 러시아정교회를 관할 하에 두고 그리스인을 러시아 대주교로 파견할 정도였다. 그런 비잔틴이 역사에서 사라진다는 것은 한편으로 애석한 일이지만 러시아로서는 또 다른 기회가 될 수도 있었다. 이반 3세는 멸망한 비잔틴 황제 콘스탄티누스 11세의 조카딸 소피아와 결혼하고 비잔틴의 쌍두독수리 문장을 가져오는 수완을 발휘하면서 동로마의 계승자임을 자처한다. 그리고 러시아의 군주를 지칭하는 말로 이후 오랫동안 사용된 '차르(царь)'라는 호칭을 처음 쓰기 시작하였다. 차르는 라틴어의 카이사르(Caesar)를 어원으로 하며, 비잔틴에서 황제의 호칭으로 사용되어 오고 있던 말이다.

이반 3세의 마지막 작품은 법전 '수제브니크'의 편찬이었다. 이 법전의 가장 중요한 효과는 농노제의 기초가 마련되었다는 점이다. 몽골 지배 이후로 점차 몰락해 가던 농민들은 자영 농지를 잃고 빚더미 속에서 지주와 귀족들의 소작인으로 전락하고 있었는데, 법전은 이들 농민의 거주이전을 제한함으로써 사실상 농노로 만들어버린 것이다. 농민들에게는 기가 막힌 일이었지만, 지배자로서는 전제군주제를 아래에서 받쳐주는 든든한 토대가 마련된 것이었다.

이처럼 굵직한 업적을 남긴 그를 후세의 사람들은 이반 '대제'라고 부른다. 그 후 또 하나의 이반인 이반 뇌제에 이르기까지 러시아의 통치자들은 끊임없이 귀족들과 힘을 겨루며 전제권력을 굳혀나갔다.

공포의 '뇌제' 이반 4세(재위 1533~84)

짧은 시간동안 러시아를 관광하는 외국인들이라면 십중팔구 들렀다 가는 곳이 상트페테르부르크의 에르미타주박물관이다. 본래 로마노프 왕조의 겨울궁전이었던 이 박물관에는 국내외에서 수집된 300만 점에 이르는 미술품과 유물들이 소장되어 있어, 흔히 세계 3대 박물관 가운데 하나로 꼽히기도 한다. 따라서 이곳은 연중 수많은 관람객들로 붐비고 있다. 하지만 러시아 역사에 대해 어느 정도 식견을 가진 사람들로부터 더 큰 사랑을 받는 미술관은 따로 있다.

모스크바에 있는 국립트레차코프미술관이 바로 그것이다. 19세기말 러시아 미술의 중요한 후원자였던 거상 트레차코프가 기초를 닦은 이 미술관에는 19세기 러시아 회화의 대표작들이 대부분 소장되어 있다. 따라서 이곳을 이틀쯤 한가하게 거닐다보면 레핀 · 크람스코이 · 수리코프 · 브루벨 등 우리가 미술교과서에서 전혀 만나지 못했던 러시아 거장들의 놀라운 작품들을 캔버스 구석구석까지 뜯어보는 호사를 누릴 수 있다.

이곳의 수많은 걸작들 가운데 관람객의 큰 관심을 끄는 것으로 일리야 레핀의 《1581년 11월 16일, 이반 뇌제와 그의 아들 이반(1885)》이 있다. 어둡고 불길한 기운이 가득한 화폭의 한가운데에는 광인의 모습을 한 깡마른 노인 하나가 머리에 피를 흘리며 쓰러진 청년을 끌어안고 있다. 발아래 구르고 있는 쇠지팡이의 뾰죽한 끝부분에는 붉은 피가 낭자하고, 울부짖는 노인의 눈은 공포와 절망으로 가득하다. 이 비극적 그림의 주인공이 바로 이반 4세이다.

I.Repin, 1581년 11월 16일 이반 뇌제와 그의 아들 이반(1885)

러시아의 첫 번째 왕조인 류릭 왕조의 끝머리를 장식하는 이반 4세는 러시아 역사상 가장 드라마틱한 삶을 살고 간 군주이다. 그는 왕권을 강화하고 영토를 크게 확장함으로써 차르란 칭호를 본격적으로 사용하게 된 강력한 전제군주였다. 그러나 다른 한편으로 수많은 귀족들을 주살하고 온 세상을 공포에 질리게 한 전대미문의 폭군이었으며, 정신착란으로 인해 가장 사랑하던 아들마저 쇠 지팡이로 내리쳐 살해하고 자신도 끝내 비극적인 최후를 맞은 불행한 사람이었다. 러시아 사람들은 그를 이반 '그로즈니(Грозный)'라 불렀는데, 영어로 옮기면 Ivan 'the terrible'이란 의미이다. 우리는 천둥벼락과 같이 온 러시아를 공포에 질리게 만든 그를 '뇌제(雷帝)'라고 부른다.

뇌제의 불행은 그가 너무 일찍 권좌에 오른 데서 출발한다. 이반 대제 이후 지속적으로 영토를 확장하고 왕권을 강화한 바실리 3세(재위 1505~33)가 사망한 뒤 아들 이반이 왕위에 오른 것은 불과 세살 때였다. 이반 대제 이후 강력한 왕권이 확립되고 있기는 하였지만 끊임없이 재기를 노리고 있던 귀족들에게 어린 군주의 등극은 자신들의 뜻을 펼칠 수 있는 절호의 기회였다. 섭정을 맡았던 어머니마저 그가 여덟 살이 되던 해에 귀족들에게 살해당하자 이반은 그야말로 바람 앞의 등불과 같은 신세가 되고 만다. 기록에 의하면 국정을 좌지우지하던 귀족들은 공식석상에서 이반을 깍듯이 대하였지만, 뒤에서는 그를 능멸하였으며 이반이 자는 침대 위를 뛰어다니거나 밥을 굶기기도 했다고 한다. 항상 생명의 위협을 느끼며 살아야 하는 긴장된 나날 속에서 어린 이반에게 정상적인 정신세계가 형성될 수가 없었던 것은 당연한 일일 것이다. 그의 마음속에 쌓인 분노와 증오는 엉뚱하게 표출되어, 어릴 적부터 높은 탑 위에 올라가 약한 동물들을 떨어뜨려 죽이는 잔혹한 놀이를 즐기곤 했다고도 전해진다. 이러한 언급이 사실인지 혹은 훗날 부풀려진 이야기인지는 알 수 없지만, 이는 말년에 뇌제가 보인 정신착란과 그런대로 앞뒤가 맞아떨어지는 일화라고 볼 수 있다.

명민한 아이였던 이반은 어려운 시기를 용케 버텨내었다. 그리고 즉위 10년째인 13세가 되던 해에 대귀족 실권자를 급습하여 처단하고 극적으로 권력을 장악한다. 그는 1547년 17세의 성년이 되자 '전 러시아의 차르'란 이름으로 대관식을 치른다. 황제 또는 왕을 뜻하는 차르란 호칭을 처음 도입한 것은 뇌제의 할아버지 이반 대제였지만, 그것은 대제가 차르를 자칭한 것이지 공식적으로 사용한 것은 아니었다. 군주의 공식 호칭이 '모스크바 대공국의 벨리키 크냐지(대공)'에서 '전 러시아의 차르'로 바뀌었다는 것은, 이제 본격적 중앙집권국가 러시아를 지배하는 강력한 전제군주가 탄생하였음을 의미한다. 이때 맞아들인 로마노프 가문의 덕성스런 왕후 아나스타샤는 이반이 입은 마음의 상처를 잘 어루만져 그가 한동안 훌륭한 군주로서 러시아를 통치하게 만들었다.

이반은 우선 신분제 회의 '젬스키 소보르(전국회의)'를 구성하였다. 여기에는 고위성직자와 대귀족 보야르 뿐만 아니라 하급전사 출신의 봉직귀족, 도시의 상인, 때로는 일부 농민 대표까지 참여하였다. 하지만 다양한 계층의 뜻을 민주적으로 국정에 반영하기 위해 전국회의를 구성한 것은 전혀 아니었다. 젬스키 소보르는 어디까지나 귀족들을 견제하기 위한 장치였다. 회의는 차르가 전 국민의 동의라는 명분으로 귀족을 압박할 필요가 있을 때 부정기적으로 소집되었다. 젬스키 소보르는 이처럼 원래 실권이 있는 조직이 아니었으나, 격변기에는 새로운 차르를 추대하는 등 중요한 역할을 담당하기도 했다. 이반은 젬스키 소보르를 지렛대로 대귀족을 견제하고 각종 개혁정치를 펼치기 시작하였다. 개혁 작업에서 토착 대귀족 '보야르'에 맞서 그를 도왔던 것은 봉직귀족 '드보랴네'였다. 그들은 원래 하급병사로서 봉토를 받는 대신에 군사적으로 왕에게 충성을 바치는 사람들이었다. 이반은 이들에게 중앙관직까지 하사하며 핵심적인 친위세력으로 키워갔다.

S.Ivanov, 젬스키 소보르(1908)

한편 이반의 영토 확장에도 역시 기념비적인 요소가 있다. 이미 쇠락했지만 그래도 러시아 땅에 남아 타타르의 멍에라는 기억하고 싶지 않은 역사를 회상하게 만들던 카잔한국과 아스트라한한국을 멸망시킨 것이다. 이로써 러시아는 볼가강 유역 전체를 장악하고 시베리아로 진출할 수 있게 된다. 카잔한국 정벌 기념으로 이반이 모스크바의 붉은 광장에 건축한 것이 바로 그 유명한 양파머리의 성바실리대성당이다.

안으로 토착귀족을 억압하며 개혁정책을 펼치고 밖으로는 영토를 활발히 확장해나감으로써 훌륭한 군주로서 손색없는 모습을 보여주던 이반의 삶은 1553년에 발생한 사건으로 중대한 전환점을 맞게 된다. 갑자기 중병으로 쓰러진 이반이 죽음을 눈앞에 둔 긴박한 상황이 전개되었던 것이다. 그가 살아날 가능성이 없다고 본 귀족들은 차르의 어린 아들에 대한 충성 서약 요청을 거절하였다. 하지만 이반은 극적으로 회복되었고, 당연히 한바탕 피비린내 나는 숙청이 이어졌다. 수많은 측근들이 항변할 기회도 없이 살해되고, 겁먹은 대귀족 보야르들이 국경을 넘어 리투아니아로 도주하기도 했다. 이 사건 후 귀족들에 대한 불신은 차르의 가슴 속에 확고하게 자리 잡게 된다.

V.Vasnetsov, 이반 4세의 초상(1897)

상황이 결정적으로 악화된 것은 1560년 이반이 가장 아끼고 사랑하던 왕후가 사망하면서부터였다. 이반은 그녀가 귀족들에게 독살 당했다고 믿었다. 이로부터 이반에게 잠재되어 있던 증오와 포악성에 대한 제동장치가 완전히 사라지고, 그는 온 세상을 의심의 눈초리로 바라보기 시작한다. 많은 측근과 귀족들이 관직에서 추방되고 살해되었다. 그리고 그 무시무시한 친위대 '오프리치니크'가 탄생하게 된다.

A.Vasnetsov, 오프리치니크가 나타나자 달아나는 사람들(차이코프스키의 오페라 《오프리치니크》의 무대세트, 1911)

오프리치니나와 오프리치니크는 그를 공포의 차르 이반 '그로즈니'로 불리게 만든 핵심적 장치이다. 그것은 1565년 차르 실종사건과 함께 시작된다. 그해 겨울 크렘린에서 차르가 갑자기 사라진다. 알고 보니 그는 친위세력들과 함께 약 100km 떨어진 알렉산드로프에 가 있었다. 왕후가 죽은 후 벌어진 반역자 색출과정에서 차르의 광기가 어느 정도인지를 이미 지켜본 후였기 때문에, 사람들은 이반이 또 무슨 일을 꾸미고 있는지 큰 불안에 사로잡혔다. 그곳에서 그는 대귀족들을 압박하여 그가 제시한 두 가지 조건, 즉 첫째로 군주 직영 토지 '오프리치니나'를 설치하고 자신의 뜻대로 통치한다는 것, 그리고 둘째로 배신자의 색출과 처단 그리고 재산 몰수에 대한 전권을 갖겠다는 조건에 대한 동의를 받아낸다. 그 결과는 피비린내 나는 숙청, 그리고 귀족들의 몰락이었다.

차르는 오프리치니나를 친위세력인 오프리치니크에게 분배하였다. 오프리치니크는 봉직귀족을 주축으로 하여 차르에 충성하는 일부 대귀족, 그리고 외국인들로 구성된 이반의 사병조직이었다. 이들의 주요 임무는 단순히 하사받은 오프리치니나를 경영하는 데 있는 것이 아니라, 귀족을 쓸어버리고 일종의 친위 쿠데타를 감행하는 것이었다. 오프리치니크는 그 행색부터가 소름끼쳤다. 그들은 검은 옷에 검은 말을 타고 안장에는 개의 머리와 빗자루를 달고 다녔다. 그것은 차르의 비위에 거슬리면 재판 같은 건 없이 그냥 물어뜯고 쓸어버리겠다는 신호였다.

러시아 전역을 휩쓸고 다닌 그 무리들은 단연 공포의 대상이었다. 노브고로드 시민들은 스파이 노릇을 했다는 누명으로 한꺼번에 3만 명이 학살되기도 하였으며, 정교회의 수장인 수좌대주교마저 뇌제를 비판하다가 오프리치니크에 의해 살해당한다. 이런 광풍은 1572년까지 약 7년간 계속되었다. 회오리가 지나간 뒤 처음 얼마 되지 않던 오프리치니나는 러시아 농지의 절반에 이를 만큼 확대되었고 대귀족들은 치명적 타격을 입게 된다.

N.Nevrev, 오프리치니크(1870)

차르 이반 뇌제는 일리야 레핀이 실감나게 묘사한 1581년 11월 16일의 비극적 사건이 일어날 때까지 측근들과 주로 알렉산드로프에 머물렀다. 군주가 사냥을 나설 때나 잠시 들르곤 하던 이 조그만 정착촌이 1565년부터 1581년까지의 기간 동안은 사실상 러시아의 수도 역할을 한 것이다. 이곳에서 뇌제와 측근들의 주된 일과는 교회에서 미사를 본 후 반역자들을 고문하고 처단하는 일이었다고 한다. 현재 알렉산드로프의 크렘린에는 광기에 물든 차르의 무리들이 죄수에게 악형을 가하는 모습이 재현되어 있다.

뇌제는 이런 과정에서 강력한 왕권을 갖게 되지만 그 말년은 비극으로 끝나고 만다. 그의 친위 테러가 계속되는 가운데, 1571년 오스만투르크의 지원을 받은 크림한국의 침입으로 10만 명 이상의 러시아인들이 학살되었으며, 1582년과 그 이듬해에는 숙적 폴란드·리투아니아·스웨덴과의 굴욕적 협정으로 발트해 연안을 상실하게 된다.

하지만 가장 큰 불행은 1581년 11월 16일의 바로 그 사건이었다. 갈수록 정신이상 증세가 심해지던 뇌제는 어느 날 임신한 며느리가 옷을 너무 얇게 입었다고 심하게 구타한다. 왕후가 죽은 후 그가 유일하게 신뢰하고 사랑하던 아들 이반은 이로 인해 아내가 유산하자 아버지와 싸우게 되고, 화가 난 뇌제는 쇠 지팡이로 아들을 내리쳐 죽게 만든다. 러시아 19세기 회화의 거장 일리야 레핀의 그림에서는 제 정신으로 돌아온 아버지의 공포와 절망이 가득한 눈을 볼 수 있다. 이 사건 후 뇌제는 비극의 현장 알렉산드로프를 떠나서 두 번 다시 돌아오지 않았다.

안으로는 왕권을 강화하고 국가를 통합하여 비로소 전제군주의 위상을 갖추고, 밖으로는 광대한 영토를 확보한 류릭 왕조의 절정에서 한때를 풍미한 이반 그로즈니는 1584년 체스를 두다가 사망한다. 공식적 사인은 뇌졸중이지만 그가 독살 당했을 것으로 추정하는 사람들도 있다. 이반 뇌제의 사망 후 10년 남짓한 세월이 지나면서 러시아는 후계를 둘러싼 소용돌이에 빠지게 되고 결국 류릭 왕조는 종언을 고하게 된다.

I.Bilibin, 이반 뇌제의 죽음(1935)

3. 동란시대

표도르와 풍운아 보리스 고두노프

이반 뇌제가 죽은 뒤 아들 표도르가 왕위를 계승한다(재위 1584~98). 그러나 그는 병약하여 제대로 왕권을 행사하지 못했으므로 처남 보리스 고두노프가 사실상 차르로 군림하였다. 당시 류릭 왕조는 연이은 전쟁과 이반 뇌제의 폭정으로 피폐하여 크게 흔들리고 있는 상태였다. 혹독한 세금과 기근에 시달리던 농민들은 도처에서 변경지역으로 도주하여 카자크(영어로는 Cossack) 무리에 합세하고 있었다. 그리고 1591년, 기울어 가는 왕조의 후계에 검은 그림자를 드리우는 사건이 발생한다. 차르의 유일한 동생으로 모스크바 북쪽 우글리치에 살고 있던 아홉 살의 드미트리가 의문의 죽음을 당한 것이다. 차르 표도르의 건강이 매우 좋지 않은데다가 후사를 두지 못한 상황이었으므로 장차 드미트리가 왕위를 계승하는 것은 시간문제처럼 보였다. 그리고 실권은 고두노프에게 있었다. 이런 상황에서는 사실 여부를 떠나서 드미트리의 죽음이 고두노프와 관련이 있지 않나 하는 생각을 누구라도 쉽게 떠올릴 수 있다.

여기서 '드미트리'란 이름을 잘 기억할 필요가 있다. 드미트리의 살해혐의는 고두노프의 이마에 찍힌 주홍글씨가 되어 따라다니다가 결국 그를 몰락시켰으며, 뒤 이은 동란시대에는 죽은 드미트리를 참칭하는 가짜들이 연이어 나타나 세상을 뒤흔들었기 때문이다.

1598년 예상대로 차르 표도르 마저 세상을 떠난다. 전국회의 젬스키 소보르는 마치 잘 예정된 수순을 따라가는 것처럼 이미 실권자였던 보리스 고두노프를 차르로 선출하였다. 이로써 862년 성립된 류릭 왕조는 730여년의 역사를 마감하게 된다. 보리스 고두노프는 국민이 선출한 차르로서 7년간 러시아를 통치한다(재위 1598~1605). 그러나 그는 러시아 역사의 양대 왕조인 류릭 왕조와 로마노프 왕조 어디에도 속하지 못함으로써, 왕조 이행의 혼란스런 진공상태를 파란만장하게 살다간 난세의 풍운아쯤으로 치부되는 것 같다.

그는 늘 차르의 등 뒤를 겨누고 있던 권문세족들을 추방하고 신진 봉직귀족 드보랴네 계급을 기반으로 삼아 내치와 외교를 두루 보살피며 나름대로 의욕적인 통치를 펼쳐나갔다. 그러나 운명은 그의 편이 아니었다. 잇단 자연재해와 흉작으로 대기근이 발생하면서 수많은 사람들이 굶어 죽고 인육까지 먹는 처참한 상황에 이르자 약탈과 폭동이 이어졌다. 그리고 백성들 사이에서는 왕자 드미트리 살해의 혐의가 있는 이 정통성 없는 군주에 대한 불신과 원망이 눈덩이처럼 커져가게 된다.

A.Golovin, 보리스 고두노프로 분장한 표도르 샬랴핀(1912).
샬랴핀은 20세기 초반 러시아를 빛낸 독보적 오페라 가수이다.

드미트리 1세, 첫 번째 가짜 드미트리

그런 원망은 '구세주 차르의 신화'를 낳는다. 즉 '현재의 차르는 가짜이고 진짜 차르는 악인에게 추방당해 몸을 숨기고 있다. 그러나 우리를 구하기 위해 곧 돌아올 것이다. 그는 지상을 지배하는 거짓을 타파하고 진리(프라우다)를 실현할 것이다.'라는 믿음이다. 20세기 초 사회주의혁명이 성공할 때까지 러시아 국민의 절대다수를 차지하던 농민들이 평화나 안락함을 느낄 수 있는 시기는 거의 없었다고 할 수 있다. 그들은 현실의 고통을 잊기 위해 종교에 열렬히 귀의하였고, 그로써도 부족할 경우에는 스스로 신화를 만들어 그곳에 희망의 씨앗을 심었다.

보리스 고두노프가 가짜 차르 취급을 받으면서 민심은 한 사나이에게 쏠린다. 그는 자신이 죽은 것으로 알려진 드미트리 왕자라고 주장하였다. 한때 수도사였던 그는 폴란드의 후원을 받으며 러시아로 진군해 들어왔다. 고두노프를 축출하려는 야심을 가진 대귀족들도 그를 지원하였다. 폴란드 군과 카자크, 그리고 용병들로 구성된 가짜 드미트리의 부대는 사실 중구난방이어서 전투에서 패하기 일쑤였다. 하지만 무서운 건 군대보다 민심이었다. '구세주 진짜 차르'에게 쏟아진 민심 덕택에 그는 거듭 새로운 기회를 얻을 수 있었다. 드미트리 왕자는 이미 사망하였으며 저놈은 가짜라는 고두노프의 필사적 호소는 전혀 먹히지 않았다. 현실에 절망한 사람들에게는 구세주가 필요하다. 설사 드미트리 본인이 스스로 가짜라고 고백했다 하더라도 사람들은 그것을 인정하지 않았을 것이다.

고두노프 일가족의 무덤. 세르기예프 포사드의 삼위일체 수도원 ⓒKwunYoong

운이 따랐다면 새로운 왕조의 시조가 되었을지도 모를 고두노프는 1605년 혼란에 빠진 러시아를 남겨 놓고 급사한다. 러시아의 국민시인 알렉산드르 푸시킨은 훗날 희곡 《보리스 고두노프(1831)》에서, 양심의 가책과 민심의 이반에 대한 절망 속에서 죽어가는 그의 모습을 그리고 있다. 고두노프의 아들은 표도르 2세란 이름으로 잠시 권좌에 오르지만, 시민 폭동으로 단 49일 만에 쫓겨나고 곧이어 일가족이 몰살당하고 만다. 살해당한 진짜 드미트리의 저주였을까, 고두노프는 충분히 비극의 소재가 될만한 삶을 살다 갔다.

고두노프 사후 약 8년간은 기근과 내란과 외침으로 전 러시아가 혼란 속에서 소용돌이치게 된다. 류릭 왕조가 종말을 고한 후 1613년 로마노프 왕조가 새로 출범할 때까지 러시아가 마주하였던 이 격동과 고난의 시기를 '동란시대(動亂時代)'라고 부른다. 동란시대의 기점을 고두노프의 차르 등극 시점(1598년)으로 잡는 경우도 있고, 그가 사망한 1605년부터 시작된 것으로 보는 경우도 있다.

특별히 간교한 인간이 아니라 하더라도 사람의 마음은 들판의 풀과 같아서 바람이 바뀔 때마다 이리저리 휩쓸리기 일쑤이다. 때로는 진실을 알면서도 이익에 영합하여 마음을 바꾸고, 큰 바람이 불 때면 멋모르고 대세에 휘둘리기도 한다. 가짜 드미트리가 모스크바에 입성할 무렵 진짜 드미트리의 어머니 마르타와 대귀족 바실리 슈이스키, 그리고 민중이 보여준 행태도 그러했다.

바실리 슈이스키는 대귀족 보야르로서 당시 정국에 큰 영향력을 행사한 주요 인물 가운데 한 사람이었다. 보리스 고두노프가 죽은 후 슈이스키는 그가 십여 년 전 우글리치의 드미트리 왕자를 살해한 진범이라고 군중들에게 고발한다. 흥분한 시민들은 폭동을 일으키고 슈이스키의 의도대로 보리스의 아들 표도르를 권좌에서 끌어내린다. 슈이스키는 어린 드미트리가 의문사 하였을 때 파견된 진상조사단의 주요 책임자였고, 그때는 칼을 가지고 놀던 왕자가 간질발작을 일으켜 사고가 발생했다고 증언했던 사람이다. 슈이스키가 말을 바꾼 것은, 그가 난세를 맞아 최고권좌를 넘보고 있는 상황이었기 때문에 동기를 짐작하기가 어렵지 않다.

조금 간단치 않은 것은 드미트리의 어머니 마르타의 행동이다. 이반 뇌제의 일곱 번째 부인으로 드미트리 왕자의 생모였던 그녀는 가짜 드미트리를 만나본 후 그가 아들이 맞다고 증언한다. 비록 십여 년 세월이 흘렀지만 아홉 살까지 자기가 직접 키운 아들을 생모가 알아보지 못한다는 건 납득하기가 쉽지 않다. 훗날 제2의 가짜 드미트리가 나타났을 때도 마르타는 그가 자신의 아들이라고 선언한다. 아무래도 마르타 역시 슈이스키처럼 이익을 탐한 혐의가 짙다. 반면 민중의 마음이 이 정체불명의 사나이에게 걷잡을 수 없이 무너져 간 것은 아마도 절박함 때문이었을 것이다. 전대미문의 고난을 맞아 그들에게는 모든 죄를 대신 안고 갈 희생양이 필요했고, 재앙에서 벗어나게 해줄 구원자가 필요했다. 모스크바에 입성하여 고두노프가 남긴 자리를 차지한 가짜 드미트리(드미트리 1세, 재위 1605~6)의 삶도 별로 나을 것이 없었다. 정상을 위협하는 것은 정상을 지키는 것보다 오히려 쉬운 법이다. 드미트리가 제위에 오른 것은 자신의 능력 덕분이 아니라 실패한 타인의 대안으로 선택되었기 때문이다. 그러나 그는 러시아 역사상 가장 험난한 시기 가운데 하나였던 그 상황을 수습할만한 능력이 없는 사람이었다. 더구나 그는 국민들의 기대와 달리 러시아의 전통적 관습을 무시하기 일쑤였고, 후견세력으로 따라온 폴란드인들의 안하무인적 태도는 러시아 사람들의 격심한 반발을 불러일으켰다. 전쟁과 참혹한 기근에 시달리는 난세의 고달픈 민중들에게는 꿈이 이루어질 때를 참을성 있게 기다릴 여유가 없다. 가짜 드미트리를 이용하여 고두노프를 몰아낸 대귀족들은 기회를 놓치지 않았다. 1606년 쿠데타가 일어나 드미트리가 살해되었고, 다음 권좌는 반란의 주모자 바실리 슈이스키가 차지하였다.

C.Wenig, 가짜 드미트리 최후의 순간(1879)

의병장 미닌과 포자르스키

여행사의 관광 상품을 통해 모스크바를 방문하는 사람들을 현지 가이드가 제일 먼저 안내하는 장소는 십중팔구 붉은 광장이다. 그곳에 도착한 사람들은 광장 입구에 아담하게 자리잡고 있는 아름다운 양파머리의 사원에 제일 먼저 시선을 빼앗긴다. 폭군 이반 뇌제가 카잔한국 정복 기념으로 세운 성바실리대성당이다. 러시아의 대표적 이미지로서 관광책자를 통해 눈에 익은 건물이므로 우선 화들짝 반가운 마음이 앞선다. 음, 네가 여기에 이런 모습으로 서있었구나. 그리고 그 오밀조밀한 아름다움에 감탄하지 않을 수 없어 한동안 그 주위를 맴돌게 된다. 그러다가 다음 행선지를 향한 가이드의 거듭된 재촉에야 아쉬운 발걸음을 떼어놓곤 한다.

관광객들의 다음 시선을 모으는 것은 '전혀 붉지 않은' 붉은 광장과 붉은 벽돌로 만들어진 장엄한 크레믈이다. 잰 걸음을 떼어놓는 그들은 대부분 바실리성당 앞에 서있는 동상 하나를 무심히 지나치고 만다. 그 동상의 주인공은 동란시대의 영웅 미닌과 포자르스키이다. 그들은 임진왜란 당시의 곽재우 장군처럼 동란시대에 풍전등화와 같던 조국 러시아를 외침에서 구한 의병장들로서 러시아 국민들의 깊은 존경과 사랑을 받고 있다.

모스크바 붉은 광장 성바실리대성당 앞의 미닌과 포자르스키 동상 ⓒKwunYoong

가짜 드미트리의 다음 왕좌는 그에게 충성하다가 이내 배신한 대귀족 바실리 슈이스키가 차지한다(재위 1606~10). 그러나 한번 흔들린 차르의 권위는 좀처럼 회복되지 못하였다. 한때 모스크바를 위협할 정도로 드센 농민 반란이 지나가더니, 또 다른 가짜 드미트리가 나타나 차르 자리를 위협했다. 첫 번째와 마찬가지로 두 번째 가짜 역시 폴란드의 지원을 받고 있었다. 반란군은 승승장구하여, 한때 모스크바 코앞의 투시노에 또 하나의 정부를 차려놓고 나라를 양분할 정도로 세력을 떨쳤다. 바실리 슈이스키는 반란 세력을 축출하기 위해 결국 스웨덴의 힘을 빌어야했다.

이들 국가의 현재의 국력만 머릿속으로 떠올린다면, 러시아가 스웨덴과 폴란드의 간섭을 받는 것은 좀 의아한 장면일 수도 있다. 하지만 당시 최전성기를 맞은 폴란드는 그 영토가 북쪽의 발트해로부터 남쪽의 흑해에 이른 유럽 최대의 왕국이었고, 스웨덴 역시 북방의 강자로서 활발하게 팽창해나가고 있었다. 그 시대에 극도의 혼란에 빠진 러시아로서는 주변 강국들의 침탈에 속수무책으로 밀릴 수밖에 없었다.

폴란드는 러시아 서부를 장악하더니 모스크바까지 밀고 들어와 점령군으로 눌러앉는다. 그리고 혼란을 수습할 능력이 없었던 바실리는 1610년 결국 차르 자리에서 쫓겨난다. 이후 약 3년간은 빈 군주의 자리를 채우지 못한 채 대귀족 보야르들의 회의체인 보야레 두마가 국가를 통치하게 된다.

국가 조직은 무정부 상태에 빠져있고 외적이 수도를 점령한 당시의 러시아는 비슷한 시기에 왜란을 당한 조선을 연상케 한다. 왕은 수도를 버린 채 도주하고 정규군은 궤멸되어 희망이 없던 당시의 조선. 그 절망적 상황에서 전세를 극적으로 역전시키는 데에는 이름 없는 민초들로 구성된 의병의 기여가 컸다. 동란시대 폴란드의 침공을 받은 러시아를 구한 것도 역시 의병 즉 국민군이었다.

당시 특권과 호사를 독점하고 있던 대귀족들은 한말의 친일파처럼 외세에 빌붙어 자신들의 영화를 꾀하였다. 러시아에서 17세기 초는 아직 '국가'나 '국민'이란 개념이 사람들 사이에 확고하게 자리 잡지 않은 시기였다. 따라서 항상 무거운 짐만 도맡아 지고 있던 농민들은 물론이고 당시 사회의 주류가 아니었던 봉직귀족과 상인들이 굳이 '조국' 러시아를 위해 목숨을 걸고 떨쳐 일어날 이유는 없었다. 그러나 이들은 국민군을 결성하여 용감하게 모스크바 탈환을 시도했다.

사람들의 마음에 불을 당긴 일차 뇌관은 종교였다. 폴란드는 러시아와 달리 가톨릭 국가이다. 그들이 침공해오자 모스크바의 총대주교 게르모겐은 힘을 모아 이교도의 지배로부터 러시아를 구하자는 격문을 전국에 돌렸고 그 반응은 대단하였다. 그러나 열정만으로 전쟁을 치를 수는 없는 법, 구성이 복잡했던 국민군은 한때 모스크바를 탈환하는 것처럼 보였으나 내분으로 지도자가 살해되며 와해되고 만다.

일단 타오르기 시작한 민심을 효과적으로 폭발시킨 두 번째 뇌관 역할은 니즈니 노브고로드의 상인 쿠즈마 미닌과 몰락한 수즈달의 귀족 드미트리 포자르스키가 담당하였다. 미닌은 상인의 수완으로 각지에서 군자금을 끌어모았고 포자르스키는 군대를 조직하여 직접 전투에 참가하였다. 신분고하를 막론하고 하나로 뭉친 미닌과 포자르스키의 국민군은 1612년 마침내 폴란드 점령군의 항복을 받고 모스크바를 해방시킨다.

M.Peskov, 니즈니 노브고로드 시민들에게 호소하는 미닌(1861)

다시 찾은 모스크바. 외침에서 나라를 구하긴 하였지만, 러시아는 감동에 젖어 있을 겨를이 없었다. 그들이 존립을 이어가기 위해서는 한시바삐 모든 혼란을 종식시키고 새로운 출발을 해야만 했다. 그러나 그들에게는 군주가 없었다. 류릭 왕조는 이미 종말을 고했고 쫓겨난 바실리 슈이스키마저 세상을 뜨고 없었다. 이러한 권력의 공백상태를 정리한 것은 이반 뇌제가 귀족을 견제하기 위해 만들었던 전국회의 젬스키 소보르였다. 성직자·귀족·시민·농민 대표로 구성된 전국회의는 1613년 7월 로마노프 가문의 16세 소년 미하일을 차르로 선출함으로써 러시아의 두 번째 왕조인 로마노프 왕조를 출범시킨다.

모진 고난을 겪으면서도 한 가지 소득이 있었다면 신분의 높고 낮음을 넘어서 러시아인들이 국가와 국민이란 개념에 대해 눈뜨게 되었다는 점이다. 러시아 사람들은 미닌과 포자르스키의 정신을 기리기 위해 모스크바 붉은 광장 한가운데에 청동상을 세웠다. 나중에 성바실리대성당 앞 현재의 위치로 이전된 이 동상에 나타난 두 사람의 모습은 흥미

실의에 빠진 듯한 포자르스키(오른쪽)을 독려하는 미닌의 결의에 찬 눈길 ©KwunYoong

로운 데가 있다. 칼과 방패를 쥐고 앉아 있는 포자르스키 공. 자세히 살펴보노라면 동상의 제작자는 아무래도 그를 그냥 앉혀둔 것이 아니라는 생각이 든다. 그는 절망한 얼굴로 주저앉아 있다. 여기서 그의 방패와 칼은 전의를 보여주는 장치가 아니라 맥을 놓고 퍼질러 앉은 그가 지친 몸을 의지하는 도구일 뿐이다. 그러나 그 곁에 우뚝 선 미닌은 결의에 찬 눈으로 나무라듯 포자르스키를 응시하고 있다. 이 푸줏간 주인은 한손으로 공후의 칼을 함께 잡고 다른 손을 하늘로 뻗어, 어서 힘을 내어 함께 나아가자고 독려하는 듯한 모습이다. 동상의 이처럼 범상치 않은 구도는 당시 국난을 극복함에 있어 정신적 이니셔티브가 귀족 포자르스키가 아니라 평민 미닌에게 있었음을 나타내는 것으로 보인다.

사회지도층이 버린 나라를 민초들의 힘으로 구하였다면 당연히 그들에 대한 인식과 대접이 달라져야 할 것이다. 그러나 큰 변화를 기대하기엔 좀 더 시간이 필요했다. 동란 후 사회계층 간 판도에 약간의 변화가 있었을 뿐 민초는 다시 민초로 돌아가고 로마노프 왕조의 전제정치는 더욱 강화되었다. 그로부터 200년 후 모스크바는 나폴레옹에 의해 다시 한 번 점령되지만, 프랑스의 대군은 러시아의 겨울이라는 함정에 빠져 몰살하고 승승장구하던 나폴레옹은 몰락하게 된다. 러시아인들이 더할 수 없는 자부심으로 이야기하는 이 위대한 '조국전쟁(Patriotic War)'에서 세계를 호령하던 정복자 나폴레옹을 격퇴하는 데에 민초들은 다시 한 번 큰 활약을 하게 된다. 그리고 이때에 이르러서야 비로소 지배층 가운데 그들의 조국애에 감동하고 그들을 새롭게 바라보는 시선들이 나타나기 시작하는 것이다.

미닌과 포자르스키의 동상은 건립연도가 1818년으로 표기되어 있다. 이때에 이러한 구도로 동상을 만들었다는 것은 1812년 나폴레옹 전쟁을 치르면서 러시아 사회가 민초의 존재에 대해 눈 뜨게 되었음을 시사하는 것이 아닐까. 러시아의 심장 모스크바 붉은 광장 한켠에서 동상을 올려다보고 있노라면 그런 생각을 하게 된다. 러시아 사람들의 이러한 각성은 그로부터 백년 후 러시아 땅에서 역사상 처음으로 프롤레타리아혁명이 성공하는 단초가 된다.

4. 러시아 서부의 맞수들_
리투아니아, 폴란드, 스웨덴, 리보니아의 독일 기사단

타타르의 멍에를 제외하고 역사적으로 러시아의 동쪽 국경을 심각하게 위협한 존재는 없었다. 따라서 러시아의 적들은 항상 서쪽 또는 북쪽에 위치하고 있었다. 그들은 러시아가 내부 사정으로 혼란에 빠지거나 외침으로 인해 취약한 상황에 놓여 있을 때면 어김없이 등 뒤에 비수를 꽂으려 달려들었다.

당시 러시아에 끊임없이 고통을 가져다준 적들의 면모는 좀 의외일 수 있다. 리투아니아 · 폴란드 · 스웨덴 · 리보니아의 독일기사단이 그들이다. 국가의 흥망성쇠는 매우 흥미롭다. 우리가 잘 알고 있는 20세기 이후의 역사를 기준으로 한다면 이들은 한때 러시아 또는 소련의 속국이었거나 군사력과는 거리가 멀어서 러시아에 눈 한 번 흘길만한 처지도 되지 못한다. 그러나 지금으로부터 400~500년 전의 러시아는 그만큼 허약했고 상대국들은 그만큼 강성했던 것이다.

이러한 사정은 러시아가 처음 태동된 지역인 우크라이나와 벨로루시가 오늘날 러시아와 별개의 국가로 분리되어 때로 심각한 갈등을 겪고 있는 현실과도 깊은 관련이 있다.

리투아니아와 폴란드

먼저 리투아니아를 보자. 현재 리투아니아는 에스토니아, 라트비아와 함께 '발트 3국'으로 불리는 나라이다. 이 지역은 전략적 요충으로서 오랜 세월동안 인근 국가들이 각축을 벌인 곳이다. 제2차 세계대전 직전에는 독일-소련 간 조약을 통해 소련의 영토가 되었다가 전쟁 중에는 독일이 점령하였으며, 종전 후에는 다시 소련에 편입된 복잡한 내력을 가지고 있다. 그리고 마지막으로 1992년 소련 해체와 함께 독립하여 지금에 이른다.

러시아 서부의 맞수들

근현대사에 있어 리투아니아는 이처럼 인근 강대국이 충돌하는 틈새에서 이리저리 휩쓸릴 수밖에 없었지만, 15세기 무렵까지의 사정은 지금과 완전히 다른 양상이었다. 슬라브계 소수민족으로서 발트해 연안의 원주민이었던 리투아니아 인들은 13세기 중엽 이후 비로소 하나의 국가로 통합된다. 이후 그들은 세력을 차츰 확장하여 러시아 서남부지역을 장악하고, 몽골 지배 하에서 동북러시아의 패자인 모스크바 대공국과 맞서는 리투아니아 대공국을 건설한다. 14세기 후반 리투아니아 영토는 북쪽의 발트해에서 남쪽의 흑해에 이르는 광대한 영역이었다. 여기에는 러시아의 국가 발원지인 키예프를 비롯한 현재의 우크라이나와 벨로루시 지역도 포함된다.

하지만 여기서 중요한 것은, 이 시기 리투아니아 인구의 대다수가 러시아인들이었고 언어나 각종 사회제도 역시 러시아와 동질적이었다는 사실이다. 따라서 이런 상황이 계속되었다면 오늘날 러시아의 서쪽 국경을 맞물고 있는 리투아니아·벨로루시·우크라이나는 별개의 국가가 아니라 러시아 영토의 일부가 되었을지도 모른다. 상황이 바뀌기 시작한 것은 1386년 리투아니아의 대공 요가일라가 동맹을 맺고 폴란드 여왕과 결혼하면서부터였다.

당시 폴란드에서는 왕가의 남자 계승자가 끊긴 상태였다. 따라서 리투아니아는 전투 한 번 없이 폴란드를 접수하게 되니 이 결혼을 마다할 이유가 없었다. 폴란드로서도 리투아니아가 가톨릭으로 개종을 약속했고 주변국들과의 각축 속에서 강한 통치자를 얻게 되니 밑질 게 없었다. 국혼이 이루어지고 예정대로 요가일라가 양국의 군주를 겸하게 되었지만 흥미롭게도 두 나라는 계속 별개의 독립된 국가로 존재했다. 그러나 시간이 지나면서 리투아니아는 폴란드에 급속히 동화되어갔다. 당시 리투아니아 지배층은 로마 가톨릭에 기반을 둔 폴란드의 앞선 문화에 완전히 경도되어 있었다. 그로부터 약 200년 후인 1569년 루블린 동맹이 체결되면서 두 나라의 결속은 한 걸음 더 발전한다. 폴란드 - 리투아니아 연합왕국이 수립된 것이다. 양국이 별도의 법률과 군대를 보유하고 별도의 정부가 별도의 재정을 운영하되, 공통의 입법부를 가지며 왕족 가운데서 선출된 공통의 군주가 통치를 하는 매우 독특한 체제였다. 이미 폴란드의 앞선 제도와 문화에 휩쓸려가고 있던 리투아니아는 루블린 동맹을 통해 사실상 폴란드에 흡수되었다고 해도 과언이 아니다.

이 무렵이 폴란드의 전성기였다. 앞에서 본 바처럼 이 시기 폴란드는 모스크바까지 점령하고 동란시대의 혼돈에 빠진 러시아의 운명을 쥐고 흔들었다. 그러나 16세기 후반 왕조의 후계가 단절되어 귀족들이 국왕을 선출하는 귀족공화국으로 이행하고, 17세기 중반 스웨덴 및 러시아와의 전쟁이 거듭되면서 폴란드는 급격히 약화된다. 그리고 18세기 후반에 이르면 마침내 러시아 · 오스트리아 · 프로이센 삼국에 의해 나라가 분할되어 한동안 지도에서 사라지는 운명을 맞게 된다.

우크라이나와 벨로루시_러시아와 같은 듯 다른 나라의 내력

루블린 동맹이 가져온 큰 변화 가운데 하나는 키예프를 포함한 현재 우크라이나 지역이 리투아니아에서 분리되어 폴란드로 통합되었다는 사실이다. 키예프는 분령시기 이후 러시아 맹주로서의 위상을 상실하였고, 13세기에는 몽골 침입자들의 표적이 되어 도시 전체가 거의 폐허로 변하였다. 그 후 리투아니아의 통치를 받았지만, 앞서 언급한대로 당시 리투아니아는 민족과 언어, 종교 그리고 각종 제도 측면에서 러시아와 동질적이었으므로 사람들은 별다른 불만이 없었다. 하지만 루블린 동맹에 따라 폴란드로 통합되는 것은 매우 다른 이야기였다. 이제 그곳의 독실한 정교도들은 그간 누렸던 상당한 자치권을 박탈당하고 폴란드 정부와 가톨릭의 지배를 받게 되는 것이었다. 받아들일 수 없는 이야기였다. 폴란드에 대한 반발이 반란과 마침내 독립전쟁으로 이어진 추동력은 카자크 집단으로부터 나왔다. 흑해와 카스피 해 연안의 러시아 남쪽 변경지대에는 7세기 이후 투르크계의 유목민들이 살고 있었다. 이들은 유목민답게 기마술에 능했고 용맹한 사람들이었다. 15세기 후반 농노제의 성립으로 자유가 제한되고 살기가 힘들어지자 농민들 가운데 일부는 국가의 권력이 미치지 못하는 남쪽의 변경으로 도망하여 이 유목민 무리에 합류했다. 그들은 투표로 우두머리(아타만)를 뽑고 누구의 간섭도 받지 않는 자치적 군사공동체를 형성하게 된다. 이들은 스스로를 '카자크(영어로는 코사크 Cossack)'라고 불렀는데, 이는 투르크 말로 '자유인' 또는 '방랑자'라는 의미였다. 그만큼 그들에게 중요한 것은 자유와 독립의 정신이었다. 유목민과 도망농민에 범법자와 도망노예까지 뒤섞인 이 무리는 16세기에 이르러 흑해연안의 드네프르 강 및 돈 강 하류와 볼가 강 중하류를 지배하는 막강한 세력으로 성장한다. 이들은 주로 수렵과 약탈을 생업으로 삼았으나 차츰 농업에도 종사하게 된다.

K.Makovsky, 자포로제 카자크(1884)

싸움에는 이골이 난 이 거칠고 용맹한 전사 집단과 다투는 것은 누구에게나 부담스러운 일이었다. 그리고 이들이 원하는 것은 분명하였다. 그것은 '자유'였다. 일리야 레핀의 걸작 《자포로제 카자크(1880~91)》에 등장하는 카자크들의 행색으로 보아서는 선뜻 와 닿지 않지만, 그들은 하느님을 섬기는 독실한 정교도들이었다. 그리고 자유를 침해하지 않는 한 차르에게 충성을 바칠 줄도 아는 사람들이었다. 폴란드는 상당한 자치권을 보장하겠다는 미끼로 카자크 지도층을 회유하였고, 이는 어느 정도 먹혀드는 듯했다. 하지만 절대다수를 차지하는 하층 카자크들은 폴란드의 지배에 강하게 반발하였다.

여러 차례 반란이 이어지더니 1648년 마침내 자포로제 카자크의 수장 보그단 흐멜니츠키(1595~1657)가 이끄는 우크라이나 독립전쟁이 시작되었다. 신분과 계급을 막론하고 광범위한 지지를 받았던 그의 부대는 폴란드 군을 여러 차례 격파하였다. 하지만 아무리 용맹한 싸움꾼들이라 하더라도 일개 부족에 불과한 카자크 자신들만의 힘으로 동유럽의 강자 폴란드를 제압할 수는 없었다. 게다가 인근의 오스만투르크와 크림한국도 언제 목에 칼을 겨누고 들어올지 모르는 일이었다. 흐멜니츠키는 같은 정교를 믿으며 우크라이나 지역을 국가의 기원으로 생각하고 있는 러시아에 손을 내밀었고, 1654년 페레야슬라블 조약으로 카자크는 자치권을 인정받는 대신 모스크바에 통합되었다. 그리고 로마노프 왕조의 2대 차르 알렉세이는 1667년 폴란드-리투아니아와의 처절한 전쟁을 종식시키는 안드루소보 조약을 체결하고 드네프르 강 동부의 우크라이나 땅을 차지하였다. 그로부터 100년가량 지난 18세기말, 예카테리나 대제는 프로이센 및 오스트리아와 함께 3차에 걸쳐 폴란드를 분할함으로써 소멸시켜 버리고 서부 우크라이나와 벨로루시 지역을 완전히 러시아에 귀속시키게 된다.

M.Ivasyuk, 보그단 흐멜니츠키(19세기 말)

키예프 루스는 원래 동질적인 집단이었다. 그러나 리투아니아에 편입된 서부 러시아는 시간이 흐르면서 폴란드의 영향까지 더해져 북동부의 모스크바와는 언어적 문화적으로 점차 이질적인 요소를 갖게 된다. 그 결과 오늘날 러시아와 매우 비슷하면서도 다른 존재인 우크라이나와 벨로루시가 탄생하게 되는 것이다.

유럽으로부터 아시아에 걸쳐 지구상에서 가장 광대한 영토를 보유하고 있던 소비에트연방에는 15개 공화국이 속해있었으며, 그 가운데 하나이던 러시아공화국 즉 현재의 러시아연방에만도 100개 이상의 민족이 거주하고 있다. 그러나 이들의 대부분은 18세기 표트르 대제 이후 세계열강의 반열에 오른 러시아가 급속히 팽창하는 과정에서 편입된 지역들이다. 동질성을 가진 고유의 러시아라고 할 수 있는 것은 대(大)러시아 즉 현재 러시아연방의 우랄산맥 서쪽지역, 그리고 소(小)러시아(현재의 우크라이나), 그리고 백(白)러시아(벨로루시)의 3개 지역에 지나지 않는다. 그러나 이들은 분령시기 이후의 복잡한 역사 때문에, 같은 뿌리를 가졌으면서도 미묘하게 다른 열매를 맺은 존재들로 나뉘어져 2014년 크림반도 사태처럼 때로는 심각한 갈등을 겪고 있는 것이다.

루블린 동맹 이후 폴란드-리투아니아 연합왕국의 영토
Samotny Wędrowiec[1]

스웨덴

스웨덴이라고 하면 우리 머리에 우선 떠오르는 것은, 북유럽 복지국가의 모범적 사례 같은 이야기일 것이다. 그리고 올림픽 경기에서 압도적인 덩치로 우리 젊은이들을 힘들게 하는 운동선수들을 보고서야 그들이 바이킹의 후손임을 상기한다. 스칸디나비아의 바이킹이 바다를 주름잡았던 해양시대는 9~11세기 무렵이었다. 서기 862년 바이킹 일파 류릭

삼형제가 노브고로드로 내려와 슬라브족을 통치했다는 류릭 왕조 기원의 전설도 바로 이 때의 일이다. 스웨덴은 그 후 14세기말 덴마크에 합병되었다가 1523년 독립을 쟁취하였다. 이후 착실하게 국력을 쌓아가던 스웨덴은, 앞에서 살펴 본대로 폴란드와 함께 동란시대 러시아의 정국을 흔드는 외세로 개입한다. 가짜 드미트리를 몰아내고 권좌를 차지한 모스크바의 바실리 슈이스키는 두 번째 가짜의 공세에 시달리다가 1609년 스웨덴의 도움을 청하게 된다. 바실리는 노브고로드와 국경지대의 영토를 포기하는 대신 스웨덴의 군사를 지원받아 간신히 반란군을 축출한다.

이후 '북방의 사자' 구스타프 2세(재위 1611~32) 치하에서 스웨덴은 북유럽의 강국으로 군림하며 전성기를 구가한다. 구스타프 2세는 러시아와 폴란드를 격파하는 한편, 독일 신교도들의 요청으로 30년 전쟁에도 개입하여 구교도들에게 연승을 거두고 북부 독일의 넓은 영토를 차지하였다. 그는 새로 출범한 러시아의 로마노프 왕조로부터 많은 배상금을 받아내었을 뿐만 아니라 핀란드만 지역에 눌러 앉아 러시아가 바다로 나가는 출구를 가로막았다.

카를 12세는 폴타바전투에서 표트르대제에게 대패함으로써 내리막길을 가게 된다. P.D.Martin, 폴타바전투(1726)

이후로도 러시아의 북쪽 국경을 부단히 위협하던 스웨덴은 용맹한 군주 카를 12세(재위 1697~1718)의 등장으로 다시 한 번 전성기를 누리는 듯하였으나, 18세기 초 러시아의 위대한 차르 표트르 대제와 벌인 오랜 전쟁 끝에 패퇴하여 발트해 연안을 내어주게 된다. 러시아와 프로이센의 강력한 힘 앞에서 스웨덴은 그 후 다시 과거의 영광을 회복하지 못하고 스칸디나비아의 소국으로 잦아들게 된다.

리보니아의 독일기사단

리보니아는 오늘의 발트해 연안 라트비아와 에스토니아에 걸친 지역을 가리킨다. 리보니아기사단(검우기사수도회 Order of the Brothers of the Sword)은 독일에서 건너온 상인과 선교사들이 현지 이교도들과 잦은 분쟁을 겪게 되자 1202년 알베르트 주교가 창설한 것이다. 잔혹한 살육으로 악명이 높았던 리보니아기사단의 상징이 '십자가와 칼'이라는 사실이 시사하는 것처럼, 그들의 목표는 무력을 사용하여 발트해 인근 지역을 가톨릭으로 개종시키는 일이었다. 구성원들은 주로 독일인들이었으며, 리투아니아와의 전투에서 참패한 후 1237년 중세 3대 종교기사단 가운데 하나인 튜턴기사단(Teutonic Knights) 휘하에 들어가기도 했다.

그들은 13세기 몽골의 침입으로 위기에 빠진 러시아를 노렸다. 나라 전체가 쑥밭이 된 상황이니 칼 몇 번만 휘둘러도 십자가를 쉽게 꽂을 수 있을 것이라 생각했겠지만 큰 오산이었다. 타타르의 참화를 피한 노브고로드의 영웅 알렉산드르가 길목을 지키고 있었기 때문이다.

그는 1240년 스웨덴의 침공을 물리치고, 1242년 리보니아 튜턴기사단의 공격을 막아냄으로써 위기의 러시아를 지켜낸다. 특히 발트해로 흘러들어가는 네바 강변에서 스웨덴 대군과 맞선 혈전에서는 적은 병력으로 큰 승리를 거둠으로써 알렉산드르 '네프스키(네바 강의 알렉산드르)'란 별명을 얻게 된다. 그리고 페이푸스 호수(Lake Peipus, 러시아 이름으로는 추드스코예 호수)의 빙판에서 미끌어져 허둥대던 튜턴기사단을 호수 중심부로 몰아넣은 후 말과 철갑의 무게에 내려앉은 얼음장 아래 수장시킨 사건은, '보병이 기병을 이긴 얼음 위의 전투'로 전쟁사에 남아있다. 이 전투는 소련시절 전설적 영화감독 세르게이 에이젠시타인의 1938년 작품《알렉산드르 네프스키》에 박진감 있게 묘사되어있다. 이 장면은 오늘날 여러 영화에서 다양하게 패러디되기도 한다. 광폭한 이교도의 침략으로부터 정교회를 지켜낸 알렉산드르 네프스키는 러시아정교회의 성인으로 추대되었다.

기사단은 주변의 세력을 규합하여 리보니아연맹을 결성하고 16세기까지 러시아 북쪽을 지키고 있었으나, 1560년 이반 뇌제의 공격에 참패하여 소멸되었다. 리보니아의 독일기사단이 차지하고 있던 지역에는 지금 아름다운 풍광으로 유명한 에스토니아와 라트비아가 자리잡고 있다.

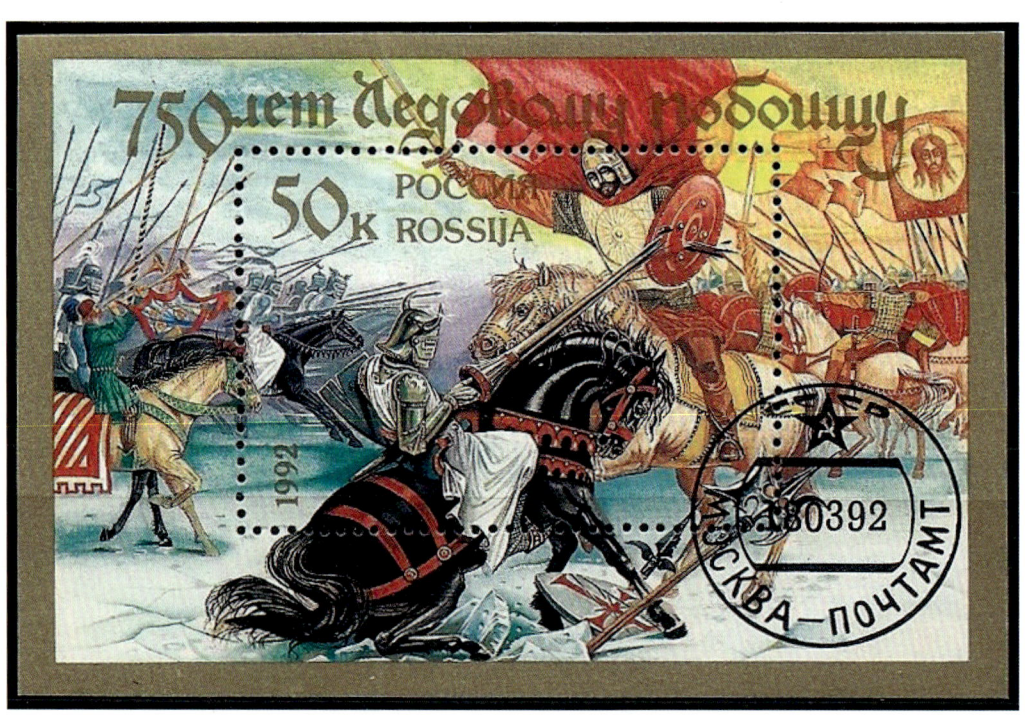

얼음위의 전투 750주년을 기념한 러시아 우표(1992)

제2편 러시아정교

5.
동방정교의 전래

6.
러시아정교회의 영욕

7.
러시아인들의 수호자, 이콘

8.
사회주의혁명과 정교

5. 동방정교의 전래

블라디미르 1세의 선택

'민족'이란 개념은, 그것이 마치 태초부터 존재했던 것처럼 오해하는 경우가 드물지 않지만, 근대이후에 와서야 비로소 만들어진 것이다. 별다른 집단의식을 느끼지 못한 채 이곳저곳에서 무리를 이루어 살고 있던 초기국가에서 가장 효과적으로 백성들을 통합하고 국가를 몇 단계 선진화시키는 방법은 고급종교의 도입이다. 우리나라 삼국시대 역사에서 불교 전래가 담당했던 그런 역할을 러시아에서는 흔히 '그리스정교'라고도 하는 동방정교(東方正敎)가 맡는다. 키예프의 대공 블라디미르 1세(재위 980~1015)는 988년 비잔틴으로부터 정교를 도입하였다. 그는 스스로 세례를 받았을 뿐 아니라 모든 백성들에게도 세례를 받도록 명하였다.

V.Vasnetsov, 블라디미르 대공의 세례(1890)

초기 러시아는 지정학적으로 동양과 서양이 만나는 교차로에 자리 잡고 있었다. 유대교·이슬람교·동방정교·로마가톨릭 등 원시종교들과는 확연히 구별되는 고급종교들이 서로 엇갈리며 확산되어 가는 길목에 자리한 러시아. 러시아의 가장 오래된 역사서인 원초연대기에 의하면, 나라의 기틀을 굳건히 해줄 고급종교를 도입하기로 마음먹은 블라디미르 1세는 이러한 대안들을 두고 무척 고심하였다. 결론은 당시 비잔틴제국을 중심으로 최고수준의 문화를 꽃피우고 있던 동방정교였다. 원초연대기에 기록된 바로, 유대교는 나라를 잃고 온 세상을 떠도는 유태인들의 처지 때문에 블라디미르의 마음을 사지 못했고, 이슬람교는 술을 금하는 교리를 도저히 수용할 수 없어서 제외되었다고 한다. 만약 이때 그가 이슬람교를 택했다면, 오늘날 그 유명한 러시아 보드카는 세상에 존재하지 않을지도 모른다.

마지막으로 남은 대안인 동방정교와 로마가톨릭 가운데 결국 정교가 낙점된 것은 그 의식의 장엄함 때문이었다고 한다. 독일에 파견되었던 신하가 돌아와 가톨릭 미사에서 특별히 인상적인 점이 없었다고 전한 반면, 오늘의 이스탄불인 비잔티움의 성소피아 성당에 다녀온 신하는 그곳이 지상인지 천상인지 분간할 수 없었다는 극단의 찬송으로 보고를 올린다. 무반주의 성가를 배경으로 펼쳐지는 장엄한 의식은, 가톨릭에 비해 교리와 의식에서 초기 기독교의 전통을 강하게 유지하고 있는 동방정교의 특징 가운데 하나이다. 따라서 원초연대기의 기록대로 신하들의 대조적 보고가 대공의 결정에 영향을 미쳤을 가능성은 적지 않다. 하지만 그것은 또한 정교회 측이 성서를 번역하는 등 러시아 선교에 오랫동안 공을 들인 결과이기도 할 것이다.

문자의 전래

빙산은 물위에 그 일부만을 드러내 놓고 있지만 수면 아래에는 거대한 몸체가 숨어있다. 마찬가지로 한 종교의 정수는 당연히 그 가르침을 담은 교리이겠지만, 수면 아래에는 그에 따른 사람들의 생활습관과 사고방식, 사회적 규범과 문화 예술에 이르는 거대한 연관효과가 함께하고 있다. 동방정교와 함께 밀려들어온 비잔틴의 문물은 러시아 사회 구석

구석의 발전에 크게 기여하였다. 그 거대한 물결 가운데에서도 특히 문자의 도입은 가장 중요한 사건이라 할 수 있을 것이다.

소련 해체 이전 우리는 올림픽 배구시합 중계방송 같은 데에서 소련 선수들의 유니폼 등판에 'CCCP'란 알파벳이 부착되어 있는 것을 볼 수 있었다. 그런데 이를 '씨씨씨피'로 읽는 것은 잘못이다. 이것은 영어가 아니라 러시아 알파벳이기 때문이다. 이는 'Союз Советских Социалистических Республик'의 이니셜을 딴 것인데, 같은 음의 영어 알파벳으로 옮기면 'SSSR'로서 'Soyuz Sovietskikh Sotsialisticheskikh Respublik' 즉 '소비에트 사회주의공화국'을 의미한다. 이처럼 러시아 알파벳의 C는 영어의 S, 러시아의 P는 영어의 R에 해당하며, 그 외에도 B는 영어의 V, H는 N에 대응한다. 반면 A·K·O·T 같은 글자들은 영어 알파벳과 동일하게 사용하고 있다.

호밀과 과일로 만든 전통 알코올 음료 크바스를 파는 사람. 드럼통에 쓰인 글자 'квас'를 영어 알파벳으로 옮기면 'kvas'이다.
ⓒKwunYoong

이처럼 영어 알파벳과 비슷하기도 하면서 차이가 있는 러시아 문자의 역사에 대해서는 몇 가지 서로 다른 주장들이 있다. 현재까지의 정설은 대강 이러하다. 9세기 비잔틴 수도사 키릴로스(827~69)와 메토디우스 형제는 황제의 명령으로 동유럽 슬라브족에게 정교를 전파한다. 그들은 교회의 전례의식을 기록하기 위해 그리스 문자를 기본으로 한 글라골 문자(Glagolitic alphabet)를 창안한다. 그리고 이는 그 제자들에 의해 훨씬 정돈된 키릴 문자(Cyrillic alphabet)로 발전한다. 키릴 문자는 동방정교의 전래와 함께 10세기경 러시아에 도입되어 사용되다가 18세기 표트르 대제 통치기에 개량되어 오늘날의 러시아 알파벳으로 정착되었다는 것이다.

문자가 도입되면서 많은 그리스 로마의 문헌들이 번역되어 러시아인들이 접할 수 있게 되었고, 나아가서는 원초연대기 등 역사서를 비롯하여 러시아 문화를 담은 수많은 기록물들이 탄생하게 되었다. 러시아에 도입되었던 키릴 문자는 동유럽 각국에서도 정착 발전하여 슬라브어 표기에 유용하게 활용되었다. 이런 사연 때문에 러시아를 비롯해 체코, 마케도니아 등 여러 나라에서 키릴로스 형제의 동상을 만날 수 있다.

동방정교의 도입은 유럽과 아시아의 교차점에 자리 잡은 러시아의 세계사적 정체성을 규정한 중요한 사건이기도 하다. 즉 유대교나 이슬람교를 택하지 않음으로써 러시아는 결과적으로 아시아가 아니라 유럽의 일원으로 편입되는 쪽을 택한 것이지만, 가톨릭을 거부함으로써 폴란드 등 서방기독교 국가들과 오랫동안 대립하고 유럽의 주류로부터 고립되는 결과를 가져왔다고 볼 수도 있는 것이다.

옛 유고연방 세르비아의 베오그라드에 있는
키릴로스와 메토디우스 형제의 동상

6. 러시아정교회의 영욕

러시아에 도입된 정교는 급속히 퍼져나갔고 오래지 않아 러시아 사회와 개인의 삶을 지배하는 키워드가 되었다. 그런데 러시아 교회가 결정적으로 성장하게 된 계기는 아이러니컬하게도 몽골 타타르의 러시아 지배였다.
13세기 들어 북부 노브고로드 지역을 제외한 러시아 전역을 말발굽 아래 쑥밭으로 만들어버린 타타르는 볼가강 유역에 킵차크한국을 세우고 러시아 전역을 약 240년간 지배하게 된다. 타타르의 점령지 통치방식은 조공의 대가로 자치를 허용하는 것이었다. 러시아 각 공국의 크냐지(공, prince)들은 킵차크 칸의 총애를 얻어 대공의 낙점을 받고자 부심하였다. 그들은 재물을 싸들고 수도 사라이를 무시로 드나들었고, 경쟁에서 밀려 죽임을 당하는 경우도 있었다.
이처럼 러시아의 운명을 손에 틀어 쥔 것은 타타르였으므로 정교회는 공국들의 틈바구니에서 크냐지들의 눈치를 볼 필요가 없었다. 이 대목에서 가장 중요한 것은 교회에 대한 몽골의 태도였다. 몽골은 특정 종교에 집착하지 않았으므로, 교회에 대해서는 세금을 면제해 주기까지 하는 등 호의적이었다. 더욱이 크냐지들의 비굴한 권력 투쟁에 환멸을 느낀 러시아인들이 교회의 권위에 더욱 의지하게 됨으로써, 타타르의 멍에 속에서 러시아정교회는 오히려 크게 성장할 기회를 잡게 된다.

성 세르게이 라도네즈스키의 대수도원운동

칸에 대한 충성경쟁으로 공국들이 사분오열된 러시아에서 정교회가 힘을 키워갈 수 있었던 것은, 강한 조직을 갖고 있었으며 무엇보다도 막대한 부를 축적할 수 있었기 때문이다. 중세 러시아정교회가 쌓아간 부의 중요한 원천은 대수도원운동을 통해 확보된 토지였다.

14세기에 살았던 수도사 성 세르게이 라도네즈스키(1314~92)는 몽골의 침략으로 폐허가 된 러시아 땅을 복구하기 위해 대수도원운동을 전개하였다. 황무지에 수도원을 세우고 주변을 개간하여 촌락을 형성해간 것이다. 그렇게 처음 만들어진 것이 바로 모스크바 북동쪽 약 70km 지점에 위치한 세르기예프 포사드(Sergiev Posad)이다.

성 세르게이는 러시아정교회 역사에 큰 획을 그은 성인으로 깊은 존경을 받는 인물이다. 세르기예프

V.Vasnetsov, 성 세르게이의 이콘(1882)

'포사드'란, 세르게이의 '정착지(settlement)'란 의미이다. 러시아는 타타르의 멍에로 인해 키예프를 비롯한 남부지방의 비옥한 토지를 상실하고 혹독한 세금에 시달리느라 백성들의 곤궁함이 이루 말할 수 없을 정도였다. 설상가상으로 14세기에 전 유럽을 초토화시킨 흑사병까지 밀려들어 100년 가까이 러시아 땅을 휩쓸고 다녔다. 그 결과 인구는 급감하고 재앙 속에 뿌리를 잃고 떠도는 백성들이 부지기수였다. 그런 상황에서 성 세르게이가 황폐한 들판에 금욕과 노동으로 수도원을 세우고 토지를 개간한 것이다. 떠돌던 사람

세르기예프 포사드의 삼위일체 성 세르게이 수도원. 지금은 이처럼 화려하고 장대하지만, 성 세르게이가 세운 것은 소박한 목조건물들이었다.
ⓒKwunYoong

들이 여기에 하나둘 모여들었다. 수도사들은 은둔과 기도에만 머물지 않고 사람들에게 일터와 먹을 것을 나누어주었으며, 그들을 가르치고 살아갈 희망을 불어넣어 주었다. 이 소식을 들은 유랑민들이 점점 더 모여들어 마을이 형성되었는데, 그것이 바로 세르기예프 포사드인 것이다. 성 세르게이는 이러한 수도원을 40여 개 만들었고, 그가 죽은 후 제자들은 또 더 많은 수도원을 만들어 갔다고 한다. 이러한 대수도원운동은 농경지 확충과 떠돌던 백성들의 정착을 통해 중세 러시아 사회의 안정에 크게 기여하였다.

지금 세르기예프 포사드에서 볼 수 있는 '삼위일체 성 세르게이 수도원(Trinity St. Sergius Lavra)'은 화려하고 장대하기 그지없지만, 성 세르게이가 세운 것은 그저 소박한 목조건물들이었다. 그는 모스크바 대공 드미트리 돈스코이가 1380년 타타르와의 쿨리코보 결전을 앞두고 직접 찾아와 축복을 부탁할 만큼 범접하지 못할 권위를 가진 사람이었다. 서로 피나게 다투던 공들도 성 세르게이의 말이라면 수그러들어 화해를 할 수밖에 없을 정도였다. 이처럼 대단한 영향력을 가진 사람이었지만 그는 수좌대주교 자리를 거절하고 수도원에 은거하며 겸손과 사랑을 실천하였다. 그의 발자취가 남아있는 세르기예프 포사드는 러시아 정교회의 심장과 같은 곳으로서 오늘도 순례자들의 발길이 끊이지 않는다.

대수도원운동의 전말은 이처럼 절절하고 숭고한 것이었지만, 그 결과 축적된 토지는 세르게이의 의도와 전혀 다르게 정교회의 세속적 권력을 강화시키는 토대로 작용하였다. 수많은 수도원들이 소유한 막대한 토지덕택에 정국의 주도권은 상당부분 교회로 넘어가게 되어, 이 시기 정교회는 공들 사이에서 킹메이커 역할을 하기도 했다. 블라디미르-수즈달에서 독립한 소공국 모스크바가 러시아의 중심으로 성장하는 과정에서도 교회의 도움이 컸다. 14세기 모스크바 공국의 수완가 이반 칼리타는 교회와 밀착하여 블라디미르에 있던 수좌대주교관을 모스크바로 옮겨옴으로써 그 권위를 크게 강화하게 된다.

모스크바 제3로마론

나날이 세력이 커지던 러시아정교회는 16세기 들어 그 국제적 위상을 드높이는 계기를 맞는다. 그것은 정교회의 큰집 역할을 해오던 천년제국 비잔틴의 멸망이었다. 서기 330년 콘스탄티누스 1세가 지금의 이스탄불 자리에 콘스탄티노플(콘스탄티누스의 도시)을 건설하고 뒤이어 로마가 동서로 나누어지면서 출발한 동로마제국을 비잔틴 또는 비잔티움제국이라고도 부른다. 476년 서로마의 멸망 이후에도 비잔틴제국은 천년의 세월동안 당대 최고의 문화를 자랑하며 영광을 누려왔다. 그러나 15세기에 이르러 늙은 제국은 쇠락의 기세가 완연하였고 새롭게 팽창하는 오스만투르크의 압박으로 풍전등화의 위기에 놓이게 되었다.

동방정교는 '정교회(正敎會 Orthodox Church)'란 이름에서 보듯, 여러 이질적 요소가 가미되며 초기 기독교의 모습에서 '변질된(또는 '타락한')' 로마가톨릭과는 달리 정통성을 보유한 진정한 교회라는 자부심이 대단했다. 그러나 콘스탄티노플 바깥의 거의 모든 영토를 상실하고 오스만투르크의 칼 아래 제국의 운명이 놓이게 되자 그런 체면을 생각할 계제가 아니었다. 정교회는 1439년 피렌체종교회의에서 마침내 로마교황이 기독교 세계의 최고위자임을 인정하고, 그 대가로 서방국가들이 힘을 모아 콘스탄티노플을 지켜주기를 간청하였다. 이 소식에 모스크바는 진노하여 그리스인 대주교를 체포 구금한다. 그리고 1448년 비잔틴과의 단절을 선언한다.

비잔틴은 이처럼 수모를 무릅쓰고 서방에 도움을 요청하였지만 대세는 이미 기울어 있었다. 결국 1453년 오스만투르크의 술탄 메메드 2세에 의해 콘스탄티노플이 점령됨으로써 비잔틴은 역사에서 사라진다. 하지만 모스크바로서는 비잔틴의 멸망이 마냥 애석한 일은 아니었다. 그 사건은 모스크바 대공국이 위상을 높일 수 있는 절호의 기회를 가져다주었다. 이반 대제는 무너진 비잔틴으로부터 두 가지 값진 것을 가져와 정교회의 정통계승자임을 선포한다. 마지막 황제의 조카 소피아와 결혼하고, 비잔틴의 쌍두독수리 문장을 가져온 것이다. 자부심으로 충만한 러시아정교회는 세상을 향해, '이탈리아의 제1로마는 이단에 물들었고 제2로마 즉 콘스탄티노플은 투르크에 멸망했으니, 이제 모스크바가 제3로마로서 온 세상을 비추리라'는 호언까지 서슴지 않았다. 이것이 바로 '모스크바 제3로마론'이다. 콘스탄티노플 함락 후 자신들이 제3로마라고 주장한 것은 러시아뿐만 아니라 오스만투르크, 그리스, 불가리아, 스페인 등 여러 나라이다.

러시아정교회의 내부 분열

이처럼 러시아정교회는 부와 세속적 권력과 국제적 권위까지 갖추고 때로는 차르의 권력에까지 맞설 정도로 위세를 떨쳤다. 비대해진 수도원은 농노를 부리며 더 많은 부를 추구하였고, 교회 소유 토지가 확장됨에 따라 농민들은 빈곤한 소작농으로 전락하게 되었다. 결국 교회가 추구한 것은 세속적인 힘이었고, 가난한 자와 핍박받는 자를 생각하던 그리스도의 정신은 성서 속에서 박제가 되어가고 있었다. 영혼의 구원을 종교의 본질로 규정한다면, 교회가 이처럼 부를 축적하고 강력한 정치적 영향력을 행사하는 것은 예나 지금이나 원래의 궤도를 이탈하는 일이다. 이런 경우 필경 내부적으로 자정과 경계의 목소리들이 터져 나오게 된다.

16세기 초 세속적 부를 추구하는 이들 '소유파' 성직자들을 맹공하고 나선 것은, 신비주의자 닐 소르스키(1433?~1508)를 중심으로 한 '무소유파' 수도자들이었다. 교회가 하느님의 영광을 드러내고 자선활동을 비롯한 사회적 책임을 다하려면 충분한 재물이 필요하다는 것이 소유파의 논리였다. 수백 년 세월이 지난 오늘 한국의 대형교회들의 이야기도 본질적으로 거의 달라지지 않은 것을 보면, 인간사회가 이 문제로부터 자유로워지기는 쉽지 않을 것 같다. 소유파의 이러한 주장에 맞서는 무소유파의 주장은, 교회는 국가와 분립하여 과다한 토지를 포기하고 원래의 청빈으로 돌아가야 한다는 것이었다. 대립의 승자는 차르와 손을 잡은 소유파였다.

당시 차르 이반 대제의 입장에서는 교회의 토지를 포기하자는 무소유파의 주장도 매우 구미가 당기는 것이었다. 교회가 막대한 토지를 내놓는다면 그 십중팔구는 차르의 몫이 되지 않을까. 하지만 소유파가 내놓은 카드는 그보다 좀 더 매력적이었다. 차르가 교회의 재산과 특권을 보호하는 대신 교회는 차르를 무조건 지지해야 한다는 것이 그들의 주장이었기 때문이다. 소유파는 차르의 힘을 빌려 무력으로 무소유파들을 축출하는 데 성공한다. 하지만 이러한 분열에 따라 교회의 세속적 힘은 이미 현저히 약화되고 있었다.

닐 소르스키의 이콘

그것이 끝이 아니었다. 17세기에 이르러 러시아정교회는 전례개혁을 둘러싸고 개혁파와 분리파가 파국적으로 대립함으로써 그 세력이 결정적으로 약화된다. 그리고 이를 계기로 교회의 수장인 총대주교는 차르의 신하로 완전히 종속되고 만다. 그 전말은 이렇다.

988년 동방정교는 갖가지 화려한 비잔틴 문화와 함께 러시아에 도입되었지만, 수백 년이 지나는 동안 점차 토착화하였다. 이에 따라 종교예식의 세부적 내용 가운데 원래의 비잔틴 양식과 상이한 점들이 드러나게 되고, 이를 바로잡고자 하는 전례개혁의 필요성이 제기되었다. 이는 모든 외래종교의 전래 과정에서 공통적으로 나타나는 현상으로, 가톨릭이 조선에 전래되는 과정에서도 마찬가지였다. 그러나 우리나라의 경우와 달리 러시아의 전례개혁은 비극적인 양상으로 전개되었다.

1654년 당시 러시아정교회의 수장은 총대주교 니콘(1605~81)이었다. 그는 극단적인 민족주의에 빠져 있는 러시아 교회를 개혁한다는 명분으로 기도서와 예배의식을 비잔틴 본래의 양식으로 되돌리겠다고 선언하고 주교회의의 승인을 받는다. 표면상 이는 단순한

작자 미상, 총대주교 니콘

전례형식의 문제인 것처럼 보인다. 그러나 적지 않은 신자들은 이러한 조치가 사실은 신앙의 본질과 무관하며, 개혁파들이 교회조직을 장악하기 위해 꾸미는 일로 받아들였다.

동방정교회의 기준으로 볼 때 당시 러시아 사람들의 종교생활에는 실제로 문제가 있었다. 기독교 전래 이전의 이교도적 풍습이 일상에 여전히 만연해 있고, 교회에서 거행되는 미사도 원형에서 벗어난 부분이 많아졌다. 그리고 그리스어 번역의 오류로 인해 전례서에 잘못된 내용이 들어있는 경우도 적지 않았다.

교회는 이런 문제들을 바로잡기 위해 부심하였지만 쉬운 일이 아니었다. 종교의식을 구성하는 세부절차들은 어느 날 그냥 편하고 보기 좋게 만든 것이 아니다. 그 하나하나가 모두 간단치 않은 내력과 의미를 포함하고 있는, 말하자면 신앙의 정수를 뽑아 체화시킨 것이 바로 전례의식이다. 그것을 누가 하루아침에 바꾸려든다면 당연히 격렬한 반발이 뒤따른다. 나중에 개혁파에 맞서 분리파의 수장 역할을 맡게 되는 사제장 아바쿰도 처음에는 개혁에 앞장서다가 봉변을 당하기도 했다. 개혁적 엘리트 그룹과 완고한 일반대중들 간의 갈등처럼 보이던 사태가 전대미문의 비극적 교회분열로 치달은 것은, 총대주교 니콘이 강경하고 오만한 개혁 드라이브를 개시하면서 부터였다.

니콘은 한때 하늘을 찌르는 권력을 누린 사람이다. 차르 알렉세이가 '마음의 친구'라 부를 정도로 관계가 돈독했고, '통치자(Sovereign)'란 칭호를 쓸 수 있도록 차르가 공식적으로 허용할 정도였다. 차르가 군사 원정을 나갈 때는 그에게 국가수반의 자리를 맡기기도 했다. 그는 1652년 러시아정교회의 수장인 모스크바 총대주교 자리에 오르자마자 그 유명한 전례개혁을 시작한다. 하지만 막강한 권력을 바탕으로 추진된 그의 개혁방식이 너무나 고압적이고 독선적이었으므로 개혁에 뜻을 같이 했던 동료들마저도 그와 결별하고 대립하게 된다.

무리한 개혁에 반대하는 구교도(old believers)들은, 붉은 광장의 카잔성당 사제장이었던 아바쿰(1629~82)과 대귀족 모로조바(1632~75) 등을 중심으로 결사적으로 반발한다.

P.Myasoyedov, 아바쿰의 화형(1897)

그들은 온갖 박해에도 굴하지 않았고, 교회에서 떨어져 나가면서까지 토착화한 전례의 전통을 고집하게 된다. 이들이 바로 '라스콜니크' 즉 '분리파'이다. 하지만 니콘과 차르의 관계를 생각하면 결과는 뻔한 것이었다. 역사화가 바실리 수리코프가 《대귀족 모로조바》에 묘사한 바처럼 분리파의 리더 모로조바도 유배를 떠나고, 아바쿰도 감옥을 부단히 드나들어야 했다. 아바쿰은 말년에 북극권에 속하는 러시아 최북단 푸스토제르스크의 땅굴 속에 갇혀 있다가 1682년 결국 화형을 당하고 만다. 이를 전후하여 처참한 분신으로 저항한 분리파 신도의 수가 2만 명이 넘었다.

이러한 비극의 원인이 되었던 전례의 차이는 외견상 매우 사소해 보일 수도 있다. 가장 대표적인 예가 성호를 긋는 손가락의 수였는데, 비잔틴의 원래 방식은 손가락 3개를 사용하였으나 러시아에서는 2개로 토착화함으로써 문제가 된 것이다. 이는 수리코프의 그림에 잘 나타나 있다. 그림은 분리파의 거물이었던 대귀족 모로조바가 어느 겨울날 먼 귀양길을 떠나는 장면이다. 사슬에 묶인 채 짚으로 바닥을 깐 초라한 썰매에 몸을 맡긴

모로조바의 깡마르고 창백한 얼굴. 그는 오른손을 들어 두 개의 손가락을 허공에 내지르며 저항의 몸짓을 보여주고 있다. 그리고 화면 우측에는 분리파들이 안타깝고 슬픈 얼굴로 그를 배웅하고 있고, 뒤쪽으로는 개혁파들이 유쾌한 얼굴로 패배자를 조롱하고 있다.

V.Surikov 대귀족 모로조바(1887)

그러나 과유불급이라고, 너무 지나친 것은 모자람만 못한 법이다. 총대주교 니콘은 교회를 국가로부터 완전히 분리된 독자적 조직으로 만들고 자신이 그것을 장악했다. 이런 행동은 성직자의 지위가 국가에 종속되도록 낮춘 차르 알렉세이의 법전 '울로제니예'에 정면으로 맞서는 것이었다. 일이 이 지경에 이르자 차르마저도 그에게 등을 돌리게 된다. 그 후 무려 6년간 모스크바 총대주교좌가 공석인 상태로 양측이 팽팽히 맞서지만, 1666년 교회회의에서 대립이 종식된다. 니콘은 모든 성직을 박탈당하고 북쪽 볼로그다의 페라

폰토프 수도원 깊숙이 감금되었다. 그리고 1681년 아바쿰보다 오히려 한 해 먼저 세상을 떠난다. 이로써 러시아정교회의 세속적 영광은 막을 내린다. 그 후 18세기 표트르 대제가 실행한 사회전반의 개혁에서 교회는 공식적으로 국가의 한 기관으로 전락하고 정교회의 수장은 차르의 신하로 완전히 복속된다. 이처럼 러시아정교회는 두 번의 큰 내부분열을 거치면서 그 화려했던 권력을 세속 군주에게 반납하고 제자리로 돌아간 것이다.

물위에 비친 그림자가 아름다운 보골류보보의 포크로바(성모중보)성당.
중세 러시아 건축양식이 가장 잘 보존된 유네스코 세계문화유산이다. ⓒKwunYoong

7. 러시아인들의 수호자, 이콘

어떤 종교든 진정한 신앙은 아마도 사람의 마음속에 존재한다고 가르치는 것 같다. 그러나 그럼에도 불구하고 인간은 종종 약한 마음을 잡아둘 수 있는 눈에 보이는 대상을 찾는다. 그에 따라 사람들은 도처에 성상을 세우고 종교화를 그려 경배하게 된다. 그림으로 말하자면 불교의 경우에도 사찰의 탱화를 비롯하여 절집 외벽 같은 곳에서 부처님의 가르침을 그린 종교화들을 쉽게 찾아볼 수 있다. 하지만 러시아에서 종교적 그림은 사람들의 일상에 보다 깊숙하고 친밀하게 닿아 있다. 화려하게 채색된 그리스도와 성모마리아, 성자, 천사들의 그림은 교회나 가정 곳곳에서 쉽게 마주칠 수 있으며, 부적처럼 몸에 지니고 다니는 사람들도 있다. 종교적 열정은 그만큼 러시아인들의 생활의 일부인 것이다.

이콘(icon)은 원래 이미지 또는 표상이란 뜻이지만, 주로 종교나 신화와 관련된 이미지를 나타내는 용어로 사용되고 있다. 종교화는 대부분의 종교에서 보편적으로 발견되는 신앙의 표현이다. 불교의 만다라(慢茶羅) 역시 넓은 의미의 이콘으로 보는 사람도 있지만, 우리가 이콘이라고 할 때는 기독교 신앙과 결합된 그림을 의미하는 경우가 일반적이다. 이는 특히 동방정교에서 강하게 나타나는 특징인데, 초기에 비잔틴의 양식을 그대로 받아들였던 러시아의 이콘은 토착화하며 점점 고유의 양식으로 변화하여 갔다.

우리나라 사찰의 탱화를 그리는 스님 또는 화공들은 먼저 심신을 청정하게 가다듬은 후 충만한 영감 속에서 작업에 들어간다. 그들에게 중요한 것은 화폭에 영성을 담는 것이지 창의성의 발휘나 사실적 묘사가 아니다. 이는 러시아 이콘의 경우에도 마찬가지이다. 이콘의 전형적인 구도는 이미 정해져 있다. 화공들은 주어진 구도 속에서 성령의 힘을 가득 불어 넣어 형상을 구현하는 일에 몰두할 뿐이다. 우리 불교화와 좀 다른 점은, 이콘은 제작자의 이름이 남아있는 경우가 많다는 것이다.

정교회성당 내부 이콘의 벽
'이코노스타시스' ⓒKwunYoong

삼위일체와 블라디미르의 성모자상

가장 유명한 러시아 이콘 화가는 모스크바의 안드로니코프 수도원에서 20년을 살았다는 것 외에 행적이 별로 알려지지 않은 수도사 안드레이 루블료프(1360?~1430?)이다. 그가 1420년대에 그린 《삼위일체》는 중세 러시아 이콘의 최고 걸작으로 꼽힌다. 그는 모스크바 크레믈의 수태고지 대성당과 블라디미르의 우스펜스키 대성당 등 수많은 성당의 이콘과 프레스코 벽화를 장식하는 책임을 맡았던 사람이다. 원래 세르기예프 포사드의 삼위일체 수도원에 있었던 이 이콘

A.Rublev, 삼위일체(1420년대)

러시아정교 **79**

작자미상, 블라디미르의 성모자상(1131년경)

은 현재 모스크바의 트레차코프미술관에 소장되어 있다. 완벽한 구도와 색채, 그림에서 느껴지는 그지없는 평온함. 루블료프의 걸작을 마주보고 있노라면, 왜 수백 년 동안 러시아인들이 이 그림을 마음으로 숭배해왔는지 어렵지 않게 이해할 수 있다.

러시아 이콘의 대표작 가운데 또 하나는 삼위일체보다 시기적으로 300년가량 앞서는 《블라디미르의 성모자상》이다. 성모 마리아가 아기예수를 안고 있는 모습을 그린 성모자상은 비슷한 구도의 작품이 수없이 많을 정도로 이콘의 가장 대표적 표현주제 가운데 하나이다. 작가가 누구인지 명확하지 않은 이 이콘은 비잔틴에서 제작된 것으로 추정되며, 콘스탄티노플의 총대주교가 유리 돌고루키에게 선물한 것을 그의 아들 안드레이 보골류프스키(1111~74)가 블라디미르로 가져왔다고 전해진다. 원래 블라디미르의 우스펜스키 대성당에 모셔져 있었으나, 지금은 모스크바의 트레차코프 미술관으로 옮겨와 《삼위일체》와 함께 소장되어있다. 모스크바 이전 동북 러시아의 중심으로 번성했던 블라디미르 특유의 표현주의적 양식이 여기에서 비롯되었음을 보여주는 이 작품은, 외적의 침입을 물리치고 여러 가지 놀라운 일을 이룬 '기적의 이콘'으로 숭배 받아왔다.

이러한 유명 작품이 아니더라도, 러시아 사람들은 가정에 성화를 모시거나 수호성인의 이콘을 몸에 지님으로써 귀신을 쫓고 불행을 막으며 소원이 이루어지기를 기원한다. 성모자·성인·천사 등 이콘의 소재는 다양하지만, 시간이 지나면서 어떤 존재들은 특정한 주제에 특별히 효험이 있는 것으로 알려지게 된다. 예언자 엘리야는 자연계의 모든 힘, 특히 물과 불을 지배하는 것으로 간주됨으로써 이콘의 가장 빈번한 소재가 되었고, 수태고지의 대천사 가브리엘은 순산의 수호자로, 대천사 미하일은 전장에 나간 공들의 수호성인으로 숭배되었다. 수리코프의 그림 《예르마크의 시베리아 원정》에는 우랄산맥을 넘어 최초로 시베리아를 개척하였던 예르마크의 카자크군대가 이콘의 깃발을 휘날리며 시베리아 원주민들과 전투를 벌이는 광경이 묘사되어 있다.

V.Surikov 예르마크의 시베리아 원정(1895)

8. 사회주의혁명과 정교

구세주 그리스도 대성당의 운명

모스크바 강 유람선을 타고 강물을 거슬러 오르다보면 장대한 모습으로 내려다보고 있는 황금빛 지붕의 성당 하나가 눈에 들어온다. 사회주의혁명 이후 러시아 교회가 겪은 영욕의 역사를 고스란히 담고 있는 구세주 그리스도 대성당, '흐람 흐리스타 스파시텔'이다.

이곳은 모스크바의 정신적인 중심지라 할 수 있다. 순례자와 관광객들로 늘 붐비지만 엄숙함이 가득한 성당 내부에는 함부로 기침소리조차 낼 수 없을 정도로 경건한 분위기가 감돌고 있다. 그러나 이 성당에 관해 우리가 주목할 것은 현재의 장엄한 모습이 아니라 그 기구한 역사이다.

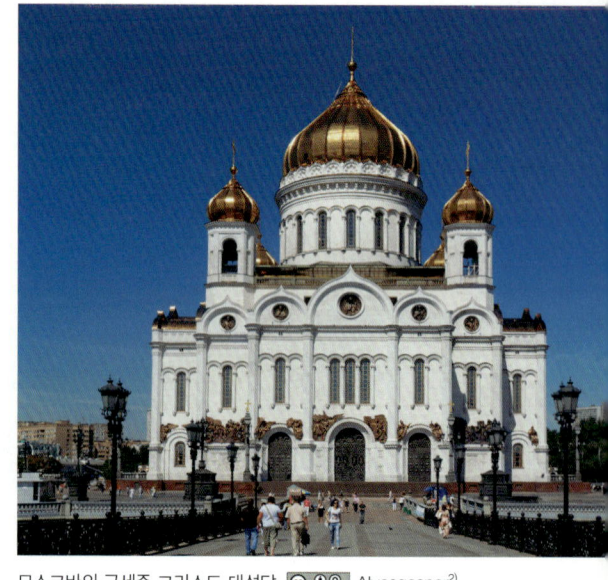

모스크바의 구세주 그리스도 대성당. Alvesgaspar[2]

타임머신을 타고 1990년대 초반까지 30년쯤만 시간을 거슬러 오르면 우리는 이곳에서 성당 대신 원형의 거대한 노천수영장을 발견하게 될 것이다. 그리고 그로부터 70년쯤 전인 1920년대로 다시 한 번 거슬러 오르면 그 수영장 자리에는 지금과 같은 대성당이 요술처럼 다시 나타난다. 이러한 조화는 소련의 사회주의 정권이 교회에 가한 박해의 소산이다.

성당이 파괴된 자리에 1990년대 초까지 자리잡고 있었던 거대한 노천 수영장. ⓒ Fmaschek[3]

마르크스의 교의에 의하면 '종교는 인민의 아편'이다. 19세기 중후반까지 국민의 다수가, 매매가 가능하고 얼마든지 사적으로 형벌을 가할 수 있는 농노로 살아가야 했던 러시아. 그곳에서 죽지 못해 하루하루를 연명하는 사람들에게 종교는 고통을 잠시나마 잊을 수 있는 귀중한 아편이었을 것이다. 하지만 아편으로 고통을 견딜 수는 있지만 병을 치유할 수는 없다. 결과적으로 더 깊어진 병과 중독된 아편은 사람의 생명을 앗아갈 것이다. 모순이 깊어진 한 사회가 생명을 지속하기 위해서는 문제를 해결하는 변혁이 필요하다. 이러한 변혁의 기운은 사람들이 느끼는 고통의 크기에 비례하게 될 것이다. 그러나 종교는 사람들로 하여금 사회적 모순을 세속적으로 해결하지 않고 기도와 내적 단련으로 극복하게 만듦으로써 문제를 더욱 심화시킬 수 있다. 이런 점에서 종교는 인민의 아편이며, 사회주의자들은 이를 용납할 수 없는 것이다.

한때는 기세등등하게 세속적 영화를 누렸으나 표트르 대제의 개혁에 따라 국가 기관의 하나로 전락한 채 명맥을 이어오던 러시아정교회는 사회주의혁명 이후 존망의 기로에 서게 된다. 볼셰비키는 교회와 수도원의 문을 강제로 닫아버리고 그 재산을 몰수했으며, 수많은 성직자들을 체포하여 추방하거나 살해하였다. 혁명초기에는 150명의 사제와 2천명이 넘는 수녀들이 한꺼번에 살해되었다는 기록도 있다. 박해가 절정에 달했던 1930년대

1931년 12월 5일 구세주 대성당의 폭파

에는 큰 성당들을 폭파하고 그 자리에 다른 용도의 시설을 건설하기도 하였다.

모스크바의 구세주 대성당도 이때 파괴되었다. 원래 스탈린의 계획은 이곳에 뉴욕의 엠파이어스테이트 빌딩과 겨루는 325피트 높이의 '소비에트 궁전'을 건축하는 것이었다. 공사는 1937년에 시작되었으나 기술적 문제에다가 제2차 세계대전까지 발발하는 바람에 건설을 포기하게 되었고, 여기에 거대한 수영장이 들어선 것이다. 수영장은 직경이 130미터에 이르고 한꺼번에 2천명을 수용할 수 있을 정도로 큰 규모였다. 수많은 모스크바 시민들이 그곳에서 수영을 즐겼고, 겨울에도 따뜻한 물이 공급된 그곳을 지나치노라면 엄청난 규모의 더운 김이 뭉게뭉게 솟아올라 장관을 이루었다.

구세주 대성당 자리에 건축하려 했던 소비에트 궁전

사회주의 시기 소련에서 개인적 신앙행위는 가능하였으나 공적인 종교 활동은 전면 금지되었다고 요약될 수 있다. 즉 개인의 기도만 허용되었을 뿐, 종교 교육이나 선교는 허용되지 않았던 것이다. 정교회의 수장으로 총대주교가 존재하기는 하였지만 이름뿐이었고 국가에 충성하는 꼭두각시에 지나지 않았다. 역대 소련 지도자 가운데 가장 무시무시한 공포정치를 실시하였던 스탈린은 제2차 세계대전을 수행하면서 국민통합을 위해 몇 개의 교회와 신학교를 허용하는 등 약간의 유화적 조치를 취한 적이 있었다. 그러나 이는 전후 흐루쇼프 치하에서 다시 원점으로 돌아갔고, 결국 1980년대 말 고르바초프의 페레스트로이카가 시작되고서야 비로소 신앙의 자유가 회복된다.

체제 이행 후의 과제

사회주의 치하의 극심한 탄압 속에서도 끈질기게 생명을 유지해온 러시아정교회. 교회는 자유로운 분위기 속에서 다시 국민들의 사랑을 받고 있지만, 종교와 관련하여 러시아는 해결해야 할 몇 가지 숙제들을 안고 있었다. 그 가운데 하나는 교회통합 문제였다. 귀족이나 부르주아 계층에 속하는 많은 러시아인들이 사회주의 혁명 후 탄압을 피해 해외로 망명하였다. 그들은 든든한 자금력을 바탕으로 곳곳에 교구를 세우고 이를 통합하여 해외 러시아정교회를 결성, 활발히 활동하였다. 이들은 1927년 스탈린에게 충성을 맹세한 허울뿐인 국내 교단을 부정하고, 러시아정교회의 정통성이 자신들에게 있음을 주장하였다. 그러나 체제이행 이후 러시아 국내에서 총대주교 산하에 정교회 교단이 부활하면서 러시아 교회에는 2개의 조직이 병립하게 된다. 이들은 통합을 위해 노력해 왔고, 그 결과 2007년 5월 17일 예수승천대축일을 맞아 모스크바의 구세주대성당에서 합동 예배를 올리게 된다. 이로써 러시아 교단의 80년 묵은 대립이 종식되었다.

러시아정교회 사제들 ⓒKwunYoong

또 하나의 과제는 정치경제적으로 혼란 속에 있었던 체제이행 초기에 해외에서 들어온 외래종교의 무분별한 선교를 둘러싼 문제였다. 러시아는 혁명으로 치닫던 격동의 19세기에 수많은 문호와 위대한 음악가, 화가들을 배출함으로써 빛나는 문화를 꽃피웠던 나라이다. 그리고 20세기에는 미국과 쌍벽을 이루는 슈퍼파워로서 세계를 호령했던 나라이다. 이런 기억을 가진 러시아인들의 민족적 자존심은 우리가 상상하는 수준을 넘는다. 300만점의 작품을 소장하고 있으며 세계 3대 박물관 가운데 하나라고 언급되기도 하는 상트페테르부르크의 에르미타주에는 아직도 러시아어로 된 해설만 붙어있는 작품들이 많다. 페테르부르크는 사회주의 시절에도 매년 수많은 유럽인들이 찾았던 개방된 도시였다. 그럼에도 불구하고 이처럼 영어 표기에 무심한 것은 대국 러시아의 자존심에서 나온 다분히 의도적인 조치로 보인다.

종교는 러시아인들의 자부심이 가장 두드러진 분야라 할 수 있다. 그들이 믿는 것은 '정교(Orthodox)' 즉 그리스도의 적통으로서 정통성을 가진 기독교이다. 그리고 그들은 비잔틴의 패망 뒤 모스크바를 '제3로마' 즉 기독교의 심장부라고 자부했던 사람들이다.

사회주의체제가 몰락하고 아직 자본주의체제가 제대로 자리를 잡지 못한 1990년대는 러시아인들이 기억하고 싶지 않은 혹독한 재앙의 시기였다. 세계최고 수준을 자랑하던 사회복지 시스템은 붕괴되었고, 국가의 부도로 인해 군인들도 월급을 받지 못함으로써 걸핏하면 쿠데타 설이 나돌던 시기. 생산과 유통이 마비되자 생필품이 바닥나 상점의 진열장은 텅 비어 있었고, 사람들은 언제 나올지 모르는 고기 한 덩이를 사기 위해 우울한 얼굴로 줄을 서서 하염없이 기다려야 했다. 철의 장막이 열린 틈새로 잽싸게 비집고 들어온 맥도날드의 현란함에 무너진 러시아인들이 햄버거 한쪽을 맛보기 위해 영하의 날씨에도 수백 미터씩 줄을 지어 기다리는 모습을 우리는 마치 점령군이라도 된 듯한 우월감 속에서 바라보았다. 그리고 스타킹 한 켤레, 빨간 말보로 한 갑으로 그들의 영혼까지 살 수 있는 것으로 착각하였다. 1990년대의 러시아는 한 마디로 전 세계의 조롱거리였으며 제 앞가림을 못하는 몽매한 존재이자 계몽의 대상이었다.

이런 상처투성이의 러시아에 개신교를 비롯한 외래종교들이 밀물처럼 쏟아져 들어왔다. 그들은 물질적 우위를 무기로 물불을 가리지 않고 교세확장에 몰두하였다. 러시아를 바라보는 그들의 자세는 대부분 스타킹과 말보로를 호주머니에 가득 채운 점령군에서 별로 나아가지 못한 수준이었다. 이는 당연히 러시아 정부와 교회 그리고 국민들의 거센 반발을 불러일으켰고, 1997년 결국 러시아 국내에서 외국인의 선교활동을 제한하는 법률이 제정되기에 이른다.

또 다른 운명, 러시아호텔

소련시절 붉은 광장 입구에 있던 랜드마크 러시아호텔(2004). Foma[4]

구세주 대성당의 황금빛 양파모양 큐폴라는 러시아의 새로운 도약을 상징하는 듯하다. 사회주의체제가 붕괴되고 한때 옐친의 뒤를 잇는 대권의 꿈을 키웠던 야심가 유리 루시코프 모스크바 시장은 구세주 대성당 재건을 위한 거대한 캠페인을 주도하였다. 그 결과 1995년 수영장이 메워지고 장엄한 성당이 다시 들어서게 된 것이다.

모스크바의 대표적 호텔 '러시아'도 구세주성당과 비슷한 길을 걸었다. 아름다운 양파머리의 성바실리대성당은 붉은 광장의 꽃으로서, 모스크바 홍보물의 대표적 모델로 등장하곤 한다. 그 성당 사진의 배경으로 종종 눈에 들어오던 거대하고 밋밋한 현대적 건물이 바로 러시아호텔이다. '소련'이라는 단어에서 연상되는 투박함 또는 무표정함을 형상화한다면 바로 이런 모습이 아닐까 싶을 정도로 전형적인 소비에트 시절의 건물이었다. 건물 층간이 그리 높지 않으면서 3천개의 객실이 가로로 길게 누운 모습이 흡사 군용 토치카처럼 보였다.

이 호텔 역시 3개의 아름다운 정교 사원을 허문 자리에 지은 것이다. 그리고 그 수영장처럼 러시아호텔도 2006년 철거되어 이제 그 흉물스런 모습을 찾아볼 수가 없다. 그런데 그 뒤에 일어난 일은 두 경우가 서로 판이하여 흥미롭다. 원상 복구된 구세주 대성당과는 달리 호텔이 철거된 자리는 현재까지 공사 가림막에 둘러싸여 있다. 한때 모스크바 시장 루시코프는 이 자리에 원래의 사원이 아니라 최신식 상업용 빌딩을 지으려 했다. 부동산 개발업자인 치기린스키와 손을 잡고 계획했던 건물이 완성되었다면 2천개의 객실과 극장, 쇼핑몰, 음식점들로 채워진 복합 엔터테인먼트 공간이 탄생하였을 것이다. 모스크바의 심장이라 할 수 있는 붉은 광장 입구에 대형 비즈니스 빌딩이 들어서는 프로젝트이다 보니 이 사업은 러시아 사회의 큰 관심과 함께 두 가지 구설의 표적이 되었다. 하나는 사업자 선정 과정에서 모스크바 시와 치기린스키가 유착된 것으로 보일 수 있는 정황이며, 또 하나는 모스크바에서 진행되고 있는 일련의 재개발 사업이 과연 적절한 것인가 하는 논쟁이었다.

모스크바의 부동산 임대료는 세계최고 수준이다. 이는 지독한 관료주의로 인해 건물의 신축이 대단히 어려운 반면, 넘치는 오일달러와 경제 활황으로 사무실 임대 수요는 폭발적으로 증가했기 때문이다. 그러다보니 권력과 커넥션이 있는 개발업자들에게 도처에 산재한 구식건물들의 재개발은 황금알을 낳는 사업으로 인식되고 있다. 대표적 소비에트 시절 건물 가운데 하나인 모스크바호텔도 철거되었다. 이러한 개발붐에 대해 일각에서는, 건물의 미학적 평가가 어찌되었건 이미 잘 알려진 모스크바의 건축문화유산들을 이렇게 무차별적으로 철거하는 것이 과연 옳은 일인가 하는 문제를 제기하고 있는 것이다.

체제이행의 격변기에 오랫동안 모스크바 시장으로 있으면서 온갖 구설에 오르내리던 유리 루시코프는 2010년 푸틴에 의해 부패혐의로 쫓겨났다. 그리고 러시아호텔 철거자리에 대한 그의 야심적 계획은 백지화 되었다. 2012년까지 가림막 속에 대책 없이 방치되었던 그곳에는 현재 푸틴이 제안한 거대한 공원 공사가 진행되고 있다.

가림막 속에 공원 공사 중인 러시아호텔 자리 ©KwunYoong

사회주의 시대에 똑같이 사원을 밀고 들어선 초대형 수영장과 러시아호텔의 처리 방식이 이렇게 달랐던 이유는 무엇일까? 여러 가지 요인이 있을 수 있겠으나, 1990년대 러시아의 과제가 사회주의 청산과 전통회복이었던 반면, 21세기의 러시아에서는 자본의 논리가 넘쳐나고 있음을 양자의 차이가 상징하고 있지 않은가 생각된다.

제3편 로마노프의 제정러시아

9.
로마노프 왕조의 출범

10.
장하도다, 스텐카 라진

11.
서구화의 아버지 표트르 대제

12.
계몽군주의 꿈, 예카테리나 대제

13.
모스크바의 붉은 광장

9. 로마노프 왕조의 출범

차르 미하일 로마노프와 필라레트 총대주교

동란시대를 정리하고 전국회의 젬스키 소보르가 새로운 차르로 옹립한 16세 소년 미하일 로마노프는 명문귀족의 아들이었다. 훗날 총대주교 필라레트가 되는 그의 아버지 표트르 로마노프는 이반 뇌제가 지극히 사랑했던 부인 아나스타샤의 사촌이었다.

새 왕조의 첫 차르 미하일(재위 1613~45)은 비록 정상의 자리에 올랐지만 난감한 처지에 놓여있었다. 비록 왕이라 하더라도 그것이 정통성을 가지고 계승한 자리이거나 자신의 힘으로 손에 넣은 것이 아니라면 왕권은 제약될 수밖에 없다. 난세에 추대된 소년 차르는 전제군주로서의 권한을 행사할 처지가 아니었으므로 귀족과 백성들의 눈치를 볼 수밖에 없었다. 게다가 그가 떠맡은 조국 러시아는 오랜 난리 끝에 피폐할 대로 피폐해져 있었다. 당연한 일이지만 재정은 바닥상태였다. 모스크바는 탈환했지만 스몰렌스크와 노브고로드는 아직 폴란드와 스웨덴의 수중에 놓여 있었다. 곳곳에서 작은 반란도 끊이지 않았다.

미하일은 이런 문제를 차근차근 풀어 나갈만한 역량을 가진 인물이 아니었다. 그의 재위

G.Ugryumov, 1613년 왕관을 쓰는 16세의 미하일

기간 동안 실제로 나라를 다스린 것은 모스크바 총대주교 자리에 오른 아버지 필라레트(1553~1633)였다. 그는 '대군주'라는 칭호를 아들과 함께 사용했다. 미하일은 아버지의 도움으로 어느 정도 정국의 안정을 이룰 수 있었다. 적지 않은 대가를 치루긴 했지만 폴란드 및 스웨덴과의 휴전에 합의했고, 반란들은 진압되었다. 그러나 나라의 곳간을 채우는 일은 여전히 난망했다.

교회분리와 스텐카 라진의 반란, 차르 알렉세이의 시련

미하일의 아들인 제2대 차르 알렉세이(재위 1645~76)는 조용하고 유약한 군주로 역사에 기록되어 있다. 알렉세이는 별로 인상적인 차르가 아니었지만, 그 재위기간은 중요한 의미를 갖는 사건들이 줄을 이은 시기였다.

그 첫째는 1649년 법전 '울로제니예'를 통해 농노제가 법적으로 완성된 것이다. 러시아 농노제도의 역사는 서유럽과 상당한 차이가 있다. 중세사회의 상징인 서유럽의 농노는 15세기 후반 사라진 것으로 간주된다. 하지만 러시아의 농노제도는 서유럽에서 농노가 소멸된 바로 그 무렵, 중세국가가 아니라 강력한 중앙집권국가가 등장하는 과정에서 비로소 법률적 근거를 마련하고 본격화되었다. 그리고 19세기 중반까지 오래 지속되었다.

농민들이 지주들에게 속박된 삶을 산 것은 오래전 키예프 루스 시절부터였다. 하지만 그 속박은 지주의

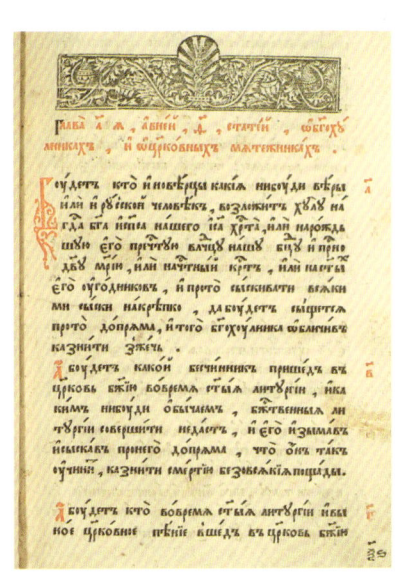

농노제를 완성시킨 법전 울로제니예의 첫 장

토지를 경작하면서 금전이나 농기구를 빌리고 이를 갚지 못했을 때의 일이었다. 물론 빚을 쉽게 갚지 못하는 것이 일반적이었기 때문에 농민들은 이러한 예속에서 평생 벗어나지 못하는 경우가 많았다. 그런데 1497년 이반 대제는 법전 수제브니크에서 농민의 이주 허용 시기를 제한한다. 즉 빚을 다 갚은 농민이라 할지라도 매년 단 한번, 추수가 끝난 늦가을에만 지주를 떠날 수 있다는 것이었다. 이러한 속박은 로마노프 왕조의 두 번째 차르 알렉세이가 1649년 법전 울로제니예를 제정함으로써 완성된다. 마침내 농노와 그 가족은 귀족지주들의 완전한 소유물이 되어버린 것이다. 농민은 주인의 허락 없이 이동할 수 없게 되었고, 탈주농민을 추적하는 부서가 만들어졌다. 이제 한번 농노이면 자손대대로 농노가 되는 것이었다.

그리고 이 시기에 또 어떤 일이 있었을까. 정교회의 권세에 결정적 타격을 입힌 '교회분리 사태(1652~66)', 그리고 전설적인 농민 반란인 '스텐카 라진의 난(1670~1)'이 바로 이 알렉세이 치하에서 일어난 사건들이다. 스텐카 라진의 난이 발생한 직접적 원인은 알렉세이의 농노제 강화조치였다. 카자크는 원래 자유분방한 삶을 목숨처럼 귀하게 여기는 사람들이었으므로, 울로제니예를 통해 그들에게까지 조여 오는 속박에 반발하여 반란을 일으킨 것이다. 교회분리는 한때 공들 사이에서 권력의 판도를 좌우할 정도로 큰 힘을 가졌던 러시아정교회가 결정적으로 몰락한 계기가 된다. 분리파와 개혁파는 전례의식의 개혁여부를 놓고 처절한 투쟁을 벌인 끝에 결과적으로 모두 패배자로 전락하였다. 신분제 회의 젬스키 소보르가 유명무실해진 데다가 이제 교회마저 군주의 휘하에 들어옴으로써, 차르가 무소불위의 권력을 행사하는 제정 러시아의 등장이 가까워지고 있었다.

로마노프 왕조의 제3대 차르 표도르 2세(재위 1676~82)는 어리고 유약하여 실권을 외척들에게 넘긴 채 짧은 기간 왕위에 머물다 간다. 그의 사후 후계를 둘러싸고 7년에 걸친 골육상쟁을 거친 후에야 러시아 역사상 최강의 군주 표트르 대제의 근대화 대개혁이 시작된다.

10. 장하도다, 스텐카 라진

자로로제 카자크

일리야 레핀의 《투르크 술탄에게 조롱의 편지를 쓰는 자포로제 카자크》는 변경의 무법자 카자크(영어로는 Cossack)가 어떤 사람들인지 한눈에 짐작할 수 있게 해준다. 상트페테르부르크의 국립러시아미술관에 전시되어있는 이 그림에는 갖가지 행색의 인물들이 흥에 겨워 파안대소하고 있다. 하나같이 험상궂은 모습이라 굳이 설명하지 않아도 통제 불능의 화적패인 줄을 쉽게 알아볼 수가 있다. 이들은 지금 그림의 제목처럼 투르크의 술탄에게 조롱의 편지를 쓰고 있다. 사연은 이렇다. 당시 세상을 호령하던 오스만투르크의 통치자 메메트 4세가 자포로제의 카자크들에게 편지를 보낸다. 자신에게 저항하지 말고 복종하라는 것이었다. 그러나 이들은 그림에서 보다시피 코웃음을 치면서 입에 담지 못할 욕설로 그를 조롱하는 답장을 보내고 있는 것이다.

원래 흑해와 카스피 해 연안에는 투르크계 유복민들이 살고 있었다. 여기에 압제를 피해 도망쳐온 농민과 범법자들이 가세해 강력한 카자크 집단을 이루게 된다. '자포로제'는 흑해연안 크림반도 위쪽 우크라이나 지역의 지명이다. 카자크들 중에서도 특히 자포로제

I.Repin, 투르크 술탄에게 조롱의 편지를 쓰는 자포로제 카자크(1880~91)

카자크와 돈 카자크가 큰 세력을 떨쳤다. 이들은 거칠고 용맹하였지만 자유를 구속하지 않는 한 차르에 대해서는 대체로 충성스러웠다. 따라서 러시아의 역대 지배자들은 그들의 자치를 허용하고 회유하여 국경 수비와 전투에 적절히 활용하였다. 17세기에 이르면 러시아 농민들의 삶은 더욱 가혹해진다. 농노제가 강화되고 궁핍과 가혹한 세금에 시달리면서 도처에서 반란과 폭동이 발생한다. 이 와중에 살 길을 찾아 도망한 농민들이 끊임없이 카자크 무리에 합류하게 됨으로써 카자크의 세력은 더 커지게 된다.

한편 전제권력이 점차 강화되면서 차르는 변경의 골칫거리인 카자크의 자치를 축소하고 지배력을 강화하려 한다. 이를 위해 차르는 카자크 상층부 인사들에게 여러 가지 특권이라는 당근을 주고 회유를 시도한다. 이때 하층 카자크들을 이끌고 러시아 전역을 뒤흔드는 반란을 일으킴으로써 민중들 사이에 전설로 남은 주인공이 바로 스테판 라진(Stepan Razin 1630~71)이다. 사람들은 '스텐카 라진(Stenka Razin)'이라는 그의 애칭에 더 익숙하다.

카자크의 자유를 주리라

스텐카 라진은 돈 카자크의 유족한 집안에서 태어났지만 어려서부터 하층 카자크들의 고난을 직접 목격하며 자랐다. 그가 결정적으로 반역을 결심하게 된 계기는 카자크 수장인 '아타만'이었던 형이 모스크바에 의해 처형당한 사건 때문이라고 한다. 모름지기 지배자들은 반체제인사들을 제거할 때 그에게 될성부른 동생이 있는지부터 잘 살필 필요가 있다. 10월 혁명의 주역 블라디미르 레닌 역시 그의 형 알렉산드르가 반체제 활동으로 처형당하자 혁명에 가담하게 되는 점에서 유사하다.

사실 스텐카 라진의 실체는 민요나 서사시로 구전되는 것처럼 그렇게 시종 엄숙하고 장렬한 것이 아니었다. 1667년 하층 카자크들을 이끌고 라진이 처음 벌인 사업은 반란이라기보다 모험 수준의 약탈이었다. 2년여에 걸친 볼가 강 하류와 카스피 해 연안 원정에서 그는 바라던 대로 많은 재물을 얻게 된다. 특히 카스피 해 건너 이슬람 정착지에는 부유한 페르시아 인들이 살고 있었으므로 짭짤한 수확을 얻을 수 있었다. 그러나 푸짐한 전리품보다 더 중요한 것은 약탈과 귀환의 과정에서 우연히 마주친 차르의 군대를 격파한 사건이었다. 이 소문은 순식간에 눈덩이처럼 부풀어, 민족과 지역을 막론하고 억압 속에서 희망을 찾을 수 없었던 러시아의 모든 하층민들에게 신화와 복음이 되어 번져나간다. 시대가 그것을 원하고 있었으므로, 이제 라진의 모험은 뜻하지 않게 카자크와 농노의 억압에 대한 투쟁으로 업그레이드된 것이다. 동서고금을 막론하고 그저 죽지 못해 모진 세월을 견뎌야 하는 민초들은 그들의 염원을 담아 집단으로 신화를 창조해낸다.

반란으로서 라진의 원정은 1670년에 시작된다. 때는 로마노프 왕조의 허약한 두 번째 차르 알렉세이의 치하였다. 반란군은 지금의 볼고그라드인 차리친을 점령하고 여러 갈래로 나뉘어 러시아 전역을 휩쓸며 모스크바로 압박해 들어갔다. 하지만 실제로 번번이 치열한 전투를 거칠 필요는 없었다. 민중을 억압하는 귀족과 관리들을 쓸어버리고 모두에게 카자크의 자유를 가져다주겠다는 그의 장담에, 반란군은 가는 곳마다 성문을 열고 환호하는 동조자들을 만날 수 있었다. 그러나 우리의 동학군이 그러했듯이 이들의 대부분은 정규적 군사훈련을 받은 적이 없는 오합지졸 농민에 불과하였다. 정규군의 본격적인

S.Kirillov, 스텐카 라진의 처형(1985~8)

반격이 시작되자 라진의 반란군은 참패하여 돈 강의 본거지로 후퇴하게 된다. 패색이 짙어진 반란군에서는 으레 내부의 배신자가 등장하는 법이다. 판세를 잘 읽은 카자크 지배층의 배신으로 라진은 체포되어 모스크바로 압송된다. 이때가 1671년 4월이었다.

민중들 사이에 전해 내려오는 모스크바에서의 고문과 처형장면은 아마도 상당히 각색된 것이 아닐까 싶다. 어쨌든 붉은 광장에 던져진 라진은 뼈를 하나하나 꺾는 고문에도 신음 한번 내지 않았다고 전해진다. 러시아의 중죄인들이 처형되고 차르의 칙령이 반포되던 붉은 광장의 로브노예 메스토에서 스텐카 라진은 사지가 찢기는 능지처참을 당한다.

스텐카 라진의 노래

라진은 억압에 대한 분노로 일어서서 세상을 한번 뒤흔들었을 뿐, 차르를 몰아내거나 국가체제를 바꾸는 계획 따위를 가질 만한 인물은 아니었다. 한마디로 그는 한때 민중의 한을 풀어준 영웅이었지만 혁명가는 아니었던 것이다. 따라서 정규역사에서 그가 차지하는 비중은 크지 않다. 그러나 신화는 눈덩이처럼 불어나 그를 둘러싼 많은 이야기와 노래들이 민간에 전해 내려온다. 절망한 러시아 농민들은 라진이 처형 직전 탈출해 어딘가에 숨어있다는 소문을 만들어내기도 한다. 그들은 이런 희망을 붙잡고 삶이 고통스러울 때마다 다시 올 스텐카 라진을 기다리며 노래를 불렀다. 수백 년간 이어져온 러시아의 대표적인 민요 《스텐카 라진의 노래》는 이렇게 탄생하였다.

> 넘쳐 넘쳐 흘러가는 볼가 강물 위
> 스텐카 라진의 배 위에서 노랫소리 들린다
> 페르시아 영화의 꿈 다시 찾은 공주의
> 웃음 띤 그 입술에 노랫소리 드높다
> 돈 카자크 무리에서 일어나는 아우성
> 교만할 손 공주로다 무리들은 굶주린다
> 다시 못 올 그 옛날의 볼가 강물 흐르고
> 꿈을 깨친 스텐카 라진 장하도다 그 모습

노래의 배경은 이렇다. 스텐카 라진이 처음 약탈원정을 나섰을 때 페르시아의 공주를 포로로 잡아온다. 공주라고 하지만 아마도 이슬람 정착촌의 부잣집 딸쯤이 아닐까. 혹은 차리친 영주의 딸이란 설도 있지만, 이 이야기 자체가 사실이라기보다는 설화적 성격을 가지므로 중요한 문제가 아니다. 아무튼 그 공주는 스텐카 라진 뿐 아니라 반란군 전체를 뒤흔들어 놓았을 만큼 너무도 아름다웠다고 한다. 여인 하나 때문에 부대 전체가 질투와 의심에 빠져드는 모습을 보며 잘못을 깨달은 라진은 군사들과 공주를 태운 채 배를 타고 볼가 강 물살을 헤쳐 나아간다. 배가 강 한가운데에 이르자 스텐카 라진은 공주를 두 팔에 안고 부하들 앞에 선다.

V.Surikov, 카스피 해를 항해하는 스테판 라진(1906)

"나는 공주를 사랑한다.
그리고 압제와 굶주림에 시달려온 당신들을 사랑한다.
그러나 나는 내 조국 러시아를 더 사랑한다."

말을 마친 라진은 뱃전으로 걸어가 유혹과 미망을 떨쳐버리듯 공주를 볼가 강 물위로 던져버린다. 그리고 라진의 군사들은 다시 힘을 모아 탐관오리들을 무찔러나갔다는 이야기이다. 동란시대를 겪으며 외세에 맞서는 러시아인들의 동류의식이 강화되었다고는 하지만, 이 시기에 변경의 카자크 수장이 '내 조국 러시아'란 말을 입에 올렸다는 건 훗날 지어낸 이야기일 가능성이 높다. 그리고 마초들의 가슴 뭉클한 영웅담으로만 받아들이기에는 죄 없는 공주가 가엾기도 하다.

11. 서구화의 아버지 표트르 대제

J.M.Nattier, 표트르 1세의 초상(1717)

역사는 몇몇 영웅이 아니라 수많은 민초들이 써가는 것이란 말은 듣는 이의 가슴을 뭉클하게 한다. 굽이쳐 흐르는 역사의 도도한 강물은 민초라는 작은 물방울들의 집합임에 틀림이 없다. 그러나 한 시대를 풍미한 영웅들은 그들의 결단과 지도력으로 종종 강물의 방향을 바꾸어 놓곤 한다. 그런 관점으로 러시아 역사를 바라볼 때 가장 주목해야할 사람은 '표트르 대제'라고도 불리는 로마노프 왕조의 네 번째 차르 표트르 1세이다(재위 1682~1725). 그는 러시아 근대화의 아버지이며, 모스크바 대공국을 비로소 러시아제국으로 발전시켜 세계열강의 반열에 올려놓은 걸출한 차르였다.

공동 차르와 섭정 소피아

제2대 차르 알렉세이에게는 두 명의 왕후와 그들이 낳은 많은 자녀들이 있었다. 제3대 차르 표도르 3세(재위 1676~82)는 알렉세이 사후 장자로서 왕위를 계승하였지만 스물한 살의 나이로 일찍 세상을 뜬다. 따라서 후계자는 자연히 수많은 형제들 가운데에서 나오게 되었다. 1682년 표도르 3세가 죽었을 때 같은 어머니 마리아 일리니치나 소생으로 여섯 남매가 남아 있었다. 그리고 알렉세이의 후처 나탈리아 키릴로브나가 낳은 이복동생 삼남매가 생존해 있었는데 표트르가 그 가운데 하나였다. 왕후를 배출한 두 가문은 차르 자리를 놓고 치열하게 대립하였다. 한쪽이 승리하는 순간 다른 쪽은 멸문을 각오해야 할지도 모를 상황이었다.

여기서 사태는 일단 표트르에게 유리한 쪽으로 전개되었다. 정교회의 총대주교가 각 계급의 대표들과 뜻을 모아 표트르를 차르로 선포해 버린 것이다. 첫 부인 마리아가 낳은 16세의 이반이 있었지만 유약하여 차르의 재목이 아니었고, 후처 소생의 표트르는 아직 10세에 불과했지만 건강하고 군주로서의 자질이 돋보였기 때문이다. 그러나 사태는 그렇게 간단하게 끝나지 않았다. 이반의 장성한 친누나 소피아 공주가 있었기 때문이다. 큰 야심을 가지고 있었던 그녀는 소총병 스트렐치 부대를 앞세운 쿠데타로 표트르의 측근 40여명을 살해하고 정권을 장악한다. 그리고 이반(이반 5세)과 표트르를 공동 차르로 세워놓고는 자신이 섭정으로 전권을 쥐게 된다.

A. Korzukhin, 1682년 스트렐치 반란(1882). 스트렐치들이 표트르의 어머니 나탈리아의 일가친척을 몰살시킨다. 어린 표트르는 절규하는 어머니를 위로하려 하고, 반란의 지휘자 소피아 공주는 그 옆에서 득의만만한 표정을 짓고 있다.

심심풀이 연대의 반격

소피아가 겁에 질린 이복동생을 살려둔 것은 결과적으로 치명적 실수였다. 궁정 내부에 도와줄 세력도 없이 의전용 차르로나 역할이 주어지던 어린 표트르는 특별한 교육도 받지 못한 채 거의 방목되다시피 했다. 그는 이런 방관 속에서 타고난 명민함과 열정으로 훗날 러시아 근대화의 아버지가 될 자질을 스스로 키워나갔으며, 국면을 반전시킬 준비를 차곡차곡 진행하였다.

그가 주로 머무른 모스크바 교외의 왕실 영지 프레오브라젠스코예 마을 인근에는 독일인 정착촌이 있어 많은 외국인 기술자들을 만날 수 있었다. 이반 대제 이후 러시아에서는 외국인들이 초청되어 봉직을 맡는 경우가 잦아졌고, 이들은 모스크바 인근의 전용거주지에서 살고 있었다. 그곳을 흔히 '독일인' 정착촌이라 불렀지만 사실은 다양한 외국인들이 살고 있는 마을이었다. 어린 표트르는 그들과 자유분방하게 어울리며 목공이나 석공 일 같은 각종 기술들을 흥미롭게 습득하였다. 그는 새롭고 실질적인 것에 대한 호기심이 대단한 사람이었다. 훗날 그가 신분을 숨기고 사절단에 섞여 유럽을 순방하며 조선 기술과 대포 제조기술을 직접 익힌 것은 해프닝이 아니었다. 어린 시절의 경험은 그의 마음속에 실사구시를 통해 러시아의 근대화를 이루어야만 한다는 목표를 확실히 심어주었던 것이다.

A.Benois, 독일인 정착촌(1911)

[심심풀이 연대의 군사훈련(18C)]

소피아는 정치적 감각이 부족하였거나 권력에 도취하여 너무 자만했던 것으로 보인다. 그녀는 표트르가 전쟁놀이를 한다는 명분으로 시골에서 2개 연대를 조직했을 때 이를 용인하였다. '파테쉬니(심심풀이 또는 장난감)'라고 불린 그 연대는 소년들로 구성되었기 때문에 의심의 눈길을 피할 수 있었는지 모른다. 그러나 소년은 금방 청년으로 자라는 법이다. 그들은 때로 외국인 장교의 지도를 받았고 실탄을 사용한 모의전투로 사상자를 내기도 하면서 표트르의 잘 훈련된 친위연대로 성장해 갔다.

반전의 기회는 위기와 함께 찾아왔다. 1689년 소피아는 청년이 되어가는 표트르를 완전히 제거하기 위해 다시 한 번 소총병 스트렐치들을 사주하여 친위 쿠데타를 준비했다. 누이가 습격할 것이라는 첩보를 밤중에 전해들은 표트르는 잠옷 바람으로 세르기예프 포사드의 삼위일체 수도원으로 피신했다고 한다. 열 살 때 자신의 눈앞에서 측근들이 살해되는 모습을 속수무책으로 지켜보아야 했던 트라우마가 아마도 쉽게 떨쳐지지 않았을 것이다. 그러나 표트르는 더 이상 겁에 질린 어린아이가 아니었다. 수도원에서 상황을 파악하고 정신을 수습한 그는 주도면밀하게 양성해온 파테쉬니 연대를 이끌고 모스크바를 역공하여 소피아를 체포하였다. 그의 나이 17세 때의 일이었다.

소피아는 모스크바 외곽의 노보제비치 수도원에 유폐되었고, 그 영혼은 세상을 떠나고 나서 비로소 자유를 얻었지만 육신은 아직도 수도원의 무덤 속에 갇혀있다. 이복형 이반 5세는 이 사건으로 사실상 실각한 셈이지만 표트르는 병약한 그를 이름뿐인 공동 왕좌에 그대로 남겨두었다.

노보제비치 수도원의 소피아 무덤. 죽어서도 견고한 회벽 속에 감금되어 있다. ⓒKwunYoong

소피아 일당을 몰아낸 후에도 나랏일은 모후와 외척들이 주도하였고 표트르는 여전히 다양한 호기심을 충족시키는 일에 몰두하였다. 1694년 어머니가 사망하자 스물 두 살의 당당한 청년 차르 표트르는 명실상부한 최고통치자로서 비로소 오랫동안 꿈꾸어 오던 일들을 하나하나 실현해 나가기 시작한다. 그의 첫 번째 과제는 남쪽의 오스만투르크를 밀어내고 흑해로 나가는 출구를 확보하는 것이었다.

러시아가 유럽과 이어지는 길목에는 당시 러시아보다 훨씬 강력한 국가들이 버티고 있었다. 북쪽 발트해 연안은 스웨덴이 차지하고 있었고, 중부의 육로에는 폴란드가, 그리고 남쪽 흑해로의 출구는 오스만투르크가 가로막고 있었다. 표트르는 1695년 직접 포병으로 참가해 흑해연안의 투르크 요새 아조프를 포위했다. 그러나 그의 첫 전쟁은 실패로 끝났다. 그것은 당연한 결과였다. 비잔틴을 멸망시키고 콘스탄티노플을 수도로 삼았던 오스만투르크는 16~7세기 전성기 시절 아시아·아프리카·유럽의 3개 대륙에 걸쳐 광대한 영토를 통치했던 강력한 제국이다. 그리고 당시의 러시아 육군은 유럽 선진국에 비해 매우 후진적인 상태여서, 소피아의 섭정 시기에 러시아는 투르크와의 전투에서 더 많은 군사를 가지고서도 패배한 이력이 있었다. 게다가 당시 바다로 나가는 출구가 없었던 러시아는 해군을 갖고 있지 않았으므로 함대를 이용한 투르크의 보급을 차단할 수가 없었다.

표트르는 즉시 함선을 건조하고 해군을 조직함으로써 놀랍게도 바로 이듬해에 아조프를 함락시킬 수 있었다. 일찍이 항해에 큰 관심을 갖고 영국과 네덜란드의 선장들로부터 많은 것을 배운 표트르. 그가 창설한 러시아 해군은 이후 러시아의 팽창에 큰 역할을 담당하였으며, 표트르가 창조한 새로운 러시아의 정체성을 가장 적절히 표현해주는 존재가 되었다. 러시아의 아조프 점령은 유럽이 표트르와 그의 후진적 조국에 대해 관심을 갖는 계기가 된다.

R.K.Porter, 1696년 표트르의 아조프 점령(1842)

포병 하사관 표트르 미하일로프

다음해인 1697년은 극적인 사건들로 점철된 표트르의 생애에서도 가장 흥미로운 일이 벌어진 해였다. 그가 그 유명한 대규모 사절단을 이끌고 서유럽 순방길에 나선 것이다. 사절단의 공식 목적은 이교도 오스만투르크에 맞설 서유럽 기독교 동맹국을 찾는 것이었다. 그러나 일부 귀족과 각계 종사자들로 구성된 250여명의 행렬이 1년 6개월 동안 서유럽 도시들을 돌며 주력한 일은 그것만이 아니었다. 차르는 표트르 미하일로프라는 이름으로 이 사절단에 섞여 함께 움직였다. 제일 먼저 방문한 프로이센에서는 포병 하사관으로 신분을 위장하고 대포 조작 기술을 배운다. 행렬은 네덜란드, 영국을 거쳐 오스트리아에까지 이르렀다. 그들이 특히 오래 머물렀던 곳은 당시 해운과 무역의 중심지였던 암스테르담이었다. 표트르는 여러 서유럽국가들 가운데에서도 네덜란드에 특별한 연대감을 가졌으며, 귀국길에 초청해간 수백 명의 외국인들 가운데에서도 네덜란드 사람들이 가장 중요한 비중을 차지했다.

네덜란드 부두에서 위장 신분으로 목공일을 하고 있는 표트르 1세의 동상, 상트페테르부르크. Heidas[5)]

차르가 신분을 위장했다고는 하지만 적극적인 위장이었다고는 보기가 어렵다. 순방 도중에도 강력한 카리스마로 일행들에게 모든 것을 지시했고 사람들이 늘 그를 중심으로 모여 있었으므로 그를 평범한 하사관으로 볼 바는 없었다. 게다가 2미터에 달하는 그의 신장이 문제였다. 좀 믿기 어렵지만 당시 러시아 남자들의 평균 신장이 160센티미터에 미치지 못했다는 이야기가 있다. 러시아인들이 실제로 그 정도로 작지는 않았다하더라도, 2미터짜리 덩치라면 어디서든 눈에 띄는 존재였을 것이다. 그의 신분은 곧 알려졌지만, 변방의 후진국 러시아에서 온 기묘한 무리들이 유럽을 쓸고 다니며 벌인 온갖 소동과 기행은 유럽 사교계의 가십 거리에 불과하였다.

그들은 타국에서도 격식을 무시하고 늘 하던 대로 거칠 것 없이 행동하였으므로, 숙소로 빌린 집을 엉망으로 만들어 놓고는 주인에게 변상조치를 해주는 일이 거듭되었다. 이처럼 표트르 판 '신사유람단'의 행보는 괴이하였으나, 이들이 여행에서 보고 들은 것들은 러시아 근대화의 소중한 밑거름이 되었다.

소총병 스트렐치의 세 번째 반란

언제까지 이어졌을지 모르는 사절단 행렬은 1698년 그들이 오스트리아 빈에서 베네치아로 향하려했을 때 본국에서 날아온 반란 소식으로 중단된다. 반란을 일으킨 것은 또다시 스트렐치였다. 그들은 수도원에 유폐된 소피아를 차르로 옹립하려 했다.

머스킷 소총부대 스트렐치는 이반 뇌제가 군제를 개혁하며 최초의 상비군 성격으로 설치한 부대이다. 전쟁이 없어도 항상 준비되어 있는 것이 상비군이다. 그리고 초기 소총인 머스킷(musket)은 한때 세상을 놀라게 한 신무기였지만 병기의 발달에 따라 점차 구닥다리가 되어갔다. 머스킷으로 무장한 스트렐치 부대 역시 한때는 군의 핵심으로서 2만 명 이상의 규모를 자랑하였지만 그 위상이 갈수록 퇴락하였다. 그러다보니 불만에 가득 찬 스트렐치들이 이미 1682년의 정변으로 정국을 뒤흔들어 놓은 바 있다. 표트르의 이복누나 소피아가 총대주교와 귀족들에 의해 차르로 선포된 10살짜리 표트르를 공동차르로 밀어내고 섭정 자리를 차지한 사건이 바로 그것이었다. 그뿐이 아니다. 1689년 소피아가 다시 한 번 쿠데타를 기도하다가 역공을 받았을 때도 그녀의 파트너는 바로 이 스트렐치였다. 그러니까 1698년의 반란까지 이 구식군대는 무려 세 번이나 표트르의 생명을 위협한 것이다.

I.Repin, 공주 소피아 알렉세예브나(1879). 노보제비치 수도원에 감금되어 있던 소피아의 방 창밖에 표트르는 스트렐치 우두머리의 목을 매달아 놓는다.

차르의 근대화된 근위연대는 훈련 상태가 시원치 않은 반란군을 쉽게 진압하고 표트르를 맞아들인다. 격노한 차르는 1천명 이상의 가담자를 혹독하게 고문한 후 처형하고 부대를 해산하였다. 이 상황은 바실리 수리코프의 《스트렐치 처형의 아침(1881)》에 인상적으로 묘사되어있다. 한 군주에게 세 번이나 모반을 감행하였던 스트렐치, 그 사무친 집념의 소유자들은 화면 왼쪽에 뒤엉킨 채 비탄에 빠져 최후를 기다리고 있다. 그러면서도 이글거리는 분노로 오른쪽 말 위의 표트르대제를 노려본다. 스트렐치의 긴 수염은 그들이 구시대의 상징임을 나타낸다. 이에 맞서 일말의 자비도 없이 차갑게 쏘아보는 차르의 눈길도 볼만하다.

V.Surikov, 스트렐치 처형의 아침(1881) 스트렐치는 표트르에 대한 세 번의 쿠데타에서 매번 소피아의 편에 섰다가 결국 몰살되고 만다.

유럽으로 향한 창, 상트페테르부르크

사태를 정리한 표트르는 전 방위에 걸친 러시아 사회 개혁에 착수하게 된다. 그 첫걸음은 전 국민들에게 수염을 자르고 간편한 서유럽식 의복을 입도록 하는 명령이었다. 유럽의 율리우스력이 도입되었고 새해의 시작도 추분이 아니라 1월 1일로 바뀌었다. 모든 권력을 차르에게 집중시켰으며, 국가를 강력하고 효율적으로 통치하기 위해 최고행정기관인 원로원을 창설했다. 그리고 평신도 관료가 원장을 맡는 신성종무원을 만들어 내부분열로 쇠락한 정교회를 정부 조직에 편입시켰다. 총대주교 니콘이 차르의 권위를 밟고 오르려 했던 것이 바로 표트르의 아버지 알렉세이 치하에서의 사건이었지만, 이제 러시아정교회의 수장은 차르의 확고한 신하로 자리매김하게 된 것이다.

귀족들의 긴 수염을 자르는 표트르

교육 분야의 개혁으로 군사학교와 기술학교, 의과대학이 설립되었으며, 산수를 가르치는 무료 초등학교가 전국에 설치되었다. 뒤이어 공공도서관과 박물관이 문을 열었고, 과학아카데미도 창설되었다. 지금 사용되고 있는 러시아 알파벳도 정부 문서와 각 분야의 기술적 매뉴얼 인쇄 수요가 증가함에 따라 기존의 키릴 알파벳을 표트르가 개량하여 확정한 것이다. 그뿐이 아니다. 그동안 공식석상에서 남성들과 함께 할 수 없었던 러시아 여성들에게 자유교제의 기회를 허용한 것도 표트르였다. 대강 이렇게만 나열하여도 한 사람의 군주가 남긴 업적이라고 믿기 어려울 지경이지만, 이 정도는 시작에 불과하다.

그가 가장 중점을 둔 개혁은 낙후된 러시아 육군과 새롭게 창설된 해군을 강력한 상비군으로 육성하는 것이었다. 이러한 과업을 수행하기 위해 다양한 세금을 부과하고 관료제를 개혁하였으며, 전면적인 징집제를 도입하였다. 이제 봉직귀족들과 각 계급에서 징집된 사람들은 평생 가족에게 돌아가지 못하고 군인으로 복무해야 했다. 또한 군수산업 육성과 외국인 전문가 초빙에도 심혈을 기울였다. 그 결과 러시아의 산업과 무역은 크게 발전하였고 후진적이었던 군대는 인근의 강국들과 겨룰 수 있을 정도로 강력해졌다.

표트르의 군대가 처음부터 승승장구한 것은 전혀 아니다. 그들은 투르크나 스웨덴처럼 잘 훈련된 인근 강국의 군사들과 겨루어 처음에는 대개 쓰라린 패배를 맛본다. 하지만 충실하고 신속한 개혁을 통해 강군으로 성장하게 된다. 1700년 덴마크를 무찌르고 러시아를 급습한 스웨덴의 용맹한 소년 왕 카를 12세와 나르바에서 맞붙은 표트르는 참패한다. 하지만 이후 스웨덴이 더 강한 상대인 폴란드와의 전쟁에 주력하는 동안 표트르는 엄청난 속도로 전력을 강화하여 발트해 연안을 야금야금 먹어들어 갔다. 발트해로 나가는 출구를 확보하는 것은 러시아의 해묵은 숙제였다. 이반 뇌제 역시 이를 얻기 위해 고심했으나 오랜 리보니아 전쟁에서 패배함으로써 분루를 삼킨 역사가 있다.

1703년 여름 표트르는 마침내 네바강 하구 삼각주 일대를 확보함으로써 사태 역전의 중요한 교두보를 마련하게 된다. 그는 구력 5월 16일 강 하구의 작은 섬에 요새의 기초를 놓고, 6월 29일 요새 안에 교회를 지어 그날의 수호성인인 베드로와 바울에게 바쳤다. 이를 기리어 요새의 이름도 '페트로파블로프스크 요새(the Peter Paul Fortress)'가 되었다. 이것이 표트르의 꿈을 이루는 '러시아의 유럽으로 향한 창'이자 제정러시아의 수도가 된 러시아 제2의 도시 상트페테르부르크의 태동이었다.

상트페테르부르크 건설의 교두보 페트로파블로프스크 요새. ©KwunYoong

그가 처음부터 이곳에 제국의 수도를 건설할 작정이었는지는 불확실하다. 어쨌거나 요새는 무역상품이 들어오는 창구 역할을 담당하더니 인근에 해군기지가 들어서고 결국 대규모 항구도시로 발전해 나갔다. 1703년 시작된 상트페테르부르크의 건설은 1712년 천도 이후에도 계속되어 1725년 표트르 1세가 사망하고서야 일단 멈추게 된다.

표트르가 새로운 도시의 건설에 온 정열을 쏟아 붓는 동안에도 스웨덴과의 북방전쟁은 계속되었다. 카를 12세는 1709년 남쪽 우크라이나로 침공하였으나 폴타바 전투에서 표트르에게 참패한다. 이제 표트르의 잘 정비된 육군은 스웨덴이 만만하게 보았던 과거의 모스크바대공국 군대가 아니었다. 하지만 이 승리에 도취한 표트르는 2년 후인 1711년 오스만투르크와의 전투에서 뼈아픈 패배를 당하게 된다. 17세기 이후 유럽에서는 거의 일상화된 전쟁이 연속되고 있었다. 스웨덴은 폴란드와 러시아·프로이센·덴마크가 합세하여 압박하자 프랑스와 함께 투르크를 선동하여 러시아에 선전포고를 하게 만든다. 표트르는, 투르크의 세력 하에 있지만 기독교국가인 세르비아와 몰다비아 등이 자기편에 서줄 것이라는 기대를 갖고 있었다. 그러나 예상은 빗나가고 말았다. 기다릴 우군도 없이 프루드 강변에서 투르크 대군에 포위된 표트르는 어쩔 수 없이 항복하고 아조프 지역과 흑해 함대를 넘겨주는 등의 조건으로 회군하였다.

이후 그는 흑해 진출을 포기하고 발트해 경영에 전념하게 된다. 표트르는 새로운 수도의 건설에 박차를 가하면서도 강력한 해군의 양성에 온힘을 쏟았다. 그 결과 러시아 해군은 최강의 정예군으로 성장하여 발트해의 제해권을 장악함으로써, 국토의 변경에 위치한 상트페테르부르크를 외세가 감히 넘볼 수 없도록 방어하는 든든한 방패가 된다. 러시아 해군의 벤치마킹 대상이었던 영국이 두려움을 느끼고 표트르 밑에서 일하던 영국인들에게 소환령을 내렸을 정도로 발트함대의 성장 기세는 대단하였다.

스웨덴의 카를 12세는 폴타바의 참패 이후 와신상담하여 러시아와 끝까지 맞서보려 하였다. 그러나 1714년 현재 핀란드의 한고반도 인근에서 벌어진 한고해전에서 러시아 함대에 궤멸된 후, 1718년 전투에서 전사하고 만다. 그리고 마침내 1721년 러시아는 스웨덴과 니슈타트 평화조약을 체결함으로써 오랜 북방전쟁을 마무리하게 된다. 전쟁의 마무리는 니슈타트 조약이었지만 결정타는 1709년 폴타바 전투의 승리였다.

북방전쟁의 승리와 니슈타트 조약은 러시아에 있어 노브고로드 대공국 옛 영토 회복 이상의 의미를 가진다. 이 조약으로 핀란드만(灣)과 발트해를 확실히 장악한 러시아는 유럽의 강국으로 인정받으며 서구 열강과 대등하게 교류하게 된다. 참으로 치열한 여정이었다. 43년에 걸친 표트르 대제의 통치기간(1682~1725) 중 전쟁이 없었던 해는 말년인 1724년 한 해뿐이었다. 표트르 대제가 물려받은 것은 변방 모스크바대공국의 낙후된 군대와 고갈된 국가재정뿐이었으나, 러시아가 폴란드와 스웨덴의 간섭에 전전긍긍하던 시대는 이제 막을 내렸다. 유럽 각국의 수도에는 어김없이 러시아 대사관이 개설되었고, 러시아 왕자들은 독일 공주들과 결혼하여 그곳에 거주하였으며, 유럽 어느 도시에도 손색없이 화려하게 건설된 상트페테르부르크는 북유럽의 수도로 자리잡게 되었다.

이러한 경이적 성과를 이룬 표트르 1세에게 러시아 원로원은 '황제(임페라토르)'의 칭호를 헌정한다. '차르' 역시 그 어원이 '카이사르'로서 황제의 의미를 내포하고 있고, 표트르 이후로도 러시아 황제들은 '임페라토르'보다는 '차르'로 불리었다. 그러나 역사가들은 표트르가 임페라토르의 칭호를 받은 이 시점을 유럽변방 모스크바대공국 시대가 마감되고

예카테리나 대제가 세운 표트르 대제의 동상. 푸시킨은 이 동상에서 영감을 받아 서사시 《청동기사》를 쓴다. ⓒKwunYoong

세계열강 제정러시아 시대가 첫발을 디딘 날로 간주하고 있다. 사람들은 이러한 업적을 기리어 그를 '표트르 대제(Peter the Great)'라고 부른다.

여행길에 상트페테르부르크를 거쳐 간 사람들은 하나같이 그 아름다움에 찬탄을 보낸다. 페테르부르크는 에르미타주 같은 명소뿐만 아니라 도시 전체가 하나의 공원이나 예술작품처럼 느껴진다. 개인 소유라도 당국의 허가 없이는 함부로 손을 댈 수 없는 고풍스런 차르 시대의 건물들이 하나하나 범상치 않은 모습으로 길가에 늘어서 있고, 그 길을 몇 걸음 걸을 때마다 역사적 인물이나 사건과 관련 있는 장소들이 나타나곤 한다. 북유럽의 보석 상트페테르부르크. 하지만 페테르부르크는 원래 사람이 살기에 적합한 지역이 아니었다. 습기가 많고 안개가 자주 끼며 겨울의 추위는 혹독하다. 위도가 높아, 약간 과장하면 여름에는 날이 저물지 않고 겨울에는 해가 뜨지 않는다. 네바강은 매년 범람하여 큰 홍수를 겪는다. 이런 곳에 표트르 대제는 거대한 계획도시를 건설한 것이다.

표트르는 자신의 수호성인 베드로(Peter)의 이름을 딴 이 도시를 건설하는 데에 전력을

상트페테르부르크 건설 매립공사를 시찰하는 대제를 그린 V.Serov(1907)의 작품

기울였다. 북방전쟁에 승리함으로써 마음만 먹었다면 스웨덴 본토까지 진군하여 그들을 복속시킬 수도 있었지만, 대제에게는 신도시 건설이 더 중요한 일이었으므로 그에 신경을 쓸 겨를이 없을 정도였다. 도시의 건설을 위해 유럽 각국에서 천명이 넘는 건축가와 기술자들을 초빙하였으며, 매년 수만 명의 노동자들을 강제로 동원하여 각기 2개월간 공사에 투입하였다. 석재를 징발하기 위해 러시아 전역의 석조건축을 금지하기도 했다.

페테르부르크는 강 하구의 늪지대를 매립한 땅이었으므로 지반이 취약하여 건축이 매우 어려운 곳이었다. 훨씬 후대에 지어진 건물이지만 에르미타주 인근의 장대한 성이삭대성당 같은 경우에는 건물의 기반을 다지기 위해 40만개의 목책을 박아야 했다고 한다. 공사의 험난함과 더불어 거친 기후와 전염병으로 인해 건설 과정에서 수많은 노동자들이 죽어나갔다. 정확한 통계는 아니지만 공사가 개시된 지 10년 동안 30만에 이르는 사람들이 사망하였다고 전해진다. 표트르가 세상을 떠난 1725년 당시 수도 페테르부르크의 인구가 4만에 불과했다는 사실을 생각하면 그 엄청난 희생에 경악하지 않을 수 없다. 피라미드가 건축되던 고대의 이야기가 아니라 18세기 초에 이런 일이 벌어졌다는 사실은, 러시아가 얼마나 후진적 전제국가였는지를 새삼 깨닫게 해준다. 그로 인해 페테르부르크는 '해골 위에 세워진 도시'라는 달갑지 않은 별명을 갖게 된다. 그렇게 보면 상트페테르부르크라는 도시는 매우 아이러니컬한 존재이다. 눈부신 근대와 진보의 표상인 이 도시가 과연 표트르 대제의 전근대적 폭압 없이도 탄생할 수 있었을까.

러시아의 유럽으로 향한 창, 상트페테르부르크. 멀리 40만 개의 목책 위에 세워진 성이삭대성당이 보인다. ⓒKwunYoong

표트르 대제는 네바강 하구의 황량한 습지에 페트로파블로프스크 요새의 주춧돌을 놓은 지 9년 만인 1712년 거대도시의 기초를 완성하고 모스크바로부터 수도를 옮겨온다. 귀족들은 대부분 이주를 원치 않았지만 무시무시한 차르가 직접 작성한 이주자 명단을 거부할 방법은 없었다. 이후 수도의 인구는 1725년 4만, 1760년 15만으로 증가하며, 제정러시아의 진정한 수도로 성장하게 된다.

개혁에의 저항

상트페테르부르크의 건설과 천도로 대표되는 표트르 대제의 개혁에 대해 당시 러시아 국민들은 어떤 반응을 보였을까. 한마디로 말하자면 차르는 국민들 사이에서 거의 고립될 정도로 격심한 반발에 직면했다. 그러나 그는 이에 전혀 개의치 않고 단호하게 자신의 생각을 밀고나갔다. 실제로 그의 개혁에는 반란을 포함한 끊임없는 저항이 뒤따랐다. 그러다 보니 그가 설계하고 공표한 개혁적 조치들 가운데 서류상으로만 존재할 뿐 실제로 추진되지는 못한 것들도 많다. 그럼에도 불구하고 표트르 대제는 우리가 익히 알고 있는 경이로운 업적을 남긴 것이다. 그런 성과를 이룰 수 있었던 것은 설득과 공감 덕택이 아니었다. 대제의 성공은 거의 전적으로 그의 무력에 대한 러시아인들의 외경과 공포감, 그리고 대외전쟁의 승리가 가져다준 카리스마 덕택이었다. 그의 개혁이 조국에 가져다준 과실에 대해서 러시아인 대부분은 이의를 제기하지 않는다. 그러나 개혁 집행과정의 잔혹성에 관해서는 그를 이반 뇌제나 독재자 스탈린과 동급의 반열에 올려놓기를 주저하지 않는다.

표트르에 대한 국민들의 반감 가운데 일정부분은 그에게 책임을 물을 수 없는 사유로 인한 것이었다. 그의 재위 중 소총부대 스트렐치가 세 번이나 쿠데타를 일으킨 것은 소피아를 지지해서라기보다 군제 변화에 따라 표트르 이전부터 차츰 약화되고 있던 부대의 위상에 대한 불만 때문이었다. 또한 분리파 구교도들은 러시아 군주들에 대해 변함없는 반감을 가지고 있었는데, 이것 역시 표트르 이전에 발생한 교회분리 사건으로 인한 것이었다.

그리고 심화되는 농노들의 고통은 시간이 지나야 역사의 발전과 함께 해결될 과제였다. 하지만 문제가 이 정도에 머물렀다면 표트르가 국민들로부터 그렇게 광범위한 반발을 사지는 않았을지도 모른다. 그에 대한 불만 가운데 결정적인 부분은 아무래도 그의 개혁으로 인해 실질적 피해를 입은 자들로부터 나온 것이었다. 그의 통치를 보좌한 핵심 그룹은 봉직귀족들이었지만 출신성분이 잘 알려지지 않은 새로운 얼굴들이 많았다. 그리고 그와 마음으로 교감하고 구체적 협력을 제공한 친구들 가운데 상당수는 외국인이었다. 예컨대 포르투갈 선박에서 심부름하던 급사, 리투아니아의 돼지치기, 가게 점원과 길거리 노점상, 그리고 농노. 표트르는 이런 사람들에게서 숨겨진 능력을 발견하고 각계의 요직을 맡겼다. 심지어 표트르의 분신과 같은 존재로서 최고 권력을 누렸던 알렉산드르 멘시코프(1670~1729)는 마부의 아들로 알려져 있다. 이쯤 되면 권력에서 밀려난 당시 러시아 사회의 주류로부터 표트르가 사무친 도전을 받았으리라는 사실을 쉽게 짐작할 수 있다. 과거 대귀족(보야르)들의 회의체인 보야레 두마를 통해 국정 운영에 상당한 영향력을 행사했던 귀족들이지만 이젠 차르의 서슬 앞에 숨을 죽이고 수염을 깎아야했다. 차르가 깎은 것은 그들의 긴 수염뿐만 아니라 그들의 권력과 자존심이었다.

그뿐이 아니었다. 교회분리 사태로 이미 약체화된 정교회에서는 총대주교좌가 폐지되고 성무회의로 대체되었다. 성무회의는 차르가 임명하는 성직자들로 구성되는 것으로서, 이는 교회기구가 사실상 차르의 관료조직에 편입됨을 의미하는 것이다. 이로써 교회의 행정과 막대한 재산 수입이 국가의 손으로 넘어가게 되었다. 피해는 이러한 기득권계급에만 한정되지 않았다. 일반 민중들은 개혁을 뒷받침하기 위해 늘어난 각종 세금과 강제노역 등의 징발에 몸서리를 쳤다.

차르에 대한 반발은 이러한 기득권의 상실이나 가혹한 부담만의 문제가 아니었다. 사람들이 보기에 그는 러시아 차르의 자리에 어울리는 품위를 가지지 못한 사람이었다. 그때까지 러시아인들은 매우 중세적인 군주관을 가지고 있었다. 즉 차르는 러시아 전체의 지배자였지만 그와 동시에 '제3로마'인 모스크바 정교회의 수호자였던 것이다. 그러나 표트르 대제는 이교도들의 세상인 서유럽의 문화에 빠져 국민들에게 그들과 닮기를 강요하였고 외국인들을 중용하였다. 그리고 하찮은 선원이나 병사, 기술자들과도 술을 마시고 거칠게 어울리기를 좋아했으며, 궁정에서 친위세력들과 어울려 정교회를 조롱하는 참담한 유희를 즐기기도 했다. 신실한 러시아 국민들은 이런 차르를 조국의 배신자이며 종말의 날에 나타날 것이라 예언된 적(敵)그리스도(antichrist)라고 생각했고, 그가 죽었을 때 슬퍼하기는커녕 안도하고 환호하였다.

사정이 이렇다 보니 특히 그의 치세 초기에는 반란이 이어졌다. 앞에서 언급한 바처럼 서유럽을 순방 중이던 1698년 수도원에 유폐되어있던 소피아를 옹립하고자 스트렐치가 세 번째 쿠데타를 일으켰었고, 스웨덴과 북방전쟁을 치열하게 벌이고 있던 1707년에는 돈 카자크들이 스텐카 라진의 난을 방불케 하는 반란을 일으켜 그를 곤혹스럽게 만들었다. 1709년 이후 다행히 군사적 저항은 잦아든다. 그러나 표트르에게는 가장 뼈아팠던 황태자 알렉세이와의 대립이 기다리고 있었다. 표트르는 어머니의 주선으로 17세에 예프도키아

N.Ge, 페테르호프에서 황태자 안드레이를 심문하는 표트르 대제(1871)

로푸키나와 결혼하였다. 두 사람의 결혼생활은 한동안 행복했으나, 활달한 표트르는 전통적 현모양처인 아내에게 염증을 느끼기 시작했다. 그리고 미천한 신분의 여성 예카테리나에게 빠져들었다. 그녀는 표트르의 정치적 군사적 활동에 항상 함께하는 동반자로서 매력 없는 예프도키아와는 아주 다른 맹렬여성이었다. 표트르는 마침내 예프도키아를 수녀원으로 추방하고 예카테리나를 새로운 황후로 맞아들인다.

표트르의 유일한 아들인 알렉세이는 이혼당한 모후 예프도키아가 수도원에 보내진 뒤 고모의 손에서 자란다. 비범하지 못했던 그는, 놀라운 지적 육체적 능력과 열정의 소유자였던 아버지의 눈에 늘 불만스러운 존재였다. 그는 군복무나 결혼생활 등 모든 측면에서 아버지를 실망시켰으며, 심지어 아버지에 대해 불온한 생각을 가지고 있던 무리들과 가까이 지냈다. 표트르는 빗나가는 아들을 아무리 꾸짖어도 소용이 없자 마침내 개과천선

하거나 수도원에 들어가거나 둘 중 하나를 택하라고 최후통첩을 한다. 그의 성정을 잘 아는 알렉세이는 겁에 질려 오스트리아로 도주했지만, 왕위 계승을 포기하는 조건으로 용서하겠다는 아버지의 꼬임에 빠져 본국으로 돌아온다.

1718년 심문과 재판을 거쳐 그에게 내려진 판결은 반역죄에 따른 사형이었다. 결국 알렉세이는 페트로바블로프스크 요새의 감방에서 뇌졸중으로 사망한다. 아들의 장례식에서 차르는 뜨거운 눈물을 흘렸지만 그것이 자신의 행동을 후회한다는 의미는 아니었다. 그는 이 사건을 통해, 필요하다면 아들의 희생도 불사할 수 있다는 것을 보여줌으로써 저항세력들에게 확실한 의지와 단호함을 과시하였다. 그러나 당시의 국민여론은 알렉세이에게 매우 우호적이었다.

표트르 사후의 반동과 회귀

유럽과 아시아의 중간에서 중세적 후진사회에 머물러 있던 모스크바대공국을 일약 세계 열강 러시아제국으로 발전시킨 표트르 대제, 그는 요독증으로 1725년 세상을 떠난다. 친위세력을 제외한 대부분의 사람들은 그의 죽음을 기뻐하였다. 대제가 행한 모든 개혁은 부정되고 다시 옛날로 돌아가는 반동의 시기가 그 후 한동안 이어졌다.

표트르 대제의 왕좌는 그의 부인이었던 예카테리나 1세에게 넘겨졌다(재위 1725~7). 그것은 상당히 극적인 사건이었다. 매력 없는 본부인 예프도키아를 밀어내고 표트르의 황후가 된 예카테리나였지만, 그녀가 의지한 것은 오로지 표트르의 총애였을 뿐 독자적인 권력기반을 갖고 있지는 못했다. 그럼에도 그녀가 황제의 자리에 오를 수 있었던 것은 표트르의 왕위계승원칙 개혁 덕택이 컸다. 표트르는 자질이 부족한 상속자가 권좌에 오르는 것을 막기 위해 황제가 능력 있는 후계자를 직접 지명하도록 제도를 바꾸었다. 그 덕택에 예카테리나 1세로부터 예카테리나 2세(재위 1762~96)에 이르는 71년 동안 4명의 여성 황제가 67년간 러시아를 통치하게 된다.

그러나 예카테리나 1세가 쉽게 권좌에 오른 것은 아니었다. 대제는 사망하기 전해인

모스크바 세묘노프스키 광장의 세묘노프스키 연대 병사 동상. 프레오브라젠스키 연대와 세묘노프스키 연대는 이후 오랫동안 러시아 육군의 최정예연대로 활약하였다. ⓒKwunYoong

1724년 예카테리나를 후계자로 발표하였지만, 곧이어 그녀가 시종인 윌리엄 몬스와 불륜관계에 있음이 발각된다. 격노한 차르는 후계 문서를 찢어버린다. 그리고 결국 후계자를 지명하지 못한 채 사망한다. 권력 공백의 상황에서 유력한 계승 후보자로 떠오른 두 사람은 대제의 어린 손자 표트르와 황후 예카테리나였다. 양측이 각각 누구의 지지를 받았을지는 쉽게 짐작할 수 있다. 아버지와 불화 끝에 사망한 황태자 알렉세이의 아들 표트르를 지지한 것은 대제 치하에서 불만을 삼키고 있던 구세력 귀족들이었다. 반면 예카테리나를 지지한 것은 권력을 놓기 싫은 멘시코프 등 대제의 친위세력들이었다. 결국 후자가 승리한 것은, '파테쉬니(심심풀이)'에서 출발하여 대제의 강력한 근위대로 발전한 프레오브라젠스키 연대와 세묘노프스키 연대가 예카테리나를 지지한 덕택이었다.

예카테리나 1세는 별다른 업적을 남기지 못하고 2년여 만에 세상을 떠난다. 그녀는 많은 표트르 대제의 자식을 낳았지만 장성한 것은 안나 페트로브나와 엘리자베타 둘 뿐이었다. 도처에 자리 잡은 아버지 표트르의 적대세력들 사이에서가 고아가 된 이 자매에게는 왕위계승권이 주어지지 않았다. 그들이 표트르 대제의 친딸이긴 했으나 본부인 예프도키아가 아직 황후 자리에 있을 때 예카테리나와의 사실혼 관계에서 낳은 딸들이기 때문이었다. 그러나 그들이 권좌에서 영원히 멀어진 것은 아니었다. 와신상담의 시간이 지난 후 엘리자베타는 자기 힘으로 왕위를 빼앗아 아버지의 위업을 계승한다. 그리고 독일로 시집간 언니 안나 페트로브나의 아들을 불러와 표트르 3세란 이름으로 후계를 삼는다.

예카테리나 1세가 죽은 후 표트르 대제의 손자 표트르 2세(재위 1727~30)가 즉위하면서 개혁은 역풍을 맞는다. 그의 아버지가 바로 오스트리아로 달아났다가 불려와 감옥에서 죽은 알렉세이 황태자였으니, 표트르 2세를 사도세자의 아들 정조에 비유할 수 있을까. 하지만 그는 개혁군주 정조와 달리 할아버지의 개혁을 전면 부정하고 모든 것을 원점으로 돌려놓았다. 대표적인 사건이 개혁의 상징인 상트페테르부르크로부터 모스크바로 수도를 다시 옮긴 것이었다. 귀족들이 썰물처럼 빠져나간 페테르부르크는 한동안 텅 빈 유령의 도시로 변하였다.

V.Surikov, 베레조보의 멘시코프(1888).
표트르 대제의 총신이었던 멘시코프는 실각하여 베레조보로 유배된다.

표트르 2세가 등극했을 때의 나이는 12살에 불과하였다. 어린 차르 대신 한동안 실권을 행사한 것은 알렉산드르 멘시코프였다. 그는 표트르 대제의 총신이자 평생에 걸친 친구였으며, 황태자 알렉세이의 교육 감독자이기도 하였다. 매우 부패한 인물이긴 했지만 유능하고 열정적이었으므로 대제가 가장 신뢰하는 정치적 군사적 조력자로서 절대적 신임을 누린 사람이었다. 그리고 친구가 가고 난 예카테리나 1세의 시절에도 그는 차르의 자문기관 추밀원을 만들어 무소불위의 권력을 행사하였다. 이런 그를 그만큼 많은 적들이 노리고 있었음은 자연스런 일이다. 멘시코프는 곧 실각하여 시베리아의 베레조보로 유배된 뒤 재기하지 못하고 2년 만에 사망하였다.

멘시코프가 몰락한 후 예전의 영화를 되찾은 대귀족들은 표트르 2세를 마음껏 주무르며 국정에 큰 영향력을 행사하였다. 차르는 아버지 알렉세이의 친어머니이자 표트르 대제에게 이혼당한 후 수녀원에 강제로 보내졌던 할머니 예프도키아를 귀환시키기도 한다. 하지만 이 소년 황제는 제대로 뜻을 펼쳐보지도 못한 채 제위에 오른지 3년 만에 사망한다. 사인은 천연두였으며 미성년이었던 그는 아직 대관식도 치르지 못한 상태였다.

그의 사후 로마노프 왕조의 적통은 사실상 끊어져, 이후로는 방계의 혈통 또는 전혀 황실과 무관한 사람에게로 차르의 자리가 굴절되는 모습을 보여준다. 표트르 2세의 짧은 치세를 이은 차르는 안나 이바노브나(재위 1730~40)였는데, 그녀는 표트르 대제의 이복형으로 이름뿐인 공동 황제였던 이반 5세의 딸이었다. 추밀원의 귀족들은 남편과 사별한 후 발트지역에 거주하던 안나를 허울뿐인 군주로 내세우고 자신들이 권력을 누릴 속셈이었다. 안나는 다시 결혼도 할 수 없고 후계자 지명권도 포기하는 등 말도 안 되는 온갖 조건을 수락한 후 권좌에 오르지만, 친위 쿠데타를 통해 이를 뒤엎고 실질적인 군주가 된다. 그녀는 수도를 다시 페테르부르크로 옮겨감으로써 작은 아버지 표트르 대제의 개혁을 상당부분 복귀하였다. 통치에 외국인들의 협조를 많이 활용한 점에서도 안나의 노선은 대제와 유사했지만, 심각한 부작용이 있었다. 그가 귀국길에 데리고 온 독일인 측근들은 이내 요직을 독점하였는데, 표트르 대제의 조력자들과는 달리 이들 대부분은 그에 어울리는 역량을 갖추지 못한 자들이었다. 게다가 러시아의 모든 것을 무시하는 그들의 안하무인적 태도는 사람들의 분노를 불러일으키기에 충분했다.

S.Ivanov, 낯선 이들의 도착(1901). 모스크바 사람들이 외국인들을 의심과 분노의 눈길로 바라보고 있다.

안나 이바노브나는 세상을 떠나며 조카딸의 아들로 이반 5세의 증손자뻘인 이반 6세(재위 1740~1)를 후계자로 지명하였다. 그는 당시 태어난 지 몇 달밖에 안 되는 갓난아이였으므로 실권은 섭정에게 있었다. 하지만 표트르 대제의 딸 엘리자베타가 곧바로 쿠데타를 일으켜 이 복잡한 상황을 정리해 버린다. 갓난아이 이반 6세는 슐리셀부르크 요새에 유폐되었다가 1764년 역모에 연루되어 처형된다.

엘리자베타는 당시 왕위계승권을 주장하기 어려운 상황이었다. 모후 예카테리나 1세가 비록 제위에 오르기는 하였지만 미천한 신분의 후처 출신이라 후견세력이 약했다. 게다가 엘리자베타는 표트르 대제의 본부인 예프도키아가 아직 황후로 있었을 때 예카테리나가 대제와의 사실혼 관계에서 낳은 딸이라 사생아로 치부되었다. 사정이 이러했지만 이반 6세를 황제로 옹립한 세력들로부터 신변에 위협이 가해지자 그녀는 아버지가 만든 프레오브라젠스키 연대를 포섭하여 쿠데타를 일으키고 권좌에 오른다(재위 1741~61).

엘리자베타가 반란에 성공한 것은 당시 러시아 사회의 반(反) 독일 정서에 힘입은 바 크다. 궁정의 독일인들은 안나 이바노브나가 데려온 총신들뿐만이 아니었다. 앞선 표트르 2세의 어머니와 이반 6세의 아버지가 독일 브라운슈바이크 가문의 사람이었으므로 당시 러시아에서는 독일인들의 영향력이 점점 커지고 있었고, 이에 대한 러시아 귀족들의 불만도 쌓여갔다. 독일인들에 대한 반감은 훗날 표트르 3세가 아내에 의해 권좌에서 축출되는 중요한 원인이 되기도 한다.

Y.Lancere, 차르스코예 셀로에서의 엘리자베타 여제(1905)

엘리자베타가 아버지의 개혁으로 상당부분 회귀하는 정책을 폄으로써 상트페테르부르크는 다시 사람들로 붐비게 되고 새로운 건물들이 무수히 들어서기 시작한다. 오늘날 에르미타주박물관이란 이름으로 페테르부르크의 랜드마크가 된 겨울궁전도 이 시기에 건축되었다. 빼어난 미모의 엘리자베타가 화려한 궁정생활과 사치에 탐닉하면서 재정을 고갈시킨 이야기는 유명하지만, 러시아 최초의 대학인 모스크바대학교와 예술아카데미를 설립한 것은 평가받을 만한 일이다. 국정은 총신과 친척들에게 맡겨놓고 하루하루를 즐기기에 열중한 그녀였지만 군사 외교적으로 남긴 업적은 인상적이다. 여제는 1741년 침입한 스웨덴을 물리치고 오히려 핀란드 일부를 합병하였으며, 사망 할 무렵 7년 전쟁에서 프로이센의 수도 베를린을 공격하여 함락 직전까지 몰아붙인 바 있다.

오래된 맞수, 모스크바와 상트페테르부르크

비공식 통계에 따르면 2018년을 기준으로 러시아의 수도 모스크바는 국부의 70%가 집중되어 있는 인구 1천 2백만 명의 거대도시이다. 그리고 발트 해 연안의 항구 상트페테르부르크는 제2의 도시로서 인구는 모스크바의 절반에 못미치는 5백만 가량이다. 이것이 모스크바와 페테르부르크라는 러시아 양대 도시의 매우 간략한 개관이다. 그러나 러시아인들은 이 두 도시 사이에 이러한 단선적 비교로는 설명될 수 없는 복잡하고 미묘한 긴장관계가 자리하고 있음을 알고 있다.
모스크바는 수즈달 공 유리 돌고루키가 주춧돌을 놓은 이후 800년간 자연스럽게 발전해 온 도시이다. 반면 페테르부르크는 표트르 대제가 아무 것도 없던 네바강 하구 습지에 필생의 공사로 탄생시킨 계획도시이다. 그것도 인간이 거주하기에 매우 부적절한 지역에 국민 대부분의 원성에도 수많은 인적 물적 희생을 감수하며 건설하였고, 러시아인들의 영적 고향인 모스크바로부터 수도의 지위까지 빼앗아간 도시이다. 표트르 대제의 사후에는 개혁에 대한 반동으로 수도가 원상 복귀되었다가 다시 번복되는 과정도 뒤따랐고, 사회주의혁명 후에는 모스크바가 다시 수도의 지위를 회복하였다. 이처럼 두 도시가 엎치락뒤치락한 사정만 고려하더라도 양자 간에는 계량적 수치를 넘어서는 경합관계가 존재

슬라브적 전통을 상징하는 모스크바 크렘린 내부 성당들의 스카이라인. ⓒKwunYoong

함을 짐작할 수 있다. 러시아인들은 종종 "페테르부르크는 우리의 머리이고 모스크바는 우리의 가슴이다."라고 말한다. 요컨대 모스크바는 전통적 러시아의 상징이며 페테르부르크는 서구화된 근대적 러시아의 상징이다. 그리고 표트르 이후 격동의 19세기에 러시아 지식인 사회의 양 갈래를 형성한 '슬라보필리(슬라브주의자)'와 '자파드니키(서구화주의자)'간 대립의 상징이다.

낙후된 중세국가 러시아의 근대화를 갈망하는 표트르 대제에게 모스크바는 모든 낡은 것들의 상징이었다. 그가 보기에 그곳은 광신적 구교도들의 중심지였으며 나태한 귀족들의 소굴이었다. 그는 그 모든 것을 일신하기 위해 유럽을 향한 창으로 페테르부르크를 건설한 것이다. 천도에 따른 강제 이주 이후 모스크바의 인구는 절반 수준으로 격감하였고 낙후된 도로와 볼품없는 집들이 어우러진 시골풍의 도시로 침체되어갔다. 두 도시가 보여주는 스카이라인의 차이는 단지 신구도시간의 축조 시기 차이로 인한 것이 아니다.

모스크바는 나폴레옹 전쟁에 따른 대화재로 도시의 대부분이 소실되었다. 그러나 이후 진행된 재건축 과정에서도 제국의 강대함을 강조한 차가운 유럽도시 페테르부르크와는 달리 모스크바는 러시아적 전형성을 잃지 않은 모습으로 다시 탄생하였다.

상트페테르부르크의 새로운 러시아인들은 오락과 무도회의 쾌락에 젖은 방탕한 모스크바를 경멸하였지만, 슬라브주의자들에게 모스크바는 고대 러시아의 공동체 정신을 간직한 이상향으로 미화되었다. 페테르부르크 사람들에게 모스크바는 세련되지 못한 촌스러운 곳이었지만, 슬라브주의자들에게 모스크바는 선량한 삶을 사랑하는 러시아인들의 아늑한 고향이었다. 독실한 정교도들이 적그리스도로 간주한 표트르 대제가 건설하였고, 안개와 홍수가 잦으며 겨울에는 해가 뜨지 않는 페테르부르크에 대해 모스크바 사람들 사이에서는 온갖 흉흉한 소문이 돌기도 했다. 이를 테면 어둠 속을 돌아다니는 표트르의 유령, 도시의 건설과정에서 죽은 사람들의 해골, 이슬비와 안개 속의 환각 같은 것이었다.

러시아 사회가 지향해야 할 방향에 대한 이처럼 상반된 견해는 혁명으로 달려가던 1840년대 이후 본격적으로 격돌한다. 자파드니키는 도탄에 빠진 러시아를 구하기 위해 서유럽의 문물을 적극 도입함으로써 후진성을 극복해야한다고 주장했다. 반면 슬라보필리는 물질적으로는 앞서 있지만 부의 편중이 심각하고 신앙과 이상이 분열된 서유럽을 러시아가

제국의 장대함을 강조한 유럽도시 상트페테르부르크. 겨울궁전 뒤편 궁전광장의 모습

체제이행 이후 현대적 빌딩들이 들어서고 있는 모스크바 ⓒKwunYoong

추종해서는 안 된다고 생각했다. 그들은 러시아의 오래된 전통인 농민공동체 '미르'의 정신을 통해서 이상적 사회를 구현할 수 있다고 주장했다.

어쨌거나 러시아는 이도저도 아닌 마르크스의 교의에 의해 새로운 세상을 열었고, 새 세상에서 수도는 다시 모스크바였다. 그리고 오늘 시장경제체제로 이행한 새로운 러시아에서 '상트페테르부르크는 서구적이고 모스크바는 전통적'이란 등식은 더 이상 단선적으로 적용될 수 없을 것 같다. 고르바초프의 페레스트로이카가 고전을 면치 못하고 있던 1990년 소련시절, 모스크바는 매우 한적하고 투박한 슬라브적 도시임에 틀림없었다. 반면 페테르부르크는 제정러시아의 화려한 건축물 속에 자리한 빨간 공중전화 부스가 앙증맞은 세련된 유럽도시였다. 그러나 체제이행과 푸틴의 통치를 거친 오늘날의 사정은 완전히 뒤바뀌어 있다. 러시아 국부의 70%가 집중되어 있다는 모스크바는 자고 일어나면 새로 들어서는 현대적 빌딩과 대형 유통센터, 그리고 세계최고급 자동차들로 와글거리는 역동적

도시가 된 반면, 30년 전의 모습에서 크게 달라지지 않은 듯한 페테르부르크는 오히려 몰락한 가문의 귀부인처럼 상대적으로 수수하고 차분한 얼굴을 하고 있는 것이다. 게다가 체제이행의 혼란을 수습하고 경제를 부흥시킴으로써 차르에 가까운 추앙을 받고 있는 푸틴 대통령은 상트페테르부르크 출신이다. 그를 정점으로 정부의 요직과 재계에 포진하여 러시아의 국정을 좌지우지하는 인사들 가운데에는 푸틴과 동향의 인물들이 많은데, 사람들은 이들을 '상트페테르부르크 마피아'라고 부르기도 한다. 또한 푸틴의 충실한 추종자로서 잠시 대통령직을 주고받았던 메드베데프 역시 골수 페테르부르크 사람이다. 과거의 공식대로라면 모스코비치들은 당연히 이들의 활약을 싫어해야 한다. 하지만 푸틴의 지지율은 변함없이 80%에 육박하고 있다.

그곳이 어떤 오지라 할지라도 자본은 가는 곳마다 천지를 개벽하듯 뒤집어 놓는 요술을 부린다. 표트르 대제이후 300년이 흐른 지금 또 한 번의 개벽 속에서 결국 경제와 자본이 모스크바와 상트페테르부르크 사이의 해묵은 공식을 뒤집어 버리고 있는 것은 아닐까.

12. 계몽군주의 꿈, 예카테리나 대제

표트르 3세의 아내 조피

300년가량 이어진 로마노프 왕조에서 기억할만한 업적을 남김으로써 대제라는 이름으로 칭송되는 사람은 표트르 1세와 예카테리나 2세 둘 뿐이다. 예카테리나의 시대는 저항 세력에 의해 원점으로 돌아간 표트르 대제의 외로운 개혁이 열매를 맺음으로써 러시아가 오늘의 국제적 지위를 가질 수 있을 만큼 국력이 신장된 시기이다. 한 시대의 영웅으로 불리는 사람의 삶은 범상하기가 어려운 법인가. 예카테리나 역시 표트르 대제만큼이나 드라마틱한 삶을 살다간 사람이다. 그녀는 러시아의 차르였지만 독일인이었다. 그리고 차르였던 남편을 쫓아내고 권좌에 오른 강철의 여인이다.

J.B.Lampi, 예카테리나 대제의 초상(1780년대)

표트르 대제의 딸 엘리자베타에게로 다시 돌아가 보자. 수많은 애인을 거느렸지만 평생 결혼을 하지 않았던 차르 엘리자베타에게는 자식이 없었으므로, 언니인 안나 페트로브나의 아들 표트르를 황태자로 책봉하였다. 러시아 왕가에는 비슷한 이름이 많아 상당히 혼란스럽다. '이반'도 여럿이었고, '표트르'도 대제와 그 손자(표트르 2세)에, 이제 외손자(표트르 3세)까지 등장했다. '안나'도 마찬가지이다. 엘리자베타 여제의 언니이자 표트르 3세의 어머니인 안나는, 안나 '페트로브나(Anna Petrovna)'이다. '페트로브나'는 러시아 사람들의 이름 다음에 붙는 부칭(父稱)으로서 '표트르의 딸'이란 의미이다. 그녀는 독일로 시집을 갔다가 일찍 사망하였다. 반면에 왕위를 이반 6세에게 물려준 안나 여제는, 안나 '이바노브나(Anna Ivanovna)', 즉 '이반의 딸'이다. 이 사람은 표트르 대제와 한동안 공동차르 자리에 있었던 병약했던 이반 5세의 딸이다. 그녀도 역시 독일로 시집을 갔으나, 앞서 살펴본 바처럼 돌아와 차르가 되었다.

안나 페트로브나와 엘리자베타는 모두 표트르 대제의 딸이므로, 뒤에 표트르 3세가 되는 황태자 표트르는 대제의 외손자이다. 하지만 우리는 그의 이름을 표트르라고 부르는 것보다 독일식으로 '카를 페터 울리히'라고 부르는 것이 더 옳을지 모른다. 황태자는 아버지가 홀슈타인-고토르프의 공작이었으므로, 자신의 조국은 어머니의 나라 러시아가 아니라 아버지의 나라 독일이라고 생각했기 때문이다. 프로이센의 영웅 프리드리히 2세를 롤모델로 숭배했던 그는 황태자로 임명되고 러시아 궁정에서 살면서도 어리석게도 노골적으로 프로이센을 흠모하고 러시아를 경멸하는 행동을 일삼았다. 프로이센은 북부독일 발트해 연안의 왕국으로서 19세기 독일제국 통일의 중심역할을 담당하였다. 그가 만약 조금 더 현명했다면 이모인 엘리자베타가 이반 6세를 몰아내고 권좌를 차지 할 수 있었던 것이 러시아 궁정의 반(反) 독일 정서 덕택이었음을 잊지 않았을 것이다.

엘리자베타는 프로이센을 침공한 러시아가 베를린을 함락시키기 직전 세상을 떠났고, 황태자는 표트르 3세라는 이름으로 왕위에 오른다(재위 1762). 그가 장례를 마침과 동시에 내린 첫 명령은 어이없게도, 베를린 입성을 눈앞에 둔 러시아 군대의 전쟁 중지와 철수였다. 러시아의 입장에서 볼 때 이는 명백한 이적행위였지만, 프로이센으로서는 구세주의 강림과 다를 바 없는 복음이었다. 그는 또한 군복을 프로이센과 유사하게 바꾸었으며 정교회

성직자들도 수염을 깎고 개신교 목사와 같은 복장을 하도록 명령했다. 표트르 3세가 한해도 못 채우고 권좌에서 축출된 첫 번째 이유는 이처럼 과도한 친(親) 독일적 행태였다.

그가 실각한 두 번째 이유는 조강지처를 홀대한 것이었다. 그는 황태자 시절 이모 엘리자베타 여제가 직접 고른 독일 안할트–제르프스트 공국의 공주 조피와 결혼했지만 곧 그녀를 멀리하기 시작한다. 그 이유는 같은 독일인임에도 그녀가 이름을 예카테리나로 바꾸고 루터파 신교에서 정교로 개종하는 등 러시아 사회에 적응하기 위해 심혈을 기울였기 때문이다. 표트르는 공식적인 자리에도 아내 대신 애인을 대동하였고, 예카테리나를 공개적으로 모욕하거나 폭행하였다.

차르의 용서할 수 없는 친 독일적 행각에 분노하던 근위대는 러시아에 대한 애정과 총명함으로 국민의 신망이 두터운 황후가 쿠데타를 도모하자 이를 전폭 지지한다. 1762년 그녀는 스스로 제위에 올라, 예카테리나 2세가 러시아의 새로운 차르임을 선포한다(재위 1762~96). 즉위 반년 만에 스스로 무덤을 판 어리석은 군주는 아내에게서 축출된 지 일주일만에 후환을 없애기 위해 살해당한다.

1762년 쿠데타의 날 겨울궁전 발코니에 서있는 예카테리나. K.Yoahim 그림(1760년대)

계몽전제군주의 꿈

예카테리나 2세는 표트르 대제 이후 최장기간인 34년 동안 차르로서 나라를 다스렸다. 제위에 오른 그녀가 가장 매력적으로 생각했던 단어는 '계몽사상'이었던 것으로 보인다. 표트르 대제의 키워드가 '서구화'였다면, 예카테리나의 그것은 '계몽'이었다. 그러나 표트르 대제가 40년이 넘는 재위기간동안 서구화를 통한 근대화라는 불변의 목표를 가지고 온갖 저항세력들과 싸우며 확고하게 나아갔던 것과는 달리, '계몽'을 향한 그녀의 행보는 일관성을 유지하지 못하였다.

몽테스키외·볼테르·루소 등에 의해 꽃피어 프랑스 혁명의 배경이 되었던 계몽사상은, 미자각 상태에 있는 인간의 이성을 일깨움으로써 신의 뜻이 아니라 인간의 이성에 의해 의식이 형성되어야 한다는 생각을 담고 있다. 이러한 이념을 바탕으로 근대화 개혁을 시도한 18세기 유럽의 전제군주들을 계몽군주라고 한다. 절대왕정은 봉건사회가 몰락하고 근대시민사회로 이행하는 과도기에 성립한 체제이다. 여기서 프랑스나 영국처럼 시민계급의 성숙이 빠르면 아래로부터의 혁명을 통해 스스로 시민사회로 진화하지만, 그렇지 못할 경우에는 전제군주가 '위로부터의 개혁자'로서 봉건세력의 저항을 누르고 시민을 '계몽'하여 사회발전을 꾀하게 된다. 이들이 '계몽군주'인 것이다.

프로이센의 프리드리히 2세(재위 1740~86)와 함께 계몽군주의 대표격으로 명성이 높았던 예카테리나 여제는 집권하자마자 야심적 개혁을 시도한다. 그녀가 처음 추진한 것은 입법위원회의 소집이었다. 위원회는 러시아 전역에서 성직자와 노예를 제외한 전 계층으로부터 선발된 대표자들로 구성되었다. 예카테리나의 생각은 이 위원회에서 입법의 틀을 만들고 그에 의해 법률을 제정하여 러시아를 다스리겠다는 것이었다. 당시 계몽사상가들의 이론을 바탕으로 한 이러한 시도는 결국 실패했지만 그녀가 계몽군주로서 명성을 얻는 데 크게 기여하였다. 입법위원회의 실패 후에도 러시아에서는 계몽주의자들이 활발히 활동하며 봉건주의의 폐단과 민중의 고통을 역설하였다. 계몽군주라는 명성에 어울리게 여제는 그들과 교류하면서 러시아의 근대화를 위해 예술과 과학을 장려하고 많은 학교들을 설립하였다.

300만점의 소장품을 자랑하는 세계최대의 박물관 에르미타주. 지금은 겨울궁전 전체가 박물관이 되었지만, 그 출발은 예카테리나 대제가 궁전 옆에 작은 '에르미타주(은둔소)'를 짓고 시작한 개인 컬렉션이었다. A.Savin[6]

그러나 계몽군주들은 근본적 한계를 가지고 있었다. 그들은 계몽사상을 학습하고 정치 경제 교육 등 사회 각 분야의 개혁을 시도하였지만, 권력의 가장 중요한 부분은 포기할 생각이 전혀 없었다. 그런 점에서 계몽군주의 본질은 여전히 반민주적인 전제군주에 지나지 않는 것으로 간주된다. 당대의 러시아 사회를 기준으로 할 때 예카테리나의 시도는 나름대로 사회를 한 발자국 진보시키기 위한 노력으로 평가될 수 있을지 모르지만, 예카테리나 역시 이러한 한계를 벗어나지 못한 전제군주였다. 그녀는 계몽사상가들의 핵심적 주장인 3권 분립 이론을 수용하지 않았다. 그리고 지주계급의 강한 반발에 직면하자 야심적으로 시작한 입법위원회를 미련 없이 포기하고 해산하였으며, 서구에서는 이미 사라진 농노제를 한층 강화하였다. 이러한 한계 속에서 예카테리나는 멋진 계몽군주의 길이 이 땅에서 실현되기가 매우 어려움을 곧 알게 된다. 그가 결정적으로 이를 깨닫고 방향을 전환하게 된 계기는 푸가초프의 난(1773~5)과 프랑스대혁명(1789)이었다.

농노제의 강화는 예카테리나의 머릿속 계몽사상과 실제 행보가 가장 모순되는 사례로 볼 수 있다. 인간의 이성에 의한 인식의 형성을 논하면서 국민 다수에게 노예나 다름없는 삶을 강요하는 것은 전혀 앞뒤가 맞지 않는 일이다. 그녀의 치세동안 러시아는 다시 한 번 화려한 문화가 꽃피고 제국의 영광이 빛났지만 그 아래에서 이를 떠받치는 농노의 삶은 한층 고단한 것이었다. 한마디로 예카테리나 여제의 치세는 귀족들에게는 천국이었으나 농민들에게는 지옥이었던 것이다. 이러한 사정은 이 시기에 전국적으로 수많은 농민폭동이 일어나게 만들었고, 결국 러시아 역사상 가장 큰 농민반란의 하나인 푸가초프의 난을 촉발하게 된다.

V.Perov, 푸가초프의 난

분리파 구교도인 돈 카자크 출신의 푸가초프. 그는 농노제 강화로 우랄지역 카자크들의 자유가 구속되고 정규군 편입까지 시도되자, 1773년 자신을 예카테리나에 의해 축출된

로마노프의 제정러시아 **133**

표트르 3세로 참칭하면서 농민들을 규합하여 봉기한다. 당시 농민의 대다수는 농노였다. 한층 강화된 농노제로 인해 절망적인 삶을 살고 있던 농민들은 푸가초프의 휘하로 구름처럼 몰려든다. 푸가초프의 난은 100년 전 발생한 스텐카 라진의 난과 매우 흡사한 줄거리를 갖고 있다. 우선 둘 다 카자크 출신으로서 농민들을 규합하여 반란을 일으켰고, 민중들의 열화와 같은 지지를 바탕으로 세를 몰아 수도를 위협하였으며, 결국 정규군과의 전투에서 패배한 후 내부의 적에 의해 차르에게 인도되어 모스크바에서 처형되었다는 점이다. 푸가초프의 난이 실패로 돌아간 후에도 농민들의 봉기는 그치지 않았지만, 나라 전체를 뒤흔들만한 반란은 더 이상 일어나지 않았다. 이후 저항의 주역은 지식인들이 담당하여 마침내 혁명으로 달려가게 된다.

비록 진압되었지만 이 반란은 예카테리나를 매우 놀라게 하였다. 그리고 뒤이어 그녀가 계몽군주를 향한 낭만적 꿈에서 결정적으로 깨어나는 사건이 발생한다. 프랑스대혁명이 그것이다. 시민들이 권력을 장악하고 쫓겨난 왕과 왕비가 단두대에서 죽음을 당한 혁명의 소식은 예카테리나와 러시아의 귀족들이 경악하기에 충분했다. 이후 그녀는 입장을 완전히 바꾸어 자신이 장려하던 자유주의 사상을 탄압하고 유럽 군주들에게 프랑스의 왕정복구를 위해 협력할 것을 촉구하게 된다.

국내정치의 이와 같은 시행착오에도 불구하고 예카테리나가 대제의 반열에 오른 것은 외교와 영토 확장에서 거둔 성공에 힘입은 바가 크다. 프로이센과 오스트리아의 대립관계를 잘 활용한 그녀는 투르크를 물리치고 정교회의 성지 콘스탄티노플을 탈환하여 흑해와 보스포러스 해협 일대를 장악하였으며(1768~74), 프로이센의 프리드리히 2세와 함께 폴란드를 분할하여 제국의 영토에 편입시킨다. 오랫동안 러시아를 괴롭

1792년의 러시아제국 영토

히던 강국 폴란드는 총 3차에 걸친 분할(1772~95)로 인해 한동안 역사에서 사라지게 된다. 또한 여제는 흑해 크림반도의 크림한국을 멸망시킴으로써 13세기 Golden Horde 이후 남아있던 타타르 세력을 일소한다(1783). 이로써 소련의 유럽 쪽 국경선은 예카테리나 대제 시기에 거의 확정된다.

대제가 죽자 아들 파벨이 왕위에 오른다(재위 1796~1801). 파벨 1세는 예카테리나의 친아들이었지만 이 모자는 서로 정적관계에 놓여 있었다. 파벨은 아버지 표트르 3세로부터 자기가 물려받을 왕위를 모후가 가로챘다고 생각하였기 때문에 두 사람 사이에는 극도의 긴장관계가 형성되었다. 여제는 오히려 손자 알렉산드르를 아껴 후계자로 키웠으나 그가 왕위를 거절하였으므로 아들이 후사를 잇는 것을 받아들일 수밖에 없었다.
파벨은 즉위 후 어머니가 실시한 정책을 모두 무효로 만들어 버리는 한편, 아버지의 경우와 같은 '비극'을 막기 위해 장자의 왕위계승원칙을 다시 확립하였다. 그리고 프랑스혁명의 영향을 차단하기 위해 검열강화 등 강경한 조치를 실시하였으며, 귀족의 권한 축소를 통해 그들을 압박하였다. 짧은 통치기간 동안 병영과 같은 혹독한 규제와 괴팍한 성정으로 원성을 산 차르는 결국 궁정혁명으로 살해된다. 뒤를 이은 그의 아들 알렉산드르 1세(재위 1801~25)는 혼란과 열정으로 가득한 러시아 19세기의 문을 처음 열고 들어선 사람이다. 그의 치하에서 러시아는 절체절명의 위기이던 나폴레옹전쟁을 승리로 이끌며 비엔나 체제의 중심국가로서 구시대로의 회귀에 앞장서기도 하였지만, 새로운 시대의 물결을 언제까지나 막아낼 수는 없었다. 이제 러시아는 혁명으로 가는 것이다.

13. 모스크바의 붉은 광장

붉지 않은 붉은 광장

모스크바를 처음 찾는 사람에게 단 한 시간의 여유가 주어진다면 그는 과연 어디로 달려갈까. 아마도 십중팔구 붉은 광장일 것이다. 크레믈·성바실리대성당·레닌 묘·굼 등 러시아 초보자들이 그 이름을 들어본 적이 있는 명소들은 죄다 붉은 광장 인근에 집중되어 있기 때문이다. 흔히 모스크바를 '환상도시(環狀都市)' 즉 고리모양의 도시라고 한다. 지도를 보면 지름을 확대하며 원을 그려나간 것처럼 여러 개의 환상도로들이 모스크바를 둘러싸고 있다. 그리고 그 고리의 정중앙에 붉은 광장이 있다. 수즈달 공 유리 돌고루키가 모스크바 강가에 목책을 세우고 요새를 구축하며 시작된 모스크바의 역사에서 이 광장은 항상 그 중심에 놓여있었다. 붉은 광장은 러시아의 심장인 모스크바 한가운데에서 역사의 한 페이지를 장식한 사건들을 지켜보고 있는 것이다.

붉은 광장에 도착하면 좀 어리둥절할 수도 있다. 그곳은 별로 붉지 않기 때문이다. 굳이 주변에서 찾아보자면 크레믈의 붉은 벽, 역사박물관의 적갈색 벽돌이 눈에 띄기는 한다. 그렇지만 이 정도를 가지고 붉은 광장이라니, 소련의 중심부에 위치하여 70년간 전세계

▲붉은 광장 풍경 ⒸKwunYoong

▼19세기 초의 붉은 광장 풍경. F.Alekseyev(1801)

로마노프의 제정러시아 **137**

사회주의자들의 영감이 샘솟게 만들던 이곳에서 뭔가 극적인 색깔을 기대한 사람으로서는 허탈한 기분이 들 수도 있다. 광장의 크기도 처음 찾는 사람의 예상과는 다르다. 소련 시절 공산당 최고지도자들이 크레믈 성벽위에서 줄지어 내려다보는 가운데 진행되던 그 열광적인 군사 퍼레이드. 화면에서 본 그 장면을 기억하는 사람들에게 붉은 광장은 생각보다 좁다. 환호하는 군중들 사이로 그 많은 미사일과 탱크들이 꼬리를 물고 지나가던 곳이 정말 여기란 말인가. 붉은 광장은 70년간 철의 장막 속에서 그만큼 여러 가지의 환상을 키우고 있었는지도 모른다.

'붉은' 광장(크라스나야 플로샤지 Красная Площадь)이 붉지 않은 이유는 어원과 관련이 있다. 옛날 이 '크라스나야'란 단어는 '아름다운'이라는 의미도 가지고 있었다. 즉 원래 이 광장의 이름은 '아름다운 광장'이란 의미였던 것이다. 15세기말 크레믈이 건축될 무렵 성벽바깥의 광장으로서 물품매매가 활발히 이루어지던 이곳을 토르그(시장)라 하였고, 1571년의 대화재로 시장이 소실된 후 17세기에 이를 정비하여 아름다운 광장을 만들면서 오늘날처럼 크라스나야 플로샤지라고 불리게 된 것이다.

이 광장이 비록 붉지는 않지만 아름다운 것은 틀림없다. 광장의 바닥에 촘촘히 깔려있는 회갈색 블록들. 그 반들반들하게 마모된 표면에서 우리는 이곳을 스치고 간 시간의 흔적을 느낄 수 있다. 그리고 길쭉한 직사각형 광장의 네 변에 자리 잡은 건축물들과 관련된 역사적 사건들을 되돌아보노라면, 이곳을 러시아의 역사를 압축해놓은 한 페이지짜리 교과서라 불러도 손색이 없을 것이란 생각이 든다.

러시아의 심장 크레믈

광장의 서쪽 면은 기다란 크레믈로 막혀있다. '크렘린(kremlin)'이란 영어식 표현으로 더 잘 알려진 크레믈(кремль)은 '성벽'이란 뜻의 보통명사이다. 좀 오래된 러시아 도시의 중심에는 어김없이 크레믈이 자리 잡고 있다. 도시가 처음 건설되던 옛날, 주요한 시설들을 외침으로부터 방어할 수 있도록 외곽에 성벽을 쌓았기 때문이다. 성벽은 주로 석조로 바뀌었지만, 수즈달 같은 옛 도시에는 흙으로 쌓은 크레믈이 아직 남아있다.

모스크바 크레믈 ⓒKwunYoong

수즈달의 흙으로 지은 크레믈 ⓒKwunYoong

이처럼 크레믈은 러시아의 여러 지역에 남아 있지만, 첫 글자를 대문자로 쓸 때에는 모스크바 붉은 광장 곁의 그것을 가리키는 고유명사가 된다. 이는 그 규모로 보거나 역사적·동시대적 중요성으로 볼 때 모스크바의 크레믈이 그만큼 큰 의미를 가지기 때문이다. 한 마디로 모스크바의 크레믈은 러시아 문화의 최고 정수가 모여 있는 곳이다. 현재 크레믈은 모스크바 강을 끼고 높이 9~20m의 두터운 붉은 벽으로 둘러싸인 사다리꼴 형태의 성이다. 여러 개의 첨탑으로 장식된 성벽은 길이가 최대 700m에 이른다. 그 안에 궁전·성당·종루·무기고 등 유적과 대통령 관저 및 집무실 등 공공시설이 들어있다.

크레믈 내부의 수태고지대성당 ⓒKwunYoong

1147년 유리 돌고루키가 강가 언덕에 목책으로 작은 요새를 짓던 무렵 러시아는 루스의 맏형이었던 키예프가 권력투쟁 끝에 쇠퇴함으로써 중심축을 잃고 분열한 상태였다. 여기서 수즈달 지역을 중심으로 세력을 형성해가던 돌고루키 공은 1155년 키예프까지 점령함으로써 북동부가 러시아의 새로운 핵으로 등장하였음을 알린다. 그리고 100년이 지나면서 비로소 모스크바가 러시아 역사의 전면에 등장한다. 나무로 된 크레믈의 성벽은 14세기 중엽 타타르를 돈 강 전투에서 처음 격파한 영웅 드미트리 돈스코이 대공에 의해 하얀 석조건물로 개축되었고, 15세기 이반 대제에 이르러 비로소 견고한 벽돌의 두꺼운 성채로 다시 탄생하게 되는 것이다. 표트르 대제에 의해 상트페테르부르크로 수도가 옮겨진 이후에도 황제의 대관식은 이곳에서 치러졌을 만큼 모스크바의 크레믈은 변함없는 러시아의 심장이었다.

모스크바의 크레믈은 1812년 나폴레옹이 러시아를 침공했을 때 극적인 장면이 연출된 장소 가운데 하나이다. 크레믈은 나폴레옹 전쟁에서 적군에게 점령당하는 치욕을 겪었지만 자신을 태우는 고통 속에 승리의 영광을 얻는다.
19세기의 유럽은 영웅 나폴레옹과 함께 시작된다. 예카테리나 대제의 손자로서 아버지 파벨의 뒤를 이어 차르가 된 알렉산드르 1세(재위 1801~25)는 영국·오스트리아·프로이센·스웨덴 등과 동맹을 맺고 나폴레옹을 포위하려 하였다. 그러나 전투에서의 연이은 참패로 오스트리아는 전쟁을 포기해버렸으며 프로이센은 2등 국가로 전락하고 만다. 이에 러시아는 재빨리 강화협정을 맺고 나폴레옹 지지로 방향을 급선회하였다. 프랑스는 당시 유일하게 자신들과 맞설 수 있었던 러시아를 우호세력으로 둘 수 있어서 좋았고, 러시아는 이틈을 타서 다른 나라들을 침공하여 영토를 확대할 수 있어서 좋았다. 그러나 프랑스와 러시아의 우호관계는 오래 유지될 수 없었다. 양국의 재격돌은 나폴레옹이 내린 베를린 칙령 즉 '대륙봉쇄령'과 함께 시작된다.
유럽대륙을 완전히 장악한 나폴레옹의 눈엣가시는 영국이었다. 섬나라 영국을 공략하기 위해서는 바다를 건너야 하지만 프랑스의 함대는 트라팔가 해전에서 넬슨에 의해 궤멸되어버린 상태였다. 여기서 나폴레옹은 오늘날 미국이 전유물로 종종 사용하고 있는 경제

봉쇄조치를 생각해낸다. 1806년 공포된 베를린 칙령에 따라 러시아를 포함한 유럽의 모든 국가들은 영국과의 무역이 금지되었으며, 영국에 기항한 상선도 나포되었다. 목재와 곡물의 영국 수출이 중요한 대외수입원이던 러시아는 이로 인해 난감한 상황에 처하게 된다. 당시 가장 앞서 산업혁명이 진행되고 있던 영국은 해외에서 곡물 등 많은 물품을 수입하는 중요한 시장이었으므로, 봉쇄령으로 인해 러시아뿐만 아니라 각국이 입은 타격은 쓰라린 것이었다. 결국 러시아와 포르투갈, 에스파냐는 칙령을 어기고 영국과 무역을 재개한다. 전략적으로 강화를 유지하고 있었지만 나폴레옹은 평소 러시아의 광대한 영토가 탐나던 차였으며, 남진정책으로 세력을 팽창하던 러시아를 길들일 필요성을 느끼고 있던 터였다. 1812년 6월 나폴레옹은 직접 60만 대군을 이끌고 러시아 원정에 나선다. 당시 세계최강의 나폴레옹 대군을 맞아 러시아 군은 후퇴를 거듭하였다. 초기에는 스몰렌스크 전투를 비롯한 수차례의 교전과 패전이 이어졌지만, 노회한 미하일 쿠투조프 장군이 최고사령관으로 임명된 후로는 사실상 일방적인 퇴각에 가까웠다. 이것이 잘 알려진 것처럼 쿠투조프가 의도한, 장기전을 계획하고 들판을 깡그리 비우는 '청야작전(清野作戰)'이었는지, 아니면 그냥 중과부적으로 인한 패퇴일 뿐이었는지에 대해서는 논란이 있다. 어쨌거나 정면대결로 나폴레옹 군을 제압할 능력을 갖지 못한 러시아로서는 계속 후퇴하였고, 내륙 깊숙이 이를 따라 들어가던 나폴레옹 군은 전투가 아니라 식량부족과 발진티푸스의 창궐로 많은 병력을 상실한다.

▲모스크바 파노라마 관. 건물 내부 360도 벽면에 보로지노 전투의 상황도가 사실적으로 그려져 있다. ⓒKwunYoong

▼파노라마 관 내부의 그림 ⓒKwunYoong

V.Vereshchagin, 크레믈 성벽에서
불타는 모스크바를 바라보는 나폴레옹(1887)

후퇴하던 러시아 군은 마침내 모스크바에 이르게 된다. 양쪽 다 엄청난 군사를 잃어야 했던 유명한 보로지노 평원(Borodino Field)의 전투를 치른 후, 러시아군은 모스크바를 비워주고 다시 후퇴하였다. 모스크바를 점령한 나폴레옹은 미처 철수하지 못한 다수의 포로와 식량을 확보하였지만, 그날 밤부터 원인모를 대화재가 이어진다. 당시 목조건물 일색이었던 모스크바는 이 화재로 도시 전체가 깡그리 불타버린다. 불은 크레믈에도 옮겨 붙었다. 현재 남아있는 크레믈의 건물 가운데 상당부분은 이때 소실되어 새로 지은 것이다.

당시 러시아제국의 수도는 모스크바가 아니라 상트페테르부르크였다. 그러나 모스크바는 러시아의 심장과 같은 곳이다. 따라서 나폴레옹은 모스크바만 점령하면 전쟁을 쉽게 끝낼 수 있을 것이라 생각했다. 그러나 이는 오산이었다. 강화를 제안해 올 것으로 생각했던 차르 알렉산드르로부터는 아무런 소식이 없었다. 그리고 이제 러시아가 가진 치명적 무기인 '겨울'이 자신들을 겨누고 있음을 깨달았지만. 이미 때가 너무 늦은 상황이었다.

나폴레옹 군대는 6월에 여름옷만 걸치고 프랑스를 출발하였다. 전쟁이 오래 걸리지 않을 것으로 생각했고, 보통의 경우라면 설사 좀 길어지더라도 점령지에서 군수품을 조달할 수 있었을 것이다. 그러나 그들은 아무 것도 남지 않은 러시아의 영토 너무 깊숙이까지 들어와 있었다. 그것은 수렁과 같았다. 다급해진 나폴레옹은 알렉산드르에게 거듭 강화를 요청했지만 거절당하고 만다. 이제 전쟁의 주도권이 뒤바뀐 것이다.

결국 프랑스군은 모스크바 입성 한 달 만에 퇴각을 결정하게 된다. 후퇴의 길은 참혹했다. 쉽게 빠져나갈 수 있다면 그건 수렁이 아니다. 쓰러진 전우의 옷과 신발을 벗겨 입고, 죽은 말의 고기를 씹으며 필사적으로 눈보라를 헤쳐 나가던 패잔병들은 간단없이 이어지는

J.Suchodolski, 1812년 러시아로부터 퇴각하는 나폴레옹 군(1866)

러시아군과 농민 파르티잔(partisan 유격대)의 기습에 맥없이 쓰러져 갔다. 나폴레옹은 결국 군대를 해산하고 병사들에게 각자 알아서 고국으로 돌아가라는 명령을 내릴 수밖에 없었다. 기세당당하던 60만 대군 가운데 그렇게 살아 돌아간 사람은 3만 명이 채 되지 못했다.

패잔병을 추격한 러시아군은 오스트리아 및 프로이센과 함께 라이프치히 전투에서 나폴레옹에게 치명적 패배를 안긴다. 그리고 마침내 적의 수도 파리에 입성하게 된다. 1814년 3월의 일이었다. 이 패배로 나폴레옹은 실각하여 엘바 섬으로 유배된다. 유럽을 정복한 영웅 나폴레옹을 러시아가 몰락시킨 것이다. 알렉산드르 1세는 나폴레옹을 격파한 일등공로자로서 전승국들 가운데 가장 큰 발언권을 행사하며 전후 처리의 중심 역할을 담당한다.

비록 승리하였지만 전국이 초토화된 러시아는 전쟁으로 인해 엄청난 피해를 입었다. 그럼에도 러시아인들 사이에서 이 승리는 '조국전쟁(Patriotic War)'이란 이름으로 크나큰 자부심과 함께 대를 이어 기념된다. 이 전쟁은 러시아 사회에 여러 중요한 영향을 남겼다. 유럽을 삼킨 거대한 힘과 맞서 러시아 사람들은 신분에 관계없이 하나로 뭉쳐 적을 이겨내었다. 이 과정에서 러시아인들의 민족의식과 연대감은 크게 강화된다. 그리고 지배층과 지식인들은 국가로부터 짐승 같은 대접 밖에 받아본 적이 없는 농민들이 이 전쟁에서 조국을 위해 헌신하는 모습을 보고 큰 감동을 받는다. 대장원을 가진 귀족출신의 소설가 톨스토이는 걸작《전쟁과 평화(1864~9)》에서 이 전쟁을 승리로 이끈 것은 장군들이 아니라 민중과 평범한 병사들이었음을 그리고 있다. 이러한 인식 변화는 결국 1825년의 데카브리스트 혁명으로 이어진다.

모스크바 거리의 1812년 담배광고. 세기의 정복자 나폴레옹을 몰락시킨 러시아인들의 자부심을 엿볼 수 있다. ⓒKwunYoong

레닌만을 위한 레닌 묘

시간을 좀 건너뛰어 보자. 1917년 10월 혁명에 성공한 볼셰비키에 의해 모스크바는 200년 만에 수도의 자리를 되찾게 된다. 소비에트연방과 시대를 공유한 사람들에게 크레믈의 영어식 발음인 '크렘린'이란 단어는 음울한 침묵으로 그 속내를 짐작할 수 없는 존재를 의미하기도 한다. 이를 상징하는 장면 가운데 하나는 5월 9일 전승기념일이나 11월 7일 혁명기념일을 맞아 크렘린 성벽 위에 도열한 공산당 간부들의 모습이다. 두꺼운 코트와 중절모에 묻혀 붉은 광장의 퍼레이드를 내려다보던 무표정한 얼굴들. 그들이 서있던 성벽의 아래쪽에는 소련의 첫 지도자 레닌 동지가 묻혀있다. 차르가 벌여놓은 제1차 세계대전의 마무리, 황제를 추종하는 백위군과의 치열한 내전(1918~22), 그리고 사회주의 시스템으로의 전환 등, 혁명에 성공한 레닌 앞에는 난제들이 줄을 지어 기다리고 있었다. 그는 혁명의 과실을 제대로 맛보지도 못하고 1922년 뇌일혈로 쓰러져 1924년 사망한다.

광장에서 연설하는 블라디미르 레닌(1919)

헐벗은 인민을 위해 삶을 송두리째 헌신하였고, 혁명이 누구도 통제할 수 없는 소용돌이 속에 빠져있을 때 탁월한 정세분석과 언변으로 소수파였던 볼셰비키를 이끌어 한 세기에 걸친 혼란을 일단락 지었던 레닌. 그에 대한 러시아 국민들의 외경심은 사회주의체제가 무너진 지금도 식지 않았다. 붉은 광장에 면한 크레믈 성벽의 정중앙에는 붉은 화강암으로 만든 레닌의 무덤이 있다. 그곳에 들어서서 계단을 내려가면 유리관 안에 그가 고요히 누워있는 모습을 만나게 된다. 그곳은 흡사 신전이다. 러시아 전역과 전 세계에서 찾아온 수많은 참배객들은 어두운 조명 아래 조심조심 움직이며 기침 소리 하나 내지 않는다. 이곳으로 들어오면서 그들은 정해진 관람시간이 되면 마치 성스러운 의식을 행하듯 붉은 광장 전체가 차단되는 것을 목격했고, 광장 입구에 임시로 설치되는 검색대에서 가방과 카메라를 보관해야 했으며, 짧은 치마 등 복장이 부적절한 사람은 입장이 거부되는 것을 보았다. 그리고 묘의 입구로 이동하는 통로 옆의 크레믈 성벽에는 그곳에 안장된 기라성 같은 혁명가들의 무덤 표석들이 늘어서 있었다. 마침내 다다른 묘의 입구에는 근위병들이 부동자세로 지키고 서있다. 이러한 입장 과정에 마음속으로 이미 충분히 엄숙할 준비가 된 참배객들을 유리관 속에 누운 오척 단구의 레닌이 맞게 되는 것이다.

붉은 광장의 레닌 묘. Staron7)

방부처리가 된 그의 얼굴은 밀랍 인형처럼 보인다. 단정한 신사복차림으로 누워 있는 그는 오른손을 약간 그러쥐고 있다. 말년을 뇌일혈로 인한 실어증과 부자유스런 몸으로 누워서 보내었던 그가 저 오른손 주먹 안에 쥐고 있던 것은 무엇일까. 별다른 치장 없이 간결한 무덤의 내부에는 외길 자본주의로 정신없이 달려가고 있는 우리의 뜨거운 머리를 잠시 서늘하게 만드는 19세기의 치열했던 러시아 역사와 지식인들의 고뇌가 차갑게 가라앉아 있다. 레닌의 뒤를 이은 세기의 독재자 스탈린도 사망 후 한때 이곳에 안장되어 있었다. 레닌은 죽어서 신이 되었지만, 30년 가까운 공포정치로 소련 전체를 꽁꽁 얼어붙게 만들었던 스탈린은 살아서 이미 신이었다. 그러나 그의 사후 흐루쇼프가 벌인 스탈린 격하운동으로 인해 그는 신전에서 쫓겨나 크레믈 성벽으로 옮겨가야 했다. 그리고 그를 쫓아낸 흐루쇼프는 (고르바초프를 제외하면) 죽기 전에 권좌에서 쫓겨난 유일한 소련 지도자 신세가 되고

크레믈 성벽으로 쫓겨난 스탈린의 묘 ©KwunYoong

말았다. 1964년 실각 후 평민으로 쓸쓸한 삶을 마무리한 그는 스탈린 묘 옆에도 자리를 얻지 못하고 노보제비치 수도원의 묘역에 평범하게 묻혀있다.

유로지비와 성바실리대성당

모스크바 강 쪽에서 붉은 광장으로 들어오는 입구에는 우리 눈에 아주 익숙한 사원 하나가 자리 잡고 있다. 러시아를 잘 모르는 사람에게도 낯설지 않은 양파머리 지붕의 성바실리대성당이다. 서양건축사의 흐름에 러시아적 요소가 절묘하게 어울린 아담한 이 성당의 지붕은 각양각색 큐폴라(cupola 돔 모양의 둥근 지붕) 아홉 개로 치장되어있다. 이를 한 바퀴 돌면서 올려다보노라면 그 현란한 장식들이 불규칙적으로 변화하며 그려내는 아름다움이 감탄을 자아낸다.

모스크바의 대표적 랜드마크, 붉은 광장 입구의 성바실리대성당 ⓒKwunYoong

러시아 건축의 최고 걸작으로 불리는 이 성당은 그 아름다움만큼 극적인 사연을 담고 있다. 성바실리대성당을 만든 사람은 러시아 차르들 가운데 가장 문제적 인물이라고 할 수 있을 이반 4세(이반 뇌제)이다. 그는 누구인가. 이반 3세(이반 대제)부터 시작된 류릭 왕조의 절대권력 강화가 성숙되어 황제라는 의미의 호칭 '차르'를 본격적으로 사용한 전제군주, 친위대 오프리치니크를 앞세워 귀족들을 탄압하고 수많은 사람들을 살육한 광기의 통치자, 정신이상 증세가 악화되었던 말년에는 가장 사랑하던 아들을 쇠 지팡이로 때려죽이고 회한으로 울부짖었던 비극의 아버지이다. 뇌제의 주요한 업적 가운데 하나는 강력한 권력을 토대로 모스크바대공국의 영토를 활발하게 확장했다는 것이다. 그 대표적인 사례가 러시아를 침공한 타타르의 잔존세력 카잔한국과 아스트라한한국을 멸망시킨 것이다. 이는 러시아가 볼가강 유역을 완전히 회복하였다는 것을 의미한다.

뇌제가 카잔한국 정벌에 대한 감사로 성당을 지어 성모께 봉헌하기로 하고 포스트니크 야코블레프에게 건축을 명한 것은 1555년이었다. 5년 후 완공된 성당의 모습을 본 뇌제는 그 천상의 아름다움에 감동하지 않을 수 없었다. 그 감동을 후한 포상으로 표현하였다면 그는 이미 그가 아니다. 뇌제는 이런 걸작을 또다시 만들 수 없도록 두 사람의 눈을 뽑아버렸다고 전해진다. 그런데 여행 가이드북마다 거의 역사적 사실처럼 전하고 있는 이 이야기는 진실이 아닐 가능성이 높다. 눈이 뽑혔다는 건축가 포스트니크 야코블레프는 그 후에도 카잔 지역의 크레믈과 수태고지성당 건축에 참여했다는 기록이 있기 때문이다. 이 이야기는 이반 뇌제가 얼마나 가혹한 사람인지를 설명해주는 수많은 역사적 사실과 악의적 과장, 그리고 사람들이 집단으로 창작한 전설들 가운데 하나라고 보면 될 것 같다.

이 성당의 이름은 원래 '성모의 중보(포크로바)'였다. '성 바실리'는 뇌제의 사후인 1588년 이곳에 묻힌 유로지비(юродиви)의 이름이다. 유로지비란 '성스러운 바보(holy fool)'라고 해석될 수 있는 탁발수도사들을 말한다. 누더기 옷을 입고 마구 풀어헤친 머리에 덥수룩한 수염으로 뒤덮인 그들의 행색은 거리의 걸인이나 광인과 흡사하였다. 수리코프가 그린 걸작 《대귀족

수리코프의 걸작 《대귀족 모로조바》 우측 하단에 그려진 전형적인 유로지비. 온몸에 쇠사슬을 감고 있다.

모로조바》의 우측 아랫부분에 나와 있는 것처럼 유로지비는 종종 온몸에 쇠사슬을 감고 있기도 한다. 그들은 온갖 고행을 감내하고 합리적으로는 이해할 수 없는 기행을 일삼는다. 그런 행동의 이유는 세상의 지혜를 거부하고 하느님의 지혜로 민중을 인도하기 위해서이다. 수도원에서 은둔하기도 하고 세상을 정처 없이 떠돌기도 하는 그들은 천진하고 바보스러워 보이며, 세상의 조롱에 대해서는 무관심하다. 사람들은 그들의 욕설과 재담에 웃다가도 진리를 전하는 말씀과 예언에 감동하게 된다. 백성들은 유로지비를 사랑하고 존경하였으며 사제들을 우습게 여긴 차르도 그들의 말은 경청하였다. 붉은 광장 인근에서 사람들의 사랑을 받던 유로지비 바실리는 1571년 발생한 모스크바의 대화재와 이반 뇌제의 비극적 운명을 예언하였다고도 전해진다.

S.Kirillov, 벌거벗은 채 눈밭에서 기도하는 유로지비 바실리(2014)

성당 앞쪽에는 동란시대(1606~12)의 러시아를 구한 영웅 미닌과 포자르스키의 동상이 서있다. 류릭 왕조가 막을 내리고 정통성을 가진 차르가 존재하지 않았던 혼란기를 틈타 폴란드는 모스크바를, 스웨덴은 북부의 고도 노브고로드를 점령하였다. 국가조직과 정규군이 붕괴된 절체절명의 순간에 푸줏간 주인 미닌과 몰락한 귀족 포자르스키 공은 국민군을 조직하여 모스크바를 탈환하였다. 이들을 기리는 청동상은 200년 후 나폴레옹 전쟁의 승리로 민족적 자존심이 뜨겁던 1818년 광장 중심에 건축되었다가 여기로 옮겨졌다. 대리석 조각을 연상시키는 사실적 묘사와 두 사람의 역동적인 구도가 주는 메시지가 강렬한 인상을 남긴다.

굼(GUM)이란 국영백화점이란 뜻이다. 체제이행 이후 민영화되었지만 사람들은 여전히 굼이라고 부른다. ⓒKwunYoong

19세기 말 완성된 이 3층 건물에 러시아 최초의 백화점이 들어선 것은 1921년이었다. 그리고 중간에 한동안은 영업을 중단하였다가 1953년 다시 개점하였다. 소련이 무너지고 아직 러시아가 제자리를 잡지 못하던 1990년대 초만 하더라도 굼은 그 화려한 외관에 어울리지 않게 조악하기 짝이 없는 상품들만 진열된 곳이었다. 그나마 물건의 수량도 부족하고 다니는 사람들도 별로 없어, 몰락한 귀족의 저택처럼 쓸쓸한 느낌이 드는 공간이었다. 그리고 불과 십년도 지나지 않은 1997년 다시 방문한 러시아 사회가 어떻게 변하고 있는지는 바로 이곳에서 가장 잘 확인할 수 있었다.

굼은 이제 우아한 내부공간에 어울리는 갖가지 세계 명품들이 가득 차 있는 세계최고급 백화점이다. 이곳으로 오후 나들이를 온 세련된 모스코비치들은 사회주의 시절에는 꿈도 꾸지 못했던 드레스와 화장품을 이젠 별 감동도 없는 얼굴로 사들이고 있다. 회랑을 중심으로 3층까지 트여있는 천장 유리를 통해 쏟아져 들어오는 햇빛. 그 아래 테라스에 앉아 커피 한잔을 즐길 수 있는 럭셔리 쇼핑센터 굼. 이곳 유리진열장의 최근 30년 역사는 러시아 사회의 변화를 집약적으로 보여주는 파노라마라 할 수 있을 것이다.

부활문의 두 개 아치 가운데 하나는 보통 쇠창살로 가로 막혀 있어서, 사람들은 나머지 한쪽으로만 광장을 드나들고 있다. 아치 사이의 좁은 공간에는 초미니 교회가 자리 잡고 있다. 비록 몇 사람만 들어서면 가득 찰 정도로 비좁은 공간이지만, 늘 많은 러시아인들이 이곳을 찾고 있다. 그 이유는 이곳에 모신 성모 마리아의 이콘이 기적을 행하는 것으로 알려져 있기 때문이다. 동서양을 막론하고 이처럼 영험한 존재를 찾는 사람들은 주로 아주머니나 할머니들이다. 남편과 아들들이 자신의 능력을 믿고 질풍노도와 같이 달려가는 러시아의 거리에서 돈을 쫓고 있을 때 이들은 이곳에서 그들을 위해 간절히 기도하고 있다.

기적을 일으키는 성모 마리아의 이콘에 경배하는 사람들 ⓒKwunYoong

부활문 앞 보도블록에는 둥근 모양의 금속판이 박혀있다. 모스크바 시의 기준점을 나타내는 표시이다. 사람들은 성당을 등지고 이곳에 서서 등 뒤로 동전을 던지며 행운을 기원한다. 그리고 그 주위에는 항상 걸인들이 몰려 서로 다투며 그 행운을 주워가고 있다.

레닌 묘 건너편에는 베르사유 궁전을 연상케 하는 건물이 크렘린 성벽과 경쟁하듯 길게 벋어있다. 고급 쇼핑센터인 '굼'이다. 굼(GUM : ГУМ)이란 원래 '국영백화점(Гла́вный Универса́льный Магази́н)'을 뜻하는 러시아 단어들의 이니셜을 모은 것이다. 체제이행으로 민영화되어 이제 더 이상 국영은 아니지만 사람들은 보통 그대로 '굼'이라고 부르고 있다. 모스크바의 심장 붉은 광장이라는 장소도 장소거니와 얼핏 보기에 꽤 멋들어진 외관. 이것도 갖가지 역사와 전설로 치장된 무엇이겠거니 하던 사람들은 백화점이란 말에 대부분 좀 생뚱맞다는 생각을 갖게 된다. 그러나 붉은 광장 일대가 15세기 이후 다양한 상점들이 어우러진 상업 지구였다는 사실을 기억한다면, 이곳도 나름대로의 배경이 될만한 내력을 갖고 있음을 수긍할 수 있을 것이다.

로마노프의 제정러시아 **153**

국립역사박물관과 부활문, 그리고 굼(GUM)

성바실리대성당에서 붉은 광장 너머 반대편을 바라보면 붉은 색 건물 하나가 우뚝 서있다. 그리고 그 오른쪽은 조그만 두 개의 첨탑으로 막혀있고, 사람들은 그 아래 아치형 출입구로 드나들게 되어있다. 국립역사박물관과 부활문이다.

19세기 후반에 건축된 역사박물관에는 석기시대부터 혁명 이전까지 전 러시아 역사를 관통하는 유물들이 소장되어 있다. 짙은 팥죽색 벽돌과 은빛 첨탑으로 구성된 박물관의 외관은 색채적으로 매우 간결한 느낌을 준다. 하지만 3층 건물을 장식하고 있는 오밀조밀한 구성은 반대로 한껏 멋을 낸 모습이다. 회갈색 블록이 깔린 탁 트인 광장 너머 서있는 역사박물관을 바라보노라면, 위치나 크기, 그리고 외양이 볼수록 딱 알맞다 싶은 것이 범상치 않다. 이제 백년이 조금 넘은 건물이므로 아직은 붉은 광장의 조연에 지나지 않지만, 세월이 지나 역사적 사건과 전설이 덧붙여지면 광장의 주역으로 등장하기에 손색이 없을 것이란 생각이 든다.

부활문은 원래 17세기에 지어진 유서 깊은 건물이었다. 우리가 지금 볼 수 있는 부활문은, 여러 가지 용도로 사용되다가 한때는 무너지고 없었던 것을 옐친이 다시 지은 것이다. 쿠데타를 두려워한 그가 이 건물을 다시 지음으로써 탱크가 붉은 광장으로 진입하는 것을 막아버렸다는 이야기도 있다. 2차대전 이후 전승기념일과 혁명기념일에 붉은 광장에서 전통적으로 행해지던 군사 퍼레이드는 이후 그 장소가 다른 곳으로 바뀌었다가 폐지되었다. 이는 개방과 민주체제로 나아가는 러시아의 당연한 변화로 생각되었다. 하지만 '강력한 러시아'를 지향하는 푸틴 대통령은 2008년 퍼레이드를 재개하였다.

부활문과 작은 성당 ⓒKwunYoong

동상에서 약간 떨어진 곳에는 원형의 구조물이 하나 자리 잡고 있다. '로브노예 메스토(해골의 장소)'이다. 1549년 건축된 지름 13m의 이 연단은 차르의 포고문을 공표하거나 중죄인을 처형한 곳으로 이름나 있다. 러시아 역사의 한 페이지를 장식한 카자크 농민반란의 주인공 스텐카 라진이 처형된 곳이 바로 여기이다. 서유럽 순방길에 반란 소식을 듣고 급히 귀국한 표트르 대제가 소총병 스트렐치들을 처형하는 장면을 담은 수리코프의 그림 《스트렐치 처형의 아침》에서도 로브노예 메스토의 모습이 눈에 띈다. 오늘도 붉은 광장을 찾은 수많은 관광객들은 참혹한 사건들과 깊이 연관되어 있는 이 연단을 철문 너머로 기웃거리며 무슨 생각을 하고 있을까. 연단의 바닥은 그들이 던진 가지가지의 동전들로 가득하다.

스텐카 라진과 스트렐치들의 처형장소 로브노예 메스토 ⓒKwunYoong

제4편 러시아혁명

14.
절망과 열정의 19세기 러시아

15.
마침내, 러시아혁명

14. 절망과 열정의 19세기 러시아

19세기 러시아 역사를 들여다보노라면 솥에 담긴 물이 비등점을 향해 서서히 끓어오르는 과정이 연상된다. 김이 모락모락 피어오르며 수면이 잠시 흔들리는 듯하다가, 기포가 솟아오르고 소란해지며 이윽고 천지가 뒤흔들리는.

러시아는 유럽에서 가장 늦게까지 봉건잔재가 남아있던 나라이다. 중세사회의 종언과 함께 오래 전에 사라진 농노제도가 러시아에서는 1861년에야 비로소 철폐되었다. 따라서 러시아 국민의 다수를 차지하였던 농민들의 삶은 참으로 혹독한 것이었다. 그로 인해 러시아 역사에서는 헤아릴 수 없이 많은 농민반란이 줄을 이었다. 그러나 예카테리나 여제 치하에서 일어난 푸가초프의 난이 1775년 진압된 이후, 저항의 중심은 농민이 아니라 지식인들 즉 인텔리겐차로 바뀌게 된다.

10월 혁명의 여명, 데카브리스트 혁명

'러시아혁명'이라고 할 때는 보통 1917년 10월의 볼셰비키 혁명을 가리킨다. 그러나 혁명은 어느 날 갑자기 솟아올라 바로 완성된 것이 아니다. 혁명에는 여명이 앞섰고 노을이 뒤따랐다.

혁명에 뒤따른 '노을'이라함은 이런 이야기이다. 10월 혁명의 성공으로 볼셰비키가 장악한 것은 고작 모스크바와 상트페테르부르크 정도였으며, 나머지 광대한 영토의 대부분은 황제를 지지하는 백위군과 여러 군벌들의 수중에 있었거나 거의 무정부상태에 놓여있었다. 심지어는 혼란을 틈타 백위군을 지원하는 영국·미국·일본·독일의 군대가 유럽·중앙아시아·극동지역에 침입하기도 하였다. 러시아 전역은 외국간섭과 내전 속에서 소용돌이치다가 막대한 피해를 겪은 후에야 비로소 혼란이 수습되고, 소비에트연방이 출발하게 되는 것이다. 영화로도 유명한 보리스 파스테르나크의 소설 《닥터 지바고(1957)》는 이런 내전기를 배경으로 한 이야기이다.

거꾸로 거슬러 올라 '혁명의 여명'으로는 1825년의 '데카브리스트 혁명'을 먼저 꼽아야 할 것 같다. 그리고 그에 대해 이야기하기 위해서는 러시아 역사의 중요한 굴절점이었던 나폴레옹전쟁의 전말을 살펴보아야 한다.

예카테리나 대제의 손자 알렉산드르는 부왕 파벨의 변덕스런 정책변화와 괴팍한 행동을 싫어한 귀족들이 아버지를 암살하는 것을 묵인하고 황위에 오른다. 그가 격동의 19세기 러시아를 여는 첫 차르 알렉산드르 1세(재위 1801~25)이다. 그는 계몽군주이고자 했던 할머니의 총애 아래 대를 이을 계몽군주로서의 교육을 받은 사람이다. 그러므로 러시아가 여제의 치하에서 비록 큰 영화를 누렸지만 어떤 문제점을 안고 있는지 그는 잘 알고 있었다. 따라서 즉위 초기에는 검열을 완화하고 고문을 폐지하는 등 일련의 개혁을 추진함으로써 자유주의자의 면모를 보여주었다. 심지어 그는 한때 전제정치와 농노제를 폐지할 생각도 가졌다고 알려져 있다. 사회의 진보를 기대하던 젊은 지식인들은 이런 차르에 대해 큰 기대를 갖고 있었다. 그러나 자신의 권력을 내놓을 생각이 전혀 없는 군주가 가진 계몽사상의 한계를 보여주기에 그리 오랜 시간이 필요하지 않았다. 러시아 사회에 서구의 불온한 사상이 유입되면서 전제체제의 기반이 위협받자 그는 바로 방향을 돌려 반동주의로 귀착한다.

G.Dawe, 알렉산드르 1세의 초상(1824).
그는 자유주의와 전제체제 사이에서 방황하였다.

자유주의와 전제체제 사이에서 방황하던 알렉산드르 1세. 매우 특별히 모순된 인물로 역사에 기록되어 있는 그는, 자유주의라는 이념을 사랑했지만 그 핵심인 자치의 개념은 싫어했고, 헌법을 갖기를 원하였지만 군주의 절대 권력에는 제약이 없기를 원했다. 게다가 기득권을 가진 귀족들의 개혁에 대한 반발도 당연히 컸다. 결국 모순덩어리였던 그의 개혁은 실패하고 러시아 사회의 진보에 대한 희망은 긴 동면에 들어가게 된다. 19세기 초 러시아 안쪽의 사정은 이러하였다.

이제 러시아 바깥으로 눈을 돌려보자. 당시 유럽대륙을 다 삼킨 나폴레옹은 유독 버티고 있는 영국을 굴복시키기 위해 경제봉쇄 조치를 선포한다. 유럽의 어떤 국가도 영국과 일체 교역하지 말라는 베를린칙령(1806), 즉 대륙봉쇄령이다. 그러나 처음에 이에 협조했던 러시아는 이를 파기하고 영국에 대한 밀 수출을 재개한다. 나폴레옹은 러시아를 응징함으로써 일벌백계의 교훈을 남기기 위해 1812년 대침공을 감행하게 된다. 그러나 러시아가 얼마나 깊고 추운 수렁인지 깨달았을 때는 이미 너무 늦어, 러시아 원정은 나폴레옹의 몰락에 결정타 노릇을 하게 된다.

러시아 사람들이 자랑스런 '조국전쟁(Patriotic War)'이라고 부르는 이 전쟁은 전승국 러시아에게도 큰 영향을 미친다. 우선 막대한 전쟁피해이다. 나폴레옹에 맞섰던 러시아의 백전노장 미하일 쿠투조프(1745~1813)의 '청야작전(淸野作戰)'은 이 전쟁이 남긴 신화 가운데 하나이다. 즉, 들판에 밀 한 톨, 옷 한 가지, 집 한 채를 남겨놓지 않고 후퇴를 거듭하여 적군을 국토 깊이 끌어들임으로써, 식량과 보급문제로 난감한 상황에 빠지게 만들었다는 것이다. 하지만 이것이 의도적 전략이라기보다는, 세계최강의 나폴레옹 군과 대적할 전력이 되지 못한 러시아 군이 후퇴에 후퇴를 거듭한 결과였다는 분석도 있다. 어쨌거나 결과적으로 나폴레옹이 지나간 러시아의 국토는 '청야', 즉 깡그리 폐허가 되었으므로 그 피해는 엄청난 것이었다. 그러나 전쟁의 더 중요한 영향은 따로 있었다. 지배계층의 젊은이들이 이 전쟁에서 얻은 충격으로 인해 러시아 사회에 대해 새로운 눈을 뜨게 된 것이다.

그들의 첫 번째 충격은 전쟁에서 조국을 위해 영웅적으로 헌신한 농민 병사들로부터 받은 것이었다. 당시의 러시아 농민들은 다수가 짐승과 같은 취급을 받는 농노의 신분이었다. 그러나 말만 앞세울 뿐인 귀족들과는 달리 그들은 조국을 위해 주저 없이 목숨을 바쳤다. 의식 있는 젊은 귀족들은 이러한 모습에서 이들이 러시아의 미래라는 생각을 하게 된다.

그들이 받은 두 번째 충격은 프랑스의 파리에서의 경험이었다. 패주하는 나폴레옹 군을 추격하여 파리에 입성한 러시아의 청년장교들이 그만 못 볼 것을 보아버린 것이다. 대혁명을 겪은 당시 파리의 거리는 근대의 자유로운 기운이 넘치는 곳이었다. 이곳에서 어리숙한 러시아 청년들은 암담한 중세의 조국을 떠올리며 큰 충격을 받게 된다. 시간이 지난다고 나아질 희망도 없어보였다. 한때 그들의 기대를 모았던 차르는 나폴레옹전쟁 이후 질서와 규율을 중시하며 자유주의자의 면모를 완전히 잃어가고 있었다. 선진 유럽의 물을 먹은 유학생들과 파리에 진주했던 청년장교들은 캄캄한 러시아 사회로 돌아온 후 깊은 고민에 빠진다. 러시아의 주류사회와 이 '1812년의 아이들'은 서로 전혀 교감할 수 없었다. 기성세대들의 일상인 무도회를 거부하고 자신들끼리의 토론에 열중하며 광범위한 전문지식을 바탕으로 새로운 글들을 발표하던 청년들에게 마침내 결단의 시간이 다가온다.

1814년 러시아군대의 파리 입성(작자 미상)

1825년 11월, 아직 사십대 후반이던 알렉산드르 1세가 흑해의 휴양지 타간로크에서 사망했다는 소식이 러시아를 발칵 뒤집어 놓는다. 매우 갑작스런 죽음이었다. 이상과 현실의 괴리 속에서 오랫동안 번민하던 차르는 말년에 점점 세상에서 멀어져 신앙에 의존하며 신비주의에 빠져들고 있었다. 그러다보니 차르는 죽은 게 아니라 권좌를 버리고 시베리아로 은거한 것이란 설도 있으나, 믿을만한 근거가 있는 이야기는 아니다. 문제는 후계였는데, 알렉산드르 1세에게는 아들이 없었으므로 왕좌는 자연스럽게 바로 아랫동생인 콘스탄틴에게 돌아가는 것으로 누구나 생각하고 있었다. 그러나 그게 아니었다. 그는 수년 전 폴란드의 귀족과 결혼하면서 왕위계승권을 포기하고 동생인 니콜라이를 후계자로 지명하기로 형과 합의를 한 바가 있었다. 하지만 그 사실은 공개되지 않았으므로 사람들은 전혀 모르고 있었다. 결국 콘스탄틴이 직접 이를 밝히고 약속대로 니콜라이가 권좌에 오르게 되지만, 콘스탄틴이 동생에게 자리를 빼앗긴 것이라는 소문이 돌면서 한동안 정국이 혼란스러웠다. 당시 자유주의적 성향이 강했던 콘스탄틴이 보수반동적인 니콜라이에 비해 국민들로부터 더 큰 인기가 있었기 때문에, 시인 푸시킨 같은 사람은 이 소식에 큰 충격을 받기도 한다. 데카브리스트들은 이 어수선한 상황을 놓치면 기회가 다시 오기 어려울 것이라 판단하고 마침내 거사를 일으키게 된다. 새로운 차르 니콜라이 1세가 즉위하던 1825년 12월 14일의 일이다. 그들의 핵심적 목표는 '입헌군주제 채택'과 '농노제의 철폐'였다.

이들의 거사는 앞으로 가열차게 이어질 지식인 반란의 물꼬를 트는 사건으로서 큰 의미를 갖는다. 하지만 그 계획은 놀라울 정도로 어설픈 것이었다. 반체제세력은 상트페테르부르크를 중심으로 한 북부결사와 서부 우크라이나를 중심으로 한 남부결사가 활발하게 움직이며 조직을 키워가고 있었으므로, 이들이 봉기할 것이란 소문은 차르를 포함한 많은 사람들에게 이미 알려져 있었다. 그리고 주도세력인 청년장교들은 대부분 그 계급이 낮았으므로 군대를 효과적으로 동원할 입장이 되지 못했다. 그럼에도 불구하고 호응 세력들을 끌어 모을 특별한 계획도 갖고 있지 않았다. 목숨을 건 반란을 계획하는 상황임에도 그들은 단지 자기부대 병사들의 신뢰와 끈끈한 형제애만 믿고 있었다.

게다가 그룹의 최고지도자인 세르게이 트루베츠코이 공작(1790~1860)이 실패를 예감하고 거사 현장에 나타나지 않는 일까지 벌어진다. 원래 계획으로는 그가 성명서를 낭독하게 되어있었다. 두 번째 지도자였던 불라토프 대령도 어디로 갔는지 보이지 않았다.

그들이 이날을 택한 것은 새로운 차르에 대한 충성 서약식을 위해 수도의 모든 병사들이 궁전광장에 집결하게 되어있기 때문이었다. 여기서 그들이 혁명의 불을 일단 지피기만 하면 모두가 호응을 할 것이고, 그러면 바로 차르의 겨울궁전을 점령하여 거사를 성공시킬 수 있을 거라는, 참으로 대책이 없는 계산을 하고 있었던 것이다.

그러나 계획은 처음부터 어그러졌다. 도열한 3천명의 병사들은 변심한 지휘관의 얼굴을 볼 수가 없었고, 살을 에는 발트해 겨울바람 속에 무려 네 시간을 서있어야 했다. 병사들은 사전에 귀띔을 받은 것도 없었으므로 무슨 일인지 영문도 모른 채였다. 이들에 맞서 대치한 차르의 군대는 9천명이었다. 뭔가 흥미로운 일이 일어날 것 같은 조짐에 구경꾼들이 구름처럼 몰려왔다. 즉위 첫날부터 피를 흘리기 싫었던 황제는 밀로라도비치 백작을 보내어 투항을 권고하였다. 그러나 백작은 민간인이 쏜 총에 사살되고 만다.

V.Timm, 데카브리스트의 반란(1853)

이 팽팽한 긴장은 해질 무렵에야 비로소 정리되었다. 새 황제 니콜라이가 정부군의 지휘권을 확보하고 발포를 명하자 반란은 간단히 진압되었다. 현장에서 병사 60여명이 사살되었고 주동자 5명은 교수형에 처해졌으며, 가담자 120여명은 귀족의 신분을 박탈당한 채 시베리아 유형길에 올랐다. 이것이 데카브리스트 혁명의 전말이다. 러시아의 구력으로 12월을 '데카브리(Декабрь)'라 부르므로, 12월에 혁명을 일으킨 이들을 '데카브리스트(Decembrist, 12월 당원)'라 칭하는 것이다.

◀ 혁명 주동자들이 처형된 자리에 남아있는 추모비
ⓒKwunYoong

▶
추모비 하단에는 그 자리에서 교수형을 당한 5인 주모자의 부조와 이름이 새겨져 있다. ⓒKwunYoong

훗날 그 뒤를 이은 치열한 러시아 혁명가들의 역사와 비교할 때 데카브리스트들의 거사는 대단히 어설픈 것이었다. 그러나 거사의 주동이 된 청년장교들은 귀족의 자제로서 평생 안락한 삶을 사는 데 아무 걱정이 없는 사람들이었다. 그런 그들이 자신의 안위를 젖혀둔 채 사회와 민중을 위해 몸을 던졌던 그 정신은 참으로 숭고한 것이었다. 이 사건은 이후 러시아 진보적 지식인들에게 영감과 열정을 끊임없이 공급하는 샘과 같은 역할을 하게 된다. 일반적으로는 이 사건은 '혁명(revolution)'이 아니라 데카브리스트의 '반란(revolt)'이라 불리고 있다. 하지만 그 숭고한 정신과 그들이 꿈꾸었던 전제군주와 농노가 사라진 새로운 세상에, 반란이란 말은 적절하지 않아 보인다. 어쨌거나 이제 10월 혁명의 여명이 밝아오는 것이다.

유럽의 헌병 니콜라이 1세와 크리미아 전쟁

잇달아 왕정이 폐지되고 공화정이 들어서는 유럽의 사정이나, 그러한 혁명의 바탕이 된 불온한 서구사상의 러시아 유입에 신경이 곤두서지 않을 수 없었던 것이 당시 러시아 차르였다. 그런 마당에 하필이면 즉위식 날 입헌군주제를 외치는 군대의 반란을 경험한 니콜라이 1세(재위 1825~55)의 심경은 어떠하였을까?

니콜라이 1세는 이상주의자였던 선왕과 달리 매우 단호한 사람이었다. 그는 서슴지 않고 강권과 억압의 반동정책을 실시하였다. 따라서 그의 치하에서

유럽의 헌병 니콜라이 1세. F.Krüger(1852)

는 군부가 크게 득세하였고 국가는 순식간에 거대한 병영으로 변하였다. 불온세력을 색출하기 위해 비밀경찰이 창설되고 유럽 유학은 금지되었으며 검열이 강화되었다. 대외적으로도 니콜라이 1세는 반동의 기수 역할을 자임하였다. 폴란드와 헝가리에 군대를 파견하여 혁명을 진압하는 등 유럽의 자유주의 운동에 사사건건 개입함으로써 그는 '유럽의 헌병'이란 별명을 얻게 된다. 당시의 세계사적 흐름과는 정반대의 길을 걸은 러시아는 이러한 반동과 쇄국으로 인해 서유럽에 비해 크게 뒤처지게 되었다.

19세기는 유럽 각국이 경제적으로는 산업혁명을 그리고 정치적으로는 시민혁명을 겪으면서 새로운 세계로 일취월장 나아가던 격변의 시기이다. 이런 상황에서 대내외적으로 시대착오적인 탄압과 간섭을 일삼던 우물 안 개구리 러시아는 니콜라이의 치세 말년에 그 혹독한 대가를 치르게 된다. 크리미아 전쟁(Crimean War 1853~6)이 발발한 것이다. 이 전쟁은 러시아와 오스만투르크가 서로 선전포고를 하며 시작되었지만, 그 본질은 러시아의 남진정책을 저지하기 위해 영국과 프랑스 등 각국이 투르크를 지원하여 벌인 전쟁이었다. 이 대규모 전쟁에는 여러 나라가 개입되었지만, 진보된 세상으로 나아가는

유럽각국의 발걸음을 사사건건 간섭하고 다닌 러시아의 편에 선 나라는 아무도 없었다. 무려 3년에 걸친 크리미아 전쟁은 나폴레옹 격퇴 이후 기고만장하여 유럽을 주름잡던 러시아가 얼마나 허깨비 같은 존재로 전락했는지를 만천하에 드러내어 보여주었다. 러시아 무기의 성능은 적국의 그것과 상대가 되지 않았고, 열악한 도로와 철도 사정으로 인해 증원군과 보급품은 제때 수송되지 못했다.

이 전쟁의 끝은 러시아의 흑해함대 기지가 있는 세바스토폴 요새에서 1854년 10월부터 벌어진 349일간의 처참한 전투였다. 연합군 측은 이 전쟁에서 승리의 열쇠가 크리미아 반도에 있다고 보고, 세바스토폴 요새를 점령함으로써 전쟁을 마무리 지을 수 있다고 판단했다. 당시 러시아의 전함은 목제 범선이었던 반면 연합군의 배는 철제 증기선이었다.

G.Baxter, 세바스토폴 전투

러시아 흑해함대의 코르니로프 제독은 이런 전력으로 연합군 함대와 맞서는 것이 불가능하다는 결론을 내린다. 그는 함대의 모든 배를 침몰시켜 항만 입구를 차단하고 무기와 병사들을 육지로 옮겨 요새를 사수하기로 한다. 1년에 가까운 시간동안 양측이 밀고 밀리는 접전을 벌이면서 요새는 초토화되고 시체는 산처럼 쌓여갔다. 양측 25만 명의 병사가 전사했으며, 연합군의 피해도 엄청난 것이었다.

사실 이 전쟁은 러시아 측 뿐만 아니라 연합군도 준비 부족과 어이없는 실수를 장군 명군으로 주고받음으로써 필요 이상의 엄청난 인명 피해를 초래한 '이상한 전쟁'으로 역사에 이름을 남기고 있다. 그러나 승리는 결국 보다 근대화된 과학기술을 활용한 연합국들에게 돌아갔다. 연합군 측은 소총의 성능이 월등했고, 기선을 활용한 전투와 보급 능력이 앞서 있었으며, 전신(電信)이라는 새로운 통신방법을 도입함으로써 신속한 교신이 가능했다. 결국 전세의 불리함을 인정한 러시아군은 모든 진지를 파괴하고 육로로 후퇴하게 된다. 세바스토폴 전투의 처절함은 포병 장교로 전쟁에 직접 참가한 청년 톨스토이의 작품 《세바스토폴 이야기(1855)》에 잘 묘사되어 있다.

러시아인들에게 엄청난 실망과 부담만 남겨놓은 전쟁을 벌여놓고 마무리하지도 못한 채 니콜라이 1세는 1855년 3월 사망한다. 그 뒤를 이은 아들 알렉산드르 2세는 파리강화조약에서 흑해를 포기하는 굴욕적 조건으로 전쟁을 종식시킨다.

농노해방, 인텔리겐차, 그리고 브나로드

크리미아 전쟁의 참담한 패배로 러시아의 대외적 위신이 실추되었지만, 내부적으로 차르의 권위도 큰 타격을 입는다. 알렉산드르 2세(재위 1855~81)는 비등한 개혁의 여론을 비켜갈 수 없었다. 그는 사회전반에 걸친 개혁을 약속하고 나름대로 최선을 다해 실행하였다. 그는 부왕과 달리 기본적으로 선량하고 온유한 사람이었다. 검열은 완화되고 시베리

I.Repin, 아무도 기다리지 않았다(1884~8). 혁명가는 유배에서 풀려나 집으로 돌아오지만, 아이들은 그의 얼굴을 잊었고 어른들은 그의 등장을 불안해한다.

아에 유배 중이던 데카브리스트들은 사면되었다. 알렉산드르 2세의 대개혁 가운데 가장 중요한 것은 민중의 오랜 숙원이었던 농노해방(1861)이었다.

러시아의 농노제도는 1649년 차르 알렉세이의 울로제니예 공표로 확립되어 17세기와 18세기에 정점에 이르렀다가 19세기 들어 점차 쇠퇴하는 모습을 보인다. 해방이전 러시아 농노의 수가 얼마였는지에 대해서는 여러 가지 설이 있다. 18C 중엽 인구 6,700만 명 가운데 5,000만 명이 농민이었고 그 가운데 4,000만 명이 농노였다는 기록이 있다. 농노가 아닌 농민들은 국가소유의 토지에 거주하는 '국가농민'들이었다. 이들은 농노에 비해서는 다소 처지가 나았으나, 반(半)예속 상태에 있기는 마찬가지였다. 그런가하면 1857년의 인구조사에서 농노는 농민의 49%, 전체인구의 34%로 나타났다는 자료도 있고, 1858년 무렵 총인구의 44.5%가 농노였다는 기록도 있다. 수치마다 다소 차이가 있으나, 이렇게 본다면 러시아에서 농노제가 존속한 기간 동안 평균적으로 국민의 절반 또는 그 이상이 농노로 살아가야 했다고 볼 수 있다.

G.Myasoyedov, 1861년 농노해방 포고문을 읽고 있는 농민들(1873)

그들은 지주의 토지를 경작하고 지대를 납부할 뿐 아니라 주 3일 이상 지주의 직영지에서 부역으로 노동을 해야 했다. 국가는 그들로부터 인두세를 걷고 병역의 의무를 부과했지만 그 대가는 아무 것도 없었다. 그들은 지주의 재산이었다. 공식적으로는 토지매매에 부수되지 않은 농노의 매매나 부당한 체벌이 금지되어 있었지만, 실제로는 그런 일이 빈번하게 발생했다.

4년간의 준비를 거쳐 단행된 역사적 농노해방은 매우 불충분한 것이었다. 절반이상의 토지가 여전히 지주의 손에 남아있었고 농민에게 할당된 토지는 부족했을 뿐 아니라 그 대금의 일부를 농민이 부담해야했다. 또한 농민공동체 '미르'의 연대책임이 강화됨으로써 농민은 공동체에 강하게 예속되었다. 농노해방조치 이후에도 지속된 이주금지조치는 1906년에 가서야 철폐된다.

G.Myasoyedov, 젬스트보의 식사(1872). 지주들이 기름진 음식을 먹는 집밖에서 해방된 농노들끼리 식사를 하고 있지만, 젬스트보에서 이들이 마주 앉아 회의를 하는 장면은 농노해방 이후 세상의 변화를 상징하는 풍경이다.

결과적으로 러시아 농노들은 해방되었으나 여전히 그 신분이 자유롭지 못했고, 경제적 부담의 증가로 궁핍이 가속화되었다. 그러나 계급 간 차별을 철폐한 이 조치가 갖는 사회적 의미는 결코 작지 않다. 해방된 농노들이 주민복지를 담당하는 자치기구 젬스트보에서 옛 주인과 마주 앉아 현안을 논의하는 장면은 변화를 가장 적절히 상징하는 그림 가운데 하나이다. 농업생산 부진으로 인해 기울어가던 귀족계급의 몰락이 농노해방으로 가속화된 반면 자본가들이 신흥세력으로 대두하면서 러시아는 이제 자본주의체제로 나아가게 된다.

데카브리스트 혁명 이후 러시아에는 사회개혁을 꿈꾸는 이상주의적 지식인들이 등장한다. 이후 볼셰비키 혁명에 이르기까지 러시아 사회에서 일어난 소용돌이의 중심이 되는 그들을 인텔리겐차(지식인)라고 부른다. 인텔리겐차는 원래 귀족의 자제들을 중심으로 구성되었으며 뚜렷한 집단의식도 없었다. 그러나 차츰 여타계급 출신들이 가담하면서 이들은 조직적 반정부세력으로 등장하게 된다. 시간이 흐르며 인텔리겐차는 노선에 따라 여러 그룹으로 세분 발전한다. 그들이 목표하는 것은 러시아 사회의 개혁이었지만 그 방향에 대한 생각은 달랐던 것이다.

슬라브주의자(슬라보필리 또는 슬라뱌노필리 славянофилы)와 서구화주의자(자파드니키 западники)의 대립을 거쳐, 19세기 중엽에는 드디어 사회주의자들이 등장하게 된다. 러시아 사회주의의 아버지 알렉산드르 게르첸(1812~70)과 아나키즘의 사도 미하일 바쿠닌(1814~76) 등이 그들이다. 이런 과정을 거쳐 나타난 인민주의(나로드니체스트보 народничество)는 그 유명한 '브나로드(в народ 인민 속으로) 운동'을 탄생시킨다.

프랑스의 2월혁명(1848)을 비롯한 유럽혁명의 좌절을 지켜본 러시아 대학생과 지식인들은 영국과 프랑스 자본주의의 비인간성에 슬픔과 분노를 금하지 못한다. 그들은 서유럽이 러시아 사회의 발전 모델이 될 수 없다고 생각하였다.

S.Korovin, 옵쉬나 회합(1893)

그들이 주목한 것은 사회주의 공동체적 속성을 갖고 있던 러시아 농민사회였다.
농촌공동체 '미르(мир 또는 옵쉬나 община)'는 러시아 사회를 이해하는 키워드 가운데 하나이다. 오랜 옛날부터 자연발생적으로 러시아 농촌에 형성된 미르는 일종의 농민자치기구이다. 각 가정의 가장들로 구성되며, 여기서 선출된 대표는 공동체의 어버이와 같은 권위를 가졌다. 농노제도 하에서도 이들은 지주와 상의하여 마을의 중요한 일들을 자치적으로 처리하였다. 예컨대 지주의 토지를 각 농가에 분배하고 노동·세금·징집 등의 의무를 각 세대에 할당하는 것도 미르의 소관이었다. 또한 마을 내부의 갈등을 해소하고 규율을 유지하며 축제나 휴일에 관한 결정을 내리는 것도 바로 이 공동체였다.

인민주의자(나로드니키)들은 농민을 계몽하여 이 농촌공동체의 전통을 살린다면 자본주의를 거치지 않고 바로 사회주의로 발전할 수 있으리라 기대하였다. 1873년에서 1875년에 걸쳐 약 2,500명의 청년 나로드니키들이 이처럼 큰 뜻을 품고 농촌의 '인민 속으로' 들어가게 된다. 이 브나로드 운동은 우리와도 무관하지 않다. 앞날이 보이지 않던 1930년대 일제식민치하의 지식인들은 러시아의 브나로드 운동에서 깊은 영감을 받았다. 그리고 동아일보사가 주축이 되어 '브나로드 운동'이란 이름의 문맹퇴치운동(1931~4)을 전개하였다. 심훈의 《상록수(1935)》는 바로 그 내용을 담고 있는 소설이다. 우리 대학생들이 지금도 맥을 이어가고 있는 농촌봉사활동의 원조도 바로 이 브나로드 운동이라 할 수 있다.

I.Repin, 선동가의 체포(1892). 나로드니키들은 농민을 계몽하려 하였으나, 농민들은 그들을 경찰에 고발하였다.

하지만 브나로드 운동의 결과는 참담했다. 당시 농노제도는 철폐되었지만 러시아 농민들은 오히려 더 무거운 짐을 지고 살아가야 했다. 그런 그들의 관심사는 오로지, '그래 요컨대 당신들이 내게 땅을 줄 수 있다는 것인가'일 뿐이었다. 청년들이 열정적으로 외치는 사회주의 교의는 그들에게 구름 잡는 소리에 불과한 것이었다. 결국 그들은 농민들로부터 배척당하고 경찰의 탄압에 철저히 궤멸되고 만다.

사람이 꿈꾸는 바를 그 사회의 제도적 틀 안에서 실현해보려다 실패하게 되면, 그리고 아무리 옴치고 뛰어도 사방이 온통 벽으로 막혀 이를 이룰 방법이 없다고 느끼게 되면, 그 절망의 늪에서 움트는 것은 이 벽을 깡그리 부수어버리고 새로운 집을 짓겠다는 생각일 것이다. 그래서 사람들은 혁명을 꿈꾸게 되는 것이다. 평화로운 브나로드 운동이 참담한 실패로 끝나자 인민주의자들의 노선은 분열한다. 그리고 이제 폭력을 수단으로 삼는 세력이 등장하게 된다. 다른 방법으로는 도저히 사회 변혁이 불가능하다는 절망의 상처가 그들을 그렇게 만든 것이다.

알렉산드르 2세의 암살 장면을 그린 드로잉(G.Broling, 1881)

크리미아전쟁의 충격적 패배 후 농노해방과 사법부 독립, 검열 완화 등 나름대로 개혁을 추진했던 차르. 그러나 알래스카를 단돈 720만 달러만 받고 미국에 팔아넘겨 두고두고 사람들의 입에 오르내리는 차르. 하지만 상대적으로 온건한 편이었던 차르 알렉산드르 2세. 그는 여러 차례 암살 위기를 넘겼지만 결국 이들 급진적 인민주의자들의 폭탄 테러로 고단했던 생을 마감한다. 국왕의 암살은 그에 걸맞는 반동을 가져오고, 이에 대한 대응은 더욱 극단적인 모습을 띠게 될 것이다. 이제 러시아에서 점진적 개혁은 불가능한 일이 되어가고 있었다.

마르크시즘의 대두

아버지가 암살되는 바람에 갑자기 황제 자리에 오른 차르 알렉산드르 3세(재위 1881~94)가 갈 길은 어느 쪽일까. 당연히 검열을 강화하며 저항세력은 샅샅이 훑어 깡그리 추방하고 유형을 보내는 극심한 반동정치였다. 이후 러시아에서는 농민들에 대한 지배가 강화되고, 분리파 구교도를 비롯한 종교적 소수자와 소수민족에 대한 차별이 극심해진다. 유태인에 대한 조직적 학살과 약탈, 즉 포그롬(pogrom)도 이때 나타난다. 그 결과 그의 치세동안 러시아는 마치 우리의 엄혹했던 제5공화국 시절처럼 내적으로는 평온하였다. 그러나 제국은 몰락의 길로 달려가는 중이었다.

우선 사회전반에서 자본주의적 발전이 시작되었다. 러시아의 산업혁명은 1830년대부터 정부의 지원 아래 방적공업을 중심으로 개시되어 철도 건설, 광업과 방직공업 발전으로 이어지고 있었다. 자본주의 발전이 왜 러시아제국 몰락의 한 요인이 되었을까? 자본주의는 '노동자'라는 새로운 계급을 탄생시킨다. 그리고 노동자에게는 참혹하였던 초기자본주의의 여건은 많은 국가에서 혁명을 배양하는 자궁과 같은 역할을 담당한다. 노동자들의 동맹파업이 빈발하면서 노사문제가 새로운 이슈로 등장하고, 이러한 토양에서 드디어 마르크시즘의 세례를 받은 사회민주주의 세력이 태동하게 되는 것이다.

15. 마침내, 러시아혁명

《자본론》의 저자 칼 마르크스는 독일에서 태어나 파리와 브뤼셀을 거치며 활동하다가 런던에서 사망하였다. 그런데 이를 바이블 삼아 지상에 최초로 사회주의국가를 실현한 것은 그 나라들이 아니라 러시아였다. 왜 그랬을까? 혁명은 삶의 전부와 목숨까지 걸어야 하는 일이다. 그러므로 마르크스의 웅변처럼 "잃을 것은 쇠사슬 뿐"이라고 느낄 때 사람들은 혁명에 뛰어들 수 있다. 혁명은 그만큼 그 사회의 모순이 클 때 불붙고, 그 불을 효과적으로 통제할 역량을 갖추었을 때 성공할 수 있는 것이다. 당시 러시아가 바로 그런 곳이었다.

나폴레옹 전쟁과 데카브리스트 혁명, 반체제적 인텔리겐차들의 조직화, 농노해방, 자본주의 발전과 노동자계급 형성의 길을 19세기 100년간 숨 가쁘게 밟아 온 러시아는 마침내 폭발한다. 그러나 거대한 제정러시아가 무너지고 새로운 체제가 수립되는 과정은 간단하지 않아서, 세 차례의 엎치락뒤치락 하는 혁명을 거쳐야만 했다. 1905년 혁명(피의 일요일 사건), 1917년 2월 혁명, 그리고 1917년 10월의 볼셰비키혁명이 바로 그것이다.

1905년 피의 일요일

기울어가는 러시아를 지키는 길은 오직 전제정치와 정교회밖에 없다고 믿었던 반동의 절정 알렉산드르 3세. 그의 아들로서 뒤를 이은 비운의 마지막 차르 니콜라이 2세(재위 1894~1917)는 무능하고 소심한 사람이었다. 어떤 사람들은 그가 평범한 신분이었다면 다정다감한 가장으로서 주위로부터 모범적인 시민이란 칭송을 들었을지도 모른다고 평가한다. 모름지기 자기 능력에 어울리지 않은 자리는 좋아하며 받을 일이 아니다. 자신과 세상을 모두 불행하게 만들므로.

마지막 차르 니콜라이 2세와 황태자 알렉세이. 옆의 인물은 차르의 딸과 조카.

개인적 인품과는 달리 그는 부왕으로부터 교육 받은 대로 시대착오적 반동정치를 이어가게 된다. 그의 무능을 틈타 국정을 전횡한 것은 온갖 드라마의 주인공으로 잘 알려진 괴승 그레고리 라스푸틴(1869~1916)이었다. 라스푸틴은 시베리아 출신의 떠돌이 수도사라는 소문이 있지만 정확한 근본을 알 수 없는 사람이다. 그런 그가 어느 날 모스크바에 나타나서 차르 부처의 마음을 단숨에 사로잡는다. 그것은 당시 왕실의 큰 근심거리이던 황태자 알렉세이의 혈우병을 완화시키는 불가사의한 능력을 그가 보여주었기 때문이다.

차르 부부에게는 여러 명의 딸이 있었지만 아들은 알렉세이 단 하나 뿐이었다. 그런 그가 한번 출혈을 하면 멈출 수가 없는 혈우병에 시달리고 있었다. 당시 의술로는 고칠 방법이 없었다. 결국 알렉세이의 목숨은 오래 가지 못할 것이고, 로마노프왕조는 후계에 관한 고민에 빠지게 될 것이다. 왕실은 깊은 근심에 잠겨 있었다. 그때 라스푸틴이란 사나이가 홀연히 나타난 것이다. 실제로 그가 기도를 하면 황태자의 출혈이 멈추었다고 한다.

일이 이쯤 되니 황제 부부로서는 라스푸틴이 신께서 보내준 사도처럼 느껴졌을 법하다. 라스푸틴에게 혼을 빼앗긴 그들은 이제 무슨 일이든 그에게 먼저 물어보고 결정을 내리는 상황에 이른다. 심지어 차르는 1차 대전의 전선에서도 황후가 보낸 "우리의 친구 라스푸틴이 이렇게 충고했다"는 편지를 읽고 나서야 그날의 진격과 후퇴를 판단했다고 전해진다. 이처럼 국정을 농단하던 라스푸틴을 권문세가들은 당연히 그냥 두고 보려 하지 않았다. 결국 그는 귀족들에 의해 살해되고 만다.

귀족들에 둘러싸인 괴승 라스푸틴(가운데 수염을 기른 사람)

궁정의 모든 여성을 정복했다는 설을 비롯하여, 라스푸틴은 살아생전에도 온갖 불가사의한 풍문에 싸였던 인물이다. 그리고 그 죽음에 관해서도 역시 불가사의한 이야기가 전해져 온다. 암살을 모의한 귀족들이 라스푸틴을 집으로 초대해 독이 든 음식을 먹였지만 전혀 죽을 기미가 보이지 않았다. 가뜩이나 악마적 능력을 가진 자로 알려진 판에 일이 이렇게 되니, 독을 먹인 암살자들이 오히려 공포에 질리게 되었다. 소동 끝에 결국 총을 여러 발 쏘았으나 죽지 않아 필사적인 구타가 있었다고 한다. 그리고 그의 육신을 네바 강에 빠트렸는데, 며칠 뒤 떠오른 시신을 부검한 결과 사인은 '익사'로 나타났다고 한다. 그렇다면 독약

라스푸틴의 전횡을 풍자한 포스터.
차르와 황후가 그의 손아귀에 있는 모습이다.

도, 총알도 그의 숨을 끊어놓지 못했다는 이야기가 되는 것이다. 물론 이것이 그의 죽음에 관한 정설이고, 이에 대한 여러 가지 다른 이야기들도 있다. 하지만 어느 것이 진실인지는 이제 와서 밝힐 방법도 없고 그리 중요하지도 않은 것 같다. 중요한 것은 이런 희한한 일까지 겹치면서 차르의 권위가 걷잡을 수 없이 추락하였다는 점이다.

러시아의 산업혁명이 진전됨에 따라 열악한 노동조건에 시달리던 노동자들의 불만이 타오르기 시작했다. 그에 따라 1890년대 이후 러시아 혁명운동의 주도권은 마르크시즘에 이념적 기반을 둔 사회민주주의자들에게 넘어가게 된다. 1895년에는 블라디미르 레닌의 '노동자계급 해방투쟁동맹'이 결성되고 페테르부르크 섬유노동자들의 총파업이 발생한다. 1900~3년 세계공황의 여파로 공업생산이 격감하고 실업이 급증하자 사회 분위기는 폭발직전의 상태에 이른다. 농촌에서 기근이 이어지자 보수적인 농민들마저도 투쟁대열에 참여한다. 차르에게는 사면초가의 상황이었다.

레닌은 1890년대 초부터 마르크시스트로 활동한다. 노동자계급 해방투쟁동맹의 동지들과 함께한 레닌(1897)

이러한 위기를 맞았을 때 위정자들이 종종 선택하는 카드는 전쟁이다. 이를 통해 국민의 관심을 외부로 돌리고 내부 결속을 강화함으로써 새판을 짜고자 하는 것이다. 니콜라이 2세는 만주와 조선에서 충돌하고 있던 만만하고 조그만 일본과 전쟁을 벌임으로써 혁명의 불길을 끄려다가 치욕적 패배를 맞게 된다(러일전쟁 1904~5). 그리고 마침내 1905년 1월 9일의 날이 밝는다.

당시 가폰 신부란 사람이 '상트페테르부르크 공장노동자모임'을 이끌고 있었다. 이 단체 자체도 정부가 불만에 찬 노동자들을 계몽하고 관리하는 어용조직이었지만, 지도자인 가폰 신부 역시 당국의 끄나풀이었다. 그의 임무는 폭발직전의 노동자들에게 적당히 맞장구를 쳐주고 구슬려 주저앉히는 것이었다. 하지만 들끓던 민심이 어느 순간 이후로는 신부와 경찰의 통제를 넘어버리고 만다. 가폰은 노동자들의 요구를 받아들여 차르에게 노동조건 개선 등을 요구하는 청원을 올리기로 한다. 이때까지만 해도 그들은 황제를 믿고 있었던 것이다. 가폰 신부는 차르에게 미리 연통을 하여, 시위대가 궁으로 찾아가겠지만 차르의 권위는 신성불가침한 것이니 염려 말고 청원을 잘 받아 주십사 부탁을 해둔 상태였. 혹한의 겨울, 눈 쌓인 일요일의 거리를 시위대가 행진하기 시작한다. 그 규모에 대해서는 30만에서 5만까지 다양한 수치들이 언급된다. 어쨌건 그들의 손에는 노동조건 개선 등을 요구하는 청원서가 들려있었다. 그들은 어리석게도 황제를 믿고 있었다. 전통적으로 러시아 국민들은 환상 속에서 황제를 어버이처럼 생각해 왔다. 그것은 하나의 신화였다. 황제는 백성을 한없이 사랑하고 자비로우시나, 그 밑의 놈들이 그 뜻을 막고 있다는 것이다. 따라서 어버이 차르께서 자기들의 사정을 알게 되면 분명히 문제를 해결해 줄 것이라고 믿어 의심치 않았다. 그래서 시위대의 손에는 차르의 초상까지도 소중히 들려있었다.

무능하고 소심한 차르는 이런 시위대를 향해 발포를 명령한다. 일요일 페테르부르크 거리의 하얀 눈 위에는 수천 명의 시신과 신음하는 부상자, 흩어진 발자국, 그리고 흥건한 피가 남았다. 그리고 또 하나, 국민들은 그곳의 벗겨져 남은 신발짝 옆에 차르에 대한 환상도 버리고 갔다. 이것이 '피의 일요일 사건'이다. 혹자는 이를 '1905년 혁명'이라고도 부른다.

공장노동자노조 지부 개소식에 참석한 가폰신부

I.Vladimirov, 피의 일요일(1905)

이제 거리낄 것 없는 인민들은 전국적 총파업을 벌이고 '노동자 소비에트'와 '전 러시아 농민동맹'을 발족시킨다. 그리고 마침내 군대에서도 반란이 발생한다. 흑해 연안에 정박한 전함 포템킨의 수병들이 일으킨 반란이다. 민심이 완전히 돌아선 것이다. 전국이 무정부상태에 빠지자 차르는 결국 굴복하여 입헌군주제로의 이행을 선언하고 언론 및 집회 결사의 자유 보장과 투표권 확대를 약속한다. 1905년 10월 17일의 일이었다. 오랜 저항 끝에 처음으로 러시아 인민들이 차르의 굴복을 받아낸 것이다. 전 러시아는 승리에 열광하였다.

I.Repin, 1905년 10월 17일(1907). 러시아 인민들은 입헌군주제를 약속한 니콜라이 2세의 포고문에 환호하였지만, 혁명의 길은 순탄하지 않았다.

1917년 2월 혁명

그러나 혁명의 길이 순탄치만은 않았다. 이후 러시아 사회는 두 진영으로 쪼개져 결전으로 치닫게 된다. 하나는 황제의 통치를 옹호하는 반동집단과 개혁에 만족하는 대지주 및 자본가의 그룹이었고, 다른 하나는 혁명세력들의 그룹이었다.

이 싸움에서 일단은 혁명세력이 수세에 몰린다. 정부는 대규모 검거로 페테르부르크 소비에트를 해체하고 농민동맹도 와해시켜 버린다. 이에 맞서 혁명 세력은 12월 모스크바에서 대규모 봉기를 일으키지만 실패로 돌아가고, 뒤이어 각지에서 발생한 봉기도 무참히 진압된다. 폭동진압대와 극우민족주의자 집단 '검은 100인조'는 러시아 전역에서 혁명 가담 용의자를 색출하여 재판도 거치지 않고 처형하였다. 불과 몇 주만에 러시아 전역에서 불온인사 2만여 명이 처형되었다는 기록이 있다. 이후 혁명은 한동안 수면 아래로 잠복하여 훗날을 기약하게 된다.

그로부터 한동안 정국을 주도한 사람은 총리 표트르 스톨리핀(1862~1911)이었다. 대자본가·대지주·부농의 지지를 바탕으로, 그는 무늬뿐인 입헌군주제를 도입하고 탁월한 능력으로 혁명세력을 탄압하였다. 그러나 역사의 흐름을 그가 되돌릴 수는 없었다. 스톨리핀은 거듭 무리수를 두다가 1911년 암살되고 만다.

정부의 극심한 탄압으로 당시 사회주의 정당들의 지방조직은 괴멸상태에 놓여 있었다. 그리고 그 속에서 사상적 혼돈과 알력이 심화되어, '볼셰비키(다수파)'와 '멘셰비키(소수파)'라는 분파가 발생한다.

B.Kustodiev, 볼셰비키(1920)

양자 가운데 마르크스의 이론에 보다 충실한 것은 멘셰비키였다. 마르크스에 의하면 궁극적 목표인 '프롤레타리아 혁명' 그러니까 노동자와 같은 무산자(無産者)들의 혁명이 성사되기 위해서는, '부르주아 혁명'이 먼저 발생해야한다. 즉 프랑스혁명과 같은 시민혁명을 일단 거쳐야 한다는 것이다. 그리고 시간이 흘러 자본주의의 모순이 극점에 이르면 비로소 궁극적 혁명의 시기가 도래하게 된다는 것이다.

교과서에 충실한 멘셰비키는, 따라서 이번 혁명의 주역을 부르주아 시민들에게 맡기고 노동자들은 뒤로 물러서야 한다고 보았다. 그러나 볼셰비키는 마르크스의 이론에 굳이 얽매일 필요가 없다고 주장했다. 부르주아 혁명을 거치지 않고 바로 프롤레타리아 혁명으로 갈 수도 있다는 것이었다. 레닌이 이끄는 볼셰비키는 처음에 소수파였으나, 1903년 제2차 당 대회를 기점으로 볼셰비키 즉 '다수파'가 되었다. 시민혁명 단계를 거쳐야 한다고 본 멘셰비키의 투쟁방식은 상대적으로 민주적인 것이었다. 반면에 바로 프롤레타리아 혁명으로 가야한다는 볼셰비키의 투쟁방식은 폭력적 정권탈취였다. 이러한 노선의 차이로 인해 양자는 극심하게 대립하게 된다.

그러나 혁명으로 달려가는 열차 러시아를 정지시킬 수 있는 것은 없었다. 1910년대 중반에 이르면서 정세가 변하고 혁명세력들에게 다시 기회가 찾아오게 된다. 정체되었던 산업이 다시 부흥하면서 생산과 자본의 집중이 더욱 심화된다. 금융은 몇몇 사람의 손에 의해 좌우되고, 활발한 해외자본의 유입으로 유럽자본이 주요산업을 장악하게 된다. 이에 따라 인민의 궁핍은 가속화되고, 금광·농촌·군대·공장 등 도처에서 투쟁이 재개된다.

차르 니콜라이 2세는 이러한 위기를 다시 한 번 전쟁으로 돌파하려 했다. 1914년 7월 러시아는 제1차 세계대전에 참전하게 된다. 그러나 차르의 기대와는 달리 이로 인해 러시아에는 오히려 혁명적 정세가 조성되었다. '세계대전'은 과거의 전쟁들과 달랐다. 전쟁에 뛰어든 국가들도 많았지만, 과학 기술의 발전에 따라 대량살상 무기가 등장하게 됨으로써 전쟁의 피해는 전과 비교할 수 없이 막심하였다. 참전으로 1916년 말까지 5백만 이상의 러시아 병사가 죽거나 다치고 국민경제는 파탄에 빠졌다. 노동자는 파업에 들어가고,

군대 내에도 혁명조직이 생겨나 항명을 일삼았으며, 중앙아시아에서는 수백만이 참여하는 민족봉기가 발생하였다. 이런 가운데 무능한 황제를 제쳐놓고 괴승 라스푸틴과 황후가 국정을 전횡함으로써, 지배층 내에서도 황실의 권위가 급락하게 되었다.

1917년 2월, 시위에 참여한 페테르부르크 노동자들

1917년에 들어서자 파업은 더욱 격화되고, 수도는 무정부 상태에 빠진다. 그해 2월, 노동자 총파업과 시위가 발생하면서 수도의 대부분 병사들이 시위에 가담하였다. 군대가 시위를 한다면 그 권력은 더 이상 유지되기 힘들다. 3월 15일 마침내 차르는 퇴위를 선언하고 로마노프왕조와 제정러시아는 역사의 뒤안길로 사라지고 만다. 이것이 러시아의 '2월 혁명'이다.

퇴위 후 차르스코예 셀로에 억류되어 있던 니콜라이 2세

1917년 10월, 레닌과 볼셰비키 혁명

비록 제정은 종식되었으나 한동안 권력은 새로운 주인을 찾지 못하였다. 당시 소비에트의 다수를 차지하고 있던 타협파 사회주의자들은 마르크스 이론에 입각하여 부르주아지에게 자발적으로 권력을 양도하였다. 이로써 자본가 및 지주들로 구성된 임시정부와 노동자 및 병사 소비에트의 혁명세력이 권력을 나누는 불안한 '이중권력'이 탄생하였다.

그러나 두 차례 혁명의 성공으로 러시아 사회에는 엄청난 변화의 물결이 들이닥친다. 이러한 사태를 이끌어왔던 혁명가들 자신도 통제할 수 없는 사태가 발생한 것이다. 세상을 바꾼 자신감에 충만한 민중은 기존의 모든 권위를 부정하였다. 비록 상대가 어제까지 자기들이 추종하던 혁명가라 하더라

블라디미르 일리치 레닌

도, 민중은 자신이 납득할 수 있는 경우에만 그 권위를 인정하였다. 그리고 그 권위를 인정받은 것은 볼셰비키의 블라디미르 일리치 레닌(1870~1924)이었다.

그의 본명은 블라디미르 일리치 울리야노프이다. 교육자의 집에서 태어난 그가 혁명가가 되기로 결심한 것은, 1887년 나로드니키(인민주의자)였던 형 알렉산드르가 알렉산드르 3세 암살을 모의한 혐의로 처형되면서 부터였다. 레닌은 1889년 무렵 마르크스주의의 세례를 받는다. 그로 인해 5년간 시베리아에서 유배생활을 치르고 1900년 석방되자 독일로 망명한다. 뮌헨에서 사회민주노동당 기관지 '이스크라(불꽃)'를 창간하였고, 이듬해인 1901년부터 '레닌'이라는 필명을 사용하기 시작하였다.

1903년은 레닌과 러시아 마르크시스트들이 잊을 수 없는 해였다. 런던과 브뤼셀에서 열린 러시아 사회민주노동당 제2차 당 대회에서 노선투쟁을 겪으며 사회주의자들의 내부 분열이 있었기 때문이다. 마르토프가 이끄는 그룹은 마르크스의 교과서에 나오는 것처럼

부르주아 혁명을 거친 후에야 프롤레타리아 혁명이 가능하다고 주장했다. 반면 레닌을 추종하는 그룹은 마르크스의 이론에 얽매일 필요 없이 프롤레타리아 혁명으로 직행할 수 있다고 주장했다. 결국 표결에서 레닌측이 승리하였고, 그들은 그때부터 자신들을 '볼셰비키' 즉 '다수파'로 부르게 된다. 레닌은 1905년 '피의 일요일 사건' 이후 러시아로 돌아왔으나, 1907년 탄압을 피해 두 번째 망명길에 올라 스위스에 머물렀다. 그리고 그곳에서 1917년 2월 혁명을 맞게 된 것이다.

러시아 민중은 인텔리겐차 혁명가들에 의해 점차 의식화되고 그들의 지도로 이만큼 세상을 바꾸었다. 하지만 사람들은 더 이상 그들을 맹목적으로 따르지 않았다. 그 이유는 무엇보다도 자본가와 자유주의자들의 임시정부가 당장 민중이 원한 자유와 빵과 토지를 줄 수 없었기 때문이었다. 그리고 사회혁명당과 멘셰비키가 주축이 된 소비에트는 사실상 그런 임시정부를 지지하였다.

이전 같으면 좀 불만스럽더라도 그럴만한 이유가 있겠거니 하고 넘어갔겠지만, 차르를 쫓아낸 자신감에 찬 민중은 그럴 생각이 없었다. 민중은 자신들의 요구를 채워주지 못하는 이들로부터 등을 돌렸다. 그리고는 직접 나서게 된다. 임시정부와 멘셰비키에 맞서는 노동자·병사·농민 소비에트가 각지에서 탄생하고, 노동자와 농민은 누구의 지시도 없이 자발적으로 도처에서 공장과 토지를 접수하기 시작했다.

스위스에서 망명 중이던 레닌은 이런 소식을 듣고 결정적 기회가 왔다고 판단했다. 온갖 고난 끝에 다가온 이 기회를 놓치지 않으려면 신속히 귀국하여 진공상태에 있는 권력을 장악해야만 했다. 하지만 그의 귀국길은 장벽에 가로막혀 있었다. 당시 스위스에서 상트페테르부르크로 돌아가려면 독일 땅을 통과해야만 했는데, 독일과 러시아는 1차대전의 적국으로 서로 전쟁을 치르는 중이었기 때문이다.

여기서 레닌은 적국 독일에게 자신이 러시아로 돌아갈 수 있도록 길을 열어줄 것을 과감하게 요청한다. 독일은 고민에 빠졌다. 레닌이 러시아로 돌아가는 것 자체는 독일로서 크게 환영할 일이었다. 왜냐하면 볼셰비키는 러시아의 1차대전 참전을 반대하는 입장이었으므로, 레닌이 돌아가 권력을 잡으면 러시아는 전쟁에서 이탈할 가능성이 높았다.

그러면 연합국의 중요한 축 하나가 빠져버리는 것이니 독일로서는 전쟁이 매우 수월해지는 것이다. 그런데 문제가 그리 간단하지가 않았다. 독일의 고민은, 레닌의 무리에게 독일을 통과하도록 허용했을 때 그들 중 일부가 국내로 잠입하여 붉은 사상을 유포할지도 모른다는 것이었다. 독일의 빌헬름 2세는 러시아에서 제정이 무너지는 것을 두 눈으로 똑똑히 보았다. 그로서는 전쟁에서 이기는 것도 중요하지만, 마르크시스트들의 잠입을 막는 것도 그 못지않게 중요한 일이었던 것이다.

고민 끝에 찾은 묘수는 바로 '밀봉열차(Sealed Train)'였다. 독일 땅을 통과하되, 중간에 아무도 내릴 수 없도록 봉인한 열차를 타고 가도록 한 것이다. 1917년 4월 레닌은 30여 명의 동지들과 함께 스웨덴과 핀란드를 거쳐 페테르부르크의 핀란드 역에 도착하였다. 그곳에는 열광적인 지지자들이 그를 기다리고 있었다.

핀란드 역에 도착한 레닌과 지지자들

레닌은 곧바로 그 유명한 '4월 테제(April Theses)'를 발표한다. '당면 혁명에서의 프롤레타리아의 임무'라는 이름으로 10개항의 과제가 열거되어 있지만, 그 핵심은 '모든 권력은 소비에트로 모으라'는 지시였다. 그럼으로써 '부르주아지에게 권력을 넘겼던 혁명 1단계에서, 프롤레타리아와 빈농이 권력을 장악하는 혁명 2단계로 바로 넘어가야 한다'는 것이었다.

레닌의 이러한 선언은 혁명의 교과서였던 마르크스의 이론을 수정하는 매우 과격한 것이었다. 따라서 당시 혁명세력 안에서조차도 일부 급진파를 제외하고는 거의 경악하는 반응을 보였다. 한동안 러시아 정가는 벌집을 쑤셔놓은 것처럼 난리가 났다. 레닌은 '독일의 첩자'라는 중상모략에 시달렸고, 이만큼 이루어 놓은 판을 엎어 다 잃게 만들 것이란 분노에 찬 공격도 받았다. 하지만 레닌은 과연 레닌이었다. 그는 논리와 달변과 열정으로 놀랍게도 3주 만에 볼셰비키의 생각을 바꾸어놓는다. 무엇보다도 민중은 이미 레닌의 편이었다. 그들이 원하는 자유와 빵과 토지를 지금 바로 주겠다는 사람이 바로 레닌이었기 때문이다.

1917년 7월 자발적으로 무장한 군인과 노동자들이 혁명세력의 편에서 임시정부와 맞서 발포하였다. 1917년 7월 4일 페테르부르크 네프스키 대로에서 기관총 사격에 흩어지는 군중들

러시아혁명

우여곡절 끝에 맞은 1917년 10월 25일. 레닌이 주도하는 볼셰비키는 무혈혁명에 성공하고 세계최초의 사회주의 정권이 수립된다. 역사는 이를 '10월 혁명', 또는 '볼셰비키혁명'이라고 부른다.

단란했던 마지막 황제의 가족. 가장 어린 여자아이가 아나스타샤이다.

한편 차르스코예 셀로에 억류되어 있던 마지막 황제 니콜라이 2세와 그 가족들은 우랄지역 토볼스크를 거쳐 1918년 7월 예카테린부르크로 다시 옮겨진 후 총살되었다. 그리고 인근 숲에 비밀리에 매장되었다. 세월이 지난 지금 무능한 황제가 인민들에게 끼친 피해는 사람들의 머릿속에 남아있지만, 세상을 모르는 다섯 자녀를 거느린 몰락한 가장의 가련한 최후는 사람들의 가슴속에 남아있다. 혁명군 병사들은 그들을 매우 심하게 다루었으며 황녀들은 밤에 방문조차 잠글 수 없었다고 전해진다. 사람들은 드라마틱한 그들의 최후에서 마지막 황녀 아나스타샤가 극적으로 살아남았다는 전설을 만들어 내기도 한다.

그들이 매장되었던 숲에는 한동안 아담한 목조성당이 자리하고 있었으나 현재 웅장한 교회가 세워져 그들을 기리고 있다. 소련 붕괴 후 러시아 정부는 유해를 발굴하고 DNA 검사를 통해 이를 니콜라이와 그 가족들로 확인하였다. 그들이 죽은 후 80년이 되던 1998년 7월 17일 그날에는 옐친 대통령과 각국 사절들이 참석한 가운데 니콜라이 2세와 일가족의 유해를 상트페테르부르크의 페트로파블로프스크 성당에 안장하는 의식이 거행되었다. 그리고 니콜라이 2세는 러시아정교회의 성인으로 추대되었다. 러시아정교회는 그를 '신앙을 수호하려다 순교한 성인'으로 인정하였다. 시대의 흐름을 알지 못하고 어울리지 않는 자리에 앉아 수많은 희생을 치르게 만든 그가 이제 성인이 된 것이다.

제5편 혁명 전야의 예술

16.
국민시인 푸시킨

17.
야스나야 폴랴나의 성자 톨스토이

18.
문제적 인물 도스토예프스키

19.
무소르그스키와 차이코프스키

20.
러시아 발레, 발레 루스

21.
러시아 미술의 위대한 파트롱, 트레차코프와 마몬토프

16. 국민시인 푸시킨

예술이 반드시 고통의 산물이어야 하는 것은 아니다. 그러나 시대를 초월하여 사랑받는 걸작은 사회적 모순과 작가의 고뇌 속에서 탄생하곤 한다. 그런 점에서 보면 19세기의 러시아는 위대한 예술작품을 잉태하는 자궁과 같은 존재였다. 혹독한 전제정치와 농노제의 유산에 질식하면서도 민족의식과 사회개혁 의지에 충만했던 러시아인들은 예술·과학·사상에서 당대 최고수준의 성과를 내게 된다.

이 시대에 나타난 예술가들 가운데 우리에게 잘 알려진 인물들만 짚어보더라도, 1820~30년대에는 국민시인 푸시킨과 소설가 고골, 1840년대에는 문호 투르게네프, 거장 톨스토이와 도스토예프스키, 1860년대에는 음악가 무소르그스키, 림스키-코르사코프 그리고 차이코프스키, 1880년대 이후에는 작가 체호프와 고리키 등 손꼽아야 할 사람이 하나둘이 아니다. 이들은 격동에 휩싸인 조국의 현실과 서로 영향을 주고받으며 시간이 지나도 사람들의 가슴 속에 자리하고 있는 걸작들을 남겨놓았다. 그리고 세기말 러시아 예술의 귀중한 파트롱(patron, 후원자) 역할을 했던 두 사람, 사바 마몬토프와 파벨 트레차코프도 반드시 기억해야 한다.

러시아인들의 푸시킨 사랑

삶이 그대를 속일지라도
슬퍼하거나 노하지 말라

슬픈 날엔 참고 견디라
즐거운 날이 오고야 말리니

마음은 미래에 살고
현재는 한없이 우울한 것

모든 것 순식간에 사라지나
지나가 버린 것은 그리움이 되리니

– 푸시킨, 《삶이 그대를 속일지라도》 전문

'이발소'를 아는 세대에게는 그 벽을 장식하던 '이발소 그림'들에 대한 추억이 있다. 초가집과 물레방아 같은 것들이 등장하고, 개울가에는 강아지도 한 마리 놀고 있는 모습이 그 표준적 구도가 아닐까. 그림만 있으면 심심하니 여백에는 시 한 구절이 떠있는 수가 많다. 제일 빈번하여 기억에 남는 것이 바로 러시아 천재시인 푸시킨의 작품, 《삶이 그대를 속일지라도》의 첫 구절이다.

O.Kiprensky, 시인 알렉산드르 푸시킨의 초상(1827). 푸시킨의 아프리카 혈통은 외모에서 잘 드러난다.

알렉산드르 세르게예비치 푸시킨(1799~1837)은 세월이 흘러도 변함없이 사랑받고 있는 러시아 최고의 시인이다. 그는 어려서부터 천재적 시작(詩作)으로 명성이 자자했고, 《예브게니 오네긴》, 《대위의 딸》과 같은 소설도 남겼을 뿐 아니라, 그의 희곡 《보리스 고두노프》는 훗날 무소르그스키에 의해 러시아의 대표적 오페라로 만들어지기도 했다. 여기서 꼭 기억해야 할 것이 있다. 이처럼 푸시킨은 문학의 모든 장르를 넘나들며 걸작들을 남겼지만, 그의 가장 중요한 업적은 이러한 작품들 자체가 아니라는 점이다. 푸시킨의 가장 큰 기여는 바로 이러한 문학작품들을 통해 러시아 언어를 근대문학에 적합하게 발전시킨 것이다. 그것이 러시아에 '푸시킨 시(市)'·'푸시킨 광장'·'푸시킨 박물관'이 만들어지고 곳곳에 그의 동상이 세워진 이유이다.

문학작품에서 문장은 단순히 의미를 전달하는 기호들의 조합이 아니다. 같은 식재료를 사용하더라도 요리하기에 따라 완전히 다른 음식이 만들어질 수 있듯이, 같은 메시지도 어떤 문장으로 표현하느냐에 따라 전혀 다른 풍미를 갖게 된다. 이런 문학작품을 다른 나라 언어로 번역하는 것은 제2의 창작에 가깝다. 산문에 비해 운율과 시어의 느낌이 중요한 운문의 경우 번역의 어려움은 더 커진다. 바이런이나 보들레르의 번역시를 읽었을 때 그 명성에 비견할 감동을 쉽게 느끼지 못하는 것은 우리의 감수성을 탓할 일이 아니다. 그만큼 번역시가 본래의 맛을 온전하게 전달하는 것은 지난한 일이다. 대부분이 운문인 푸시킨의 작품들보다 톨스토이나 도스토예프스키의 소설들이 우리에게 더 큰 무게로 다가오는 것은 이런 사정과 무관하지 않을 것이다. 그러나 러시아 본고장 사람들의 푸시킨에 대한 흠모는 다른 사람들에 대한 애정과 차원이 달라 보인다.

모스크바 푸시킨 광장의 동상 ⓒKwunYoong

러시아 민족 언어의 확립

그는 1799년 모스크바에서 퇴역장교인 아버지와 에티오피아계 혈통의 어머니 사이에서 태어났다. 외증조부는 현재의 에티오피아인 아비시니아 출신 흑인 노예로서 표트르 대제의 총애를 얻어 프랑스에서 교육을 받고 귀족 지위에까지 오른 사람이다. 푸시킨의 초상화를 보면 구레나룻, 코와 입술의 모양에서 아프리카계의 흔적이 완연하다. 이처럼 이민족적 특성이 외관상으로도 쉽게 드러나는 사람이 러시아의 민족 언어에 가장 두드러지게 기여했다는 사실은 하나의 아이러니이다.

푸시킨이 작품을 통해 러시아 언어를 발전시켰다는 말은 단순히 아름다운 모국어 어휘를 발굴하여 작품에 사용한 수준을 넘어서는 일이었다. 믿기 어렵겠지만 푸시킨 이전까지 러시아에는 민족문학이라 할 만한 작품이 별로 없었다. 잡지나 신문이 부족했고 독자층이 두텁지 못했다는 사실을 그 이유로 들 수 있지만, 더 중요한 문제는 러시아에 문학적 표현을 제대로 담을 수 있는 적절한 언어가 없었다는 사실이다. 서구작가들이 일상의 언어로 글을 쓰는 것과는 달리 러시아에서는 문어체가 따로 있었는데, 이는 문법이나 철자법이 모호한 언어였으며 귀족이나 농민들이 쓰는 말과도 동떨어져 있었다. 귀족들은 가족끼리도 프랑스어로 대화하였고, 학교에서 러시아어를 쓰면 벌을 받는 경우도 있었다고 한다. 푸시킨조차도 8세에 최초로 쓴 시는 프랑스어로 된 것이었다. 그러다 보니 러시아에서 태어난 귀족들도 러시아어에 서투른 경우가 많았다. 그런 한편 하층민들이 쓰는 러시아어는 유치하고 단순하여 문학적 표현을 담기가 불가능하였다.

이런 문제는 비단 문학에만 한정된 것이 아닌, '표준어'에 관한 문제였다. 18세기 중반의 '러시아어'는 공식적 관제어, 차용된 외국어, 지역 방언을 포함한 일상어 등이 혼재하여 '표준어'라는 개념이 존재하지 않았다. 18세기 후반 들어 표준어를 정립하려는 노력이 작가 니콜라이 카람진(1766~1826) 등에 의해 전개되었으나 뚜렷한 성과를 올리지 못하고 있었다. 이런 상황에서 푸시킨이 구어체에 기반을 둔 풍성한 문학 언어로 주옥같은 작품들을 남김으로써 비로소 러시아의 민족 언어를 제대로 확립한 것이다. 이는 러시아 사람들이 대를 이어 기억할 만한 업적이다. 혈통도 순수 러시아계라 할 수 없고 어릴 적부터 프랑스식 학교교육을 받은 푸시킨. 그런 그가 러시아인으로서의 영감을 담은 작품들을 러시아적 표현으로 남길 수 있었던 것은, 어린 시절 농민 유모가 들려준 민담과 노래들의 영향이 컸을 것으로 이야기된다.

I.Repin, 푸시킨의 기숙학교 시험(1911). 어린 천재 푸시킨은 최고의 엘리트 학교인 차르스코예셀로 기숙학교 기초과정 수료시험에서 《차르스코예셀로의 추억》이란 시를 낭독하여 백발의 노시인 가브릴라 데르자빈을 감동시킨다.

개혁을 갈망하다

'국민시인' 푸시킨은 길지 않은 삶 동안 수많은 문제작들을 남겼다. 러시아에서 19세기는 혁명으로 달음질해가는 격동의 시기였다. 거듭된 시민혁명으로 근대사회가 형성되어가고 있던 유럽과는 달리, 러시아에서는 강압적 전제정치와 혹독한 농노제도 아래에서 국민들이 기진할 정도로 핍박받고 있었다. 푸시킨의 작품 전반에 흐르는 주제는 19세기 러시아의 이러한 전제정치와 농노제에 대한 강한 비판이었으며 개혁에의 호소였다.

1817년 18세 때 쓴 시 《자유》에서 그는 "그대의 재위를 나는 증오한다 / 사무치는 즐거움으로 / 나는 그대가 몰락하는 모습을 / 그대의 죽음과 시체를 지켜보리라"라고 차르의 전제를 직설적으로 저주하고 있다. 또한 시 《농촌》에서는 농노제의 붕괴를 염원하고 있다. 이런 푸시킨을 차르가 달가워할 리가 없었으므로 그는 1820년 북쪽 프스코프 인근으로 추방된다.

나폴레옹 전쟁을 겪으며 조국과 민중에 대한 사랑에 눈을 뜬 그는 데카브리스트들과도 긴밀히 교류하였다. 일설에는 데카브리스트 가운데 그의 친척이 25명이었고, 친구가 56명이었다고 한다. 그는 온갖 노력 끝에 페테르부르크로 복귀하지만 죽을 때까지 비밀경찰의 감시와 검열의 대상으로 살아야 했다.

이런 가운데에서도 그는 《예브게니 오네긴》, 《청동기사》, 《폴타바》, 《대위의 딸》 등 걸작들을 속속 발표하였다. 평론가 비사리온 벨린스키(1811~1848)는 러시아 문학에서 푸시킨이 갖는 위상을 이렇게 표현하고 있다. "푸시킨에 대해 쓰는 것은 러시아 문학 전체에 대해 쓰는 것과 같다. 푸시킨 이전의 작가는 푸시킨으로 모아지고, 푸시킨 이후의 작가들은 푸시킨으로 설명할 수 있기 때문이다."

차르스코예셀로 학교 인근의 푸시킨 동상 ⓒKwunYoong

삶이 그대를 속일지라도

푸시킨의 공적생활은 이처럼 장렬한 것이었다. 우리는 충무공이나 안중근 의사처럼, 공생활이 훌륭한 만큼 사생활도 그에 어울리게 흠결 없는 위인들의 이야기를 익히 들어왔다.

따라서 이쯤 되면 푸시킨의 사생활 역시 장렬하고 아름다운 것이었으리라 기대할 만하다. 그러나 사실은 별로 그렇지 못했다. 그는 감정적이고 경솔한 사람이었다고 한다. 그러다보니 그와 교류하였던 데카브리스트들도 불안한 그를 거사의 모의에서 배제하였다. 또한 그는 카드 도박의 명수였으며, 여성에 대해서도 일찍부터 눈을 떠 그 편력이 대단하였다. 푸시킨은 거쳐 간 여성들 가운데 기억할 만한 사람들을 자신의 '돈 후안 리스트'에 올려두기도 했다. 나탈리아 곤차로바와의 약혼이 성사되었을 때 지인에게 쓴 편지에서 그는 나탈리아가 자신의 113번째 사랑이라고 말했을 정도였다.

우리나라의 대학로쯤에 해당하는 모스크바의 유명한 문화거리 아르바트 끝자락에는 푸시킨 기념관이 있다. 그곳은 그가 한 달간 신혼시절을 보낸 장소이다. 푸른색 외벽의 기념관 건너편에는 부부의 동상이 서있다. 러시아 곳곳에 푸시킨의 기념상은 많고 많지만 이 동상은 특이한 면이 있다. 우선 부부를 함께 세워놓았다는 점, 그리고 다른 동상들에 비해 주변 환경이 상당히 스산하다는 점이 그렇다. 푸시킨의 순탄치 않았던 결혼 생활을 아는 사람이라면 부부가 이렇게 함께 서있는 모습에서 여러 가지 생각을 떠올리게 된다.

모스크바 아르바트 거리의 푸시킨 부부 동상 ©KwunYoong

길지도 않은 푸시킨의 삶은 고뇌로 가득 찬 것이었다. 차르의 압제라는 당대 현실에 대한 고뇌도 있었지만, 넉넉지 못한 경제 사정으로 인한 현실적 고민이 줄곧 그를 괴롭혔다. 1828년 16세 소녀 나탈리아 곤차로바를 처음 본 29세의 푸시킨은 그 빼어난 미모에 바로 매혹되었다. 그러나 그의 간절한 구혼은 쉽게 답을 얻지 못했다. 찢어지게 가난한 나탈리아 집안에서 딸에 어울리는 지참금을 원했기 때문이다. 천재시인으로서의 명성은 어릴 적부터 자자했으나 원래 넉넉지 않은 집안에서 태어나 빚만 잔뜩 안고 있던 푸시킨은 그런 기대에 답할 수 없었다. 우여곡절 끝에 약혼을 하고도 결혼은 몇 차례나 연기되었고, 결국 푸시킨이 온전히 자신의 것도 아닌 부친의 영지를 담보로 빚을 얻어서야 지참금 문제를 겨우 해결할 수 있었다.

결혼 후에도 이 위대한 시인은 경제적 문제로부터 벗어날 수 없었다. 유일한 수입원이었던 저작의 출판은 순조롭지 못했다. 당국의 검열도 문제였지만 작가 자신의 요구수준이 너무 높아 출판사들의 기피 대상이 된 탓도 있었다. 빚은 늘

당대 최고 미모를 자랑한 푸시킨의 아내 나탈리아. I.Makarov(1849)

어만 갔다. 푸시킨은 영혼의 자유와 가족에 대한 경제적 의무감 사이에서 늘 고통 받아야 했다. 차르는 아름다운 나탈리아를 궁정에 들이기 위해 푸시킨을 시종으로 임명하였고, 시인은 이에 큰 굴욕감을 느꼈지만 오히려 차르의 자금지원까지 받고 채무자로 종속되는 처지로 전락한다. 그 사이에 아내 나탈리아는 무도회의 여왕으로 떠올랐고, 뭇 남성들뿐 아니라 차르와의 염문까지 공공연하게 떠돌고 있었다. 푸시킨은 이러한 불행과 우울 속에서 《보리스 고두노프》, 《청동기사》, 《대위의 딸》과 같은 걸작들을 남겼다.

남편의 고뇌는 아랑곳하지 않고 나탈리아는 사교계의 칭송을 즐겼다. 그녀가 최고의 바람둥이는 아니었을지 모르나, 외도와 염문과 가십으로 점철된 당대 러시아 상류사회의 일반적 수준보다 특별히 도덕적이었던 것 같지는 않다. 체제비판적인 글과 비사교적인 태도로 인해 러시아 궁정과 상류사회에 너무 많은 적을 두고 있었던 푸시킨에게 사교계 생활을 즐기는 절색의 아내는 치명적 화근이었다. 페테르부르크를 떠도는 아내와 차르의 염문을 어쩔 수 없이 참고 지내던 푸시킨은, 프랑스 출신 귀족 조르주 단테스가 공개적으로 나탈리아에게 치근덕거리자 결국 폭발하고 만다. 푸시킨은 스스로 신청한 결투에서 아내의 연인으로 알려진 단테스의 총을 맞고 이틀 만에 사망한다.

여기서 흥미로운 사실이 있다. 단테스가 나탈리아의 언니 예카테리나의 남편이었다는 것, 즉 이것이 동서간의 결투였다는 것이다. 당시 러시아 귀족사회 남녀의 행실이 아무리 분방했다 하더라도 이런 막장 드라마까지 있었을까 싶을 것이다. 팩트는 틀림이 없지만, 좀 복잡한 사정이 있다.

아내의 염문 때문에 속이 곪을 지경이었던 푸시킨에게 발신자를 알 수 없는 편지가 도착한다. 그를 간통한 여자의 남편으로 조롱하는 내용이었다. 전후 맥락에서 볼 때 편지를 보낸 범인은 단테스가 틀림없다고 푸시킨은 생각했다. 아내의 부정을 부인하고 명예를 지켜주기 위해서 그가 할 수 있는 일은 결투 신청뿐이었다. 상황이 이렇게 되자 단테스의 러시아인 양아버지와 나탈리아의 부모는 서둘러 단테스를 나탈리아의 언니 예카테리나와 결혼시킨다. 그가 좋아한 것은 나탈리아가 아니라 언니였고 세상에 떠도는 이야기는 다 헛소문이란 알리바이를 위해서였다. 이로써 상황이 수습되는 듯했지만, 주변에 널린 적들은 또 다른 편지로 푸시킨을 기어코 막다른 골목으로 몰아가고야 만다. 결국 결투였다.

A.Volkov, 푸시킨과 단테스의 결투(1869)

1837년 1월 27일, 그날은 두 사람이 동서가 된 지 17일째 되는 날이었다. 페테르부르크 눈밭 위에 마주선 두 사람은 상대가 죽을 때까지 총을 쏘기로 합의했다. 이날의 결투에 대해서는 여러 가지 이야기가 있다. 그중 하나는, 당시의 결투방식이 서부극에 나오는 것처럼 두 사람이 동시에 총을 쏘는 것이 아니라 제비를 뽑아 순서대로 한발씩을 발사하는 방식이었다는 것. 그래서 단테스가 제비뽑기에서 선을 잡았을 때 이날의 결투 결과는 사실상 이미 결정이 났다는 것. 무슨 이유인지 그 결투에서 두 사람 간의 거리는, 유럽 일반적 관례의 절반밖에 안 되는 10미터 정도였다는 것. 이런 이야기이다. 또 다른 이야기도 있다. 비겁한 단테스가 반칙으로 먼저 총을 쏘는 바람에 푸시킨이 당했다는 것이다. 그간의 단테스의 행적으로 보아 충분히 그럴 만한 사람일 것 같기도 하고, 위대한 시인의 생명을 앗은 그에 대한 증오로 사람들이 만들어낸 이야기일 수도 있을 것 같다.

아무튼 푸시킨은 단테스의 첫발로 복부에 치명상을 입었고, 쓰러진 상황에서 쏜 복수의 총알은 고작 단테스의 팔을 맞혔을 뿐이었다. 글 쓰는 것밖에 모르는 시인을 이렇게 결투로 몰아넣다니 너무 비겁하지 않은가 하는 비난은 여기서 적절하지 않은 것 같다. 사실은 푸시킨도 결투의 명수여서 이전까지 여러 번 상대들을 이긴 경력이 있었다고 한다.

맞닿지 않은 손

군중의 소요를 우려하여 당국은 푸시킨의 시신을 공개하지 않았다. 그의 주검은 신속하게 프스코프의 수도원으로 옮겨져 변변한 장례식도 없이 어머니 곁에 안치되었다. 총을 맞고 숨을 거둘 때까지 매우 고통스러웠을 그 이틀 동안 푸시킨의 마음은 어떠했을까. 삶이 자신을 속였을지라도 슬퍼하거나 노하지 않고 조용히 죽어 갔던 것일까.

푸시킨이 세상을 떠난 지 7년 후인 1844년, 나탈리아는 군인 표트르 란스코이와 재혼하여 세 딸을 낳는다. 어떤 사람들은 나탈리아가 차르 니콜라이 1세의 정부가 되었으며, 새 남편 란스코이가 결혼 후 승승장구한 것이 그 증거라고 이야기하기도 한다. 아무튼 러시아 국민들은 사랑하는 푸시킨을 잃은 것이 나탈리아 때문이라고 믿었으므로, 그녀는 살아생전 내내 길거리를 가다가도 모욕을 당하는 괴로움을 견뎌야 했다고 한다. 심지어 51세의

란스코이의 아내로 묻힌 나탈리아의 무덤 ⓒKwunYoong

나이로 한 많은 삶을 마감했을 때도 사람들은 그 무덤에 돌을 던졌다는 이야기가 있다. 그녀는 상트페테르부르크의 알렉산드르 네프스키 수도원 묘지에서 란스코이 곁에 잠들어 있다. 그녀의 묘비에는 '나탈리아 니콜라예브나 란스카야'라는 이름이 새겨져 있을 뿐 푸시킨의 흔적은 찾을 수 없다.

단테스는 사건 이후 프랑스로 추방되었다. 그곳에서 한때는 나폴레옹 3세에 기대어 의회에 진출하기도 했으나, 그의 몰락 후 고단한 삶을 살았다고 한다.

이런 사정이라 그런지, 아르바트 거리에서 오늘도 각자 앞을 바라보고 있는 푸시킨과 나탈리아의 표정은 사랑에 빠진 이들의 것으로 보이지 않는다. 뭔가 나도 할 말이 있다는 듯한 나탈리아의 새침한 얼굴. 무엇보다 압권은 그들의 손이다. 동상을 위해 어쩔 수 없이 포즈는 취했으나 맞닿아 있지 않는 듯한 두 사람의 손. 이를 두 사람의 불행했던 결혼생활을 함축한 상징으로 본다면 과도한 해석이 될까.

푸시킨 부부의 동상, 맞닿지 않은 손 ⓒKwunYoong

17. 야스나야 폴랴나의 성자 톨스토이

야스나야 폴랴나 장원 입구의 자작나무 길. 그곳을 다녀온 많은 사람들이 인상적으로 기억하는 장소이다. ⓒKwunYoong

모스크바 남쪽 약 190킬로미터 떨어진 곳에 '툴라'라는 중소 도시가 있다. 무기 박물관과 러시아식 주전자 사모바르, 과자의 일종인 프리야닉이 명물인 이곳에서 다시 승용차로 30분쯤 가면 레흐 톨스토이의 삶 가운데 큰 부분을 차지하였던 영지 야스나야 폴랴나에 다다른다. '빛나는 들녘' 쯤으로 번역될 수 있을 이곳의 때 묻지 않은 들판은 그야말로 눈부신 빛으로 가득하고, 어디선가 톨스토이가 흰 수염을 날리며 쟁기를 끌고 나타날 것만 같다.

모순적 삶

러시아의 대문호 톨스토이는 국가를 초월하여 많은 이들의 사랑을 받고 있다. 거인을 바라보듯 사람들이 그에 대해 외경심을 갖는 이유는, 아무나 엄두를 낼 수 없을 두터운 장편소설들을 여럿 엮어낸 훌륭한 이야기꾼이라는 데에 있지 않다. 그는 작가인 동시에 거대한 사상가였다. 그의 삶을 들여다보면 한 인간이 격변의 시대에 그 사회와 고통 받는 이웃들을 바라보며 '사람은 무엇으로 사는가'를 깊이 고뇌하는 모습을 엿볼 수 있다. 그 고뇌는 흠잡을 데 없이 치열했던 것이 아니라 불완전한 인간으로서의 모순적 행보를 동반한 것이었다. 톨스토이는 일생 동안 그로 인한 자책과 자기 환멸의 수렁으로 떨어졌지만 고결한 이상을 잃지 않고 다시 앞으로 나아갔다.

I.Kramskoi, 톨스토이의 초상(1873). 안나 카레니나를 집필하던, 작가로서 최전성기 무렵의 모습

톨스토이의 삶은 그가 살아있는 동안 이미 신화화되었고, 지금도 그에 대한 대중의 인식은 그 신화로부터 자유롭지 못하다. 하지만 그의 삶은 전적으로 숭고하거나 경건한 것이 아니었다. 그는 매우 모순

적인 삶을 살아간 사람이다. 적어도 《참회록(1882)》 이전까지 그의 삶은 세속적 욕망과 쾌락이라는 한쪽 극단과 이상과 순수함에 대한 갈망이라는 반대쪽 극단 사이를 시계추처럼 오간 궤적이라고도 볼 수 있다. 시대는 바뀌었으되 그가 고뇌한 문제의 본질은 달라지지 않은 오늘, 톨스토이가 번번이 넘어지고 다시 일어서며 걸어간 그 길은 우리 가슴에 깊은 울림을 준다. 그래서 사람들은 그가 태어나고 농노의 아이들을 가르쳤으며 직접 쟁기질을 했던 빛나는 들판 야스나야 폴랴나를 찾는다. 그곳에서 어떤 사람은 아름다운 신화의 발자취를 찾을 것이고, 어떤 사람은 그의 절절한 고뇌와 회한에 자신의 삶을 대입해볼 것이다.

회심

레흐 니콜라예비치 톨스토이(1828~1910)는 명문 백작가의 아들로 야스나야 폴랴나에서 태어났다. 1844년 16세에 카잔대학에 입학했지만 대학교육에 실망하여 중퇴하였고, 1851년 육군 장교로 입대하여서는 체첸을 거쳐 크리미아 전쟁(1853~6)에 투입되었다. 그리고 그곳에서 참전 중 연재한 《세바스토폴 이야기》로 이름을 알리기 시작했다. 1862년 결혼 후 나폴레옹 침공기의 러시아 사회를 그린 걸작 《전쟁과 평화》, 그리고 《안나 카레니나》를 완성함으로써 작가로서의 전성기를 맞는다. 하지만 이 무렵 그는 삶의 중대한 전환점과 마주하게 된다.

그의 나이 50세. 귀족의 자제로 태어나 사랑하는 아내와 가정을 꾸렸으며 이미 최고의 작가라는 지위를 얻은 그는, 부러울 것 없는 삶의 정점에서 심각한 정신적 위기에 처하게 된다. 그를 뒤흔들어 놓은 것은 죽음의 공포와 삶의 무상함이었다. 출구를 찾던 톨스토이는 결국 종교의 심연으로 깊이 가라앉는다. 그는 1882년 《참회록》을 통해, 오로지 재산 증식과 문학적 성공이라는 개인적이고 세속적인 욕망에 사로잡혔던 자신의 삶을 뼈아프게 고백하고 완전히 새로운 길을 가게 된다. 이후에도 《부활》, 《크로이처 소나타》와 같은 걸작 소설을 발표하지 않은 건 아니지만, 회심(回心) 이후의 톨스토이는 작가가 아니라 사상가로 불리는 것이 더 어울리는 삶을 살았다.

I.Repin, 톨스토이의 초상 (1887), 참회록을 쓰고 인생의 전환점을 넘긴 시기의 모습

그에게 찾아온 '죽음의 공포'란 대체 어떤 것이었을까. 문제의 근원은 아주 일찍부터 톨스토이를 지배했던, 이상적이고 도덕적인 삶을 살고자 하는 강박적 갈망이었다. 이러한 고결한 갈망이 가식적이었던 것으로는 보이지 않는다. 불행했던 건 그에 어울리지 않게 톨스토이가 도박의 유혹과 성욕을 주체하지 못하는 쾌락주의자였다는 사실이다. 그는 유산으로 받은 야스나야 폴랴나의 저택을 스물일곱 살 때 카드 도박으로 날려버린 전력이 있다. 또한 아내 소피아에게서 13명의 자녀를 둘 정도로 금슬이 좋았지만, 영지의 여자 농노들을 정복하여 열 명이 넘는 사생아들을 거느린 호색한이기도 했다. 누구보다도 이상적인 지향을 가진 사람이 이처럼 속절없이 쾌락에 무너진 후에는 깊은 자책에 빠졌을 것임은 어렵지 않게 짐작할 수 있다. 하지만 그럼에도 불구하고 그는 번번이 다시 찾아온 유혹을 뿌리치지 못했다. 악순환이었다. 이것은 톨스토이의 오랜 굴레였으며, 그로부터 벗어나고자 하는 몸부림이 그의 삶의 주요한 동력이었다고도 할 수 있다. 자, 이런 상황에서 어느 날, 삶이 유한하며 머지않아 죽음이 찾아올 것이라는 당연한 사실이 실감으로 다가온다. 그렇다면 나는 끝내 이런 삶을 살다 가게 되는 것일까. 톨스토이는 공포에 사로잡혔다.

톨스토이즘

절망 속에서 그는 종교를 부여잡는다. 문학은 뒷전으로 미루고 성서와 신학의 연구에 한동안 몰입하였다. 하지만 교회로부터는 아무런 가르침을 얻을 수 없었다. 바실리 페로프 작 《모스크바 근교 므이치시치에서의 다회》의 비대한 사제가 상징하듯이, 당시의 정교회는 세속적 부와 권력에 대한 탐닉으로 비계 덩어리가 되어있었다. 고통으로 가득한 현실 세계의 구원과는 무관한 신비주의로 사람들을 현혹하고 있는 것이 교회였다.

그렇다면 사람은 대체 무엇으로 살아야 할 것인가. 긴 고뇌 끝에 그에게 남은 생각을 정리하자면 대강 다음과 같다.

지금의 기독교는 신비주의와 독선으로 타락하였다. 오늘 우리가 사는 세상을 구원하기 위해서는 성서 속의 합리적이고 도덕적인 가르침에 이성적으로 집중해야 한다. 교회의 제례의식이나 죽은 자가 부활한다는 신비적 이야기는 세상에 도움이 되지 않는다.

인간이 스스로 행복해질 수 있는 유일한 길은 우리 내부의 도덕률인 선(善)을 사랑하고 행하

V.Perov, 모스크바 근교 므이치시치에서의 다회(1862). 타락한 정교회의 비대한 사제는 걸인의 구걸을 외면한다.

는 것이다. 이는 결국 타인에 대한 사랑과 자비로 이어지게 된다. 그러므로 우리는 소박하고 금욕적인 생활을 이어가며 자기완성을 위해 부단히 노력해야 한다.

악에 대해 저항하지 말라는 그리스도의 가르침은 무엇보다 중요하다. 악에 대해 폭력으로 맞서는 것은 잘못이다. 그런 저항으로 세상은 구원될 수 없다. 국가는 그 유지를 위해 폭력과 강제를 필요로 하고, 교회는 그런 국가를 인정한다. 그러므로 우리는 국가와 교회의 권위를 모두 부정해야 한다. 모든 조직화된 강제들을 거부해야 한다.

기근 구제를 받을 농민들의 명단을 검토하는 '톨스토이즘' 추종자들과 톨스토이(1891). 오른쪽의 여인이 가족 중 그를 유일하게 이해한 막내딸 타티아나.

그는 지금까지 자신이 썼던 모든 작품들을 아무런 가치가 없는 쓰레기로 치부하고, 민중의 계몽을 위해 《사람에게는 땅이 얼마나 필요한가》, 《사람은 무엇으로 사는가》, 《바보 이반》 등 우화의 집필에 몰두하였다. 톨스토이는 차르의 압제에 대해서도 결연한 비판을 적극적으로 펼쳤다. 그리고 그의 생각은 마침내, 악의 일소를 위해서는 사유재산조차 포기되어야 한다는 데까지 이른다.

1910년 남아프리카 '톨스토이 농장'에서의 젊은 시절의 간디. 한가운데 앉은 짙은 색 옷의 인물

'자기완성'과 '비폭력 무저항주의'를 핵심으로 한 톨스토이의 사상은 '기독교적 무정부주의'로 규정되기도 한다. 파장은 컸다. 감명을 받은 사람들이 스스로 모여 톨스토이의 의사와는 전혀 상관없이 그의 사상을 연구하고 세상에 퍼뜨려 나갔다. 야스나야 폴랴나는 전 세계로부터 찾아온 추종자들로 문전성시를 이루었고, 어느덧 '톨스토이즘(Tolstoism)'이란 이름이 붙어버린 그의 생각은 하나의 신앙이 되어가고 있었다. 파장은 러시아 국내에 머물지 않았다. 마하트마 간디가 인도의 독립운동 과정에서 보여준 비폭력 무저항정신도 톨스토이즘과 공명한 것이며, 일제치하 우리나라의 비폭력적 3·1운동도 그 영향을 받은 것이다.

이처럼 그의 교의를 신앙으로 받드는 사람들도 있었지만 격렬한 공격이나 냉소도 많았다. 정교회는 참람한 불경에 경악하여 그를 파문하였다. 낭만적인 데카브리스트 혁명과 브나로드 운동의 실패를 거치면서 세상을 바꾸기 위해서는 폭력 혁명의 길밖에 없다는 결론에 도달해 있던 인텔리겐차들은 톨스토이의 몽상을 비웃었다. 당신은 그런 식으로 정말 세상을 바꿀 수 있다고 믿는 것인가. 이상은 높아 보이지만 쓸 만한 건더기가 없는 얘기를 하고 있구나.

태생이 귀족인 톨스토이 백작은 뿌리가 다른 인텔리겐차들의 진보적 사상에 전혀 교감할 수 없는 사람이었다. 하지만 혁명세력들은 그와 연대하기 위해 노력하였다. 당시 '러시아에는 두 개의 권력이 있다. 하나는 차르의 정부이고 또 하나는 톨스토이다.'라는 말이 있었을 정도로 그는 권위와 양심의 상징이었기 때문이다. 그러나 그것은 불가능한 일이었다. 경찰국가와 같던 당시의 전제체제에 대해 격하게 비판한 톨스토이였지만, 폭력을 통한 사회의 변혁이 인간을 구원할 수는 없다는 그의 생각은 확고했기 때문이다.

농민이 스승이다

톨스토이가 사랑한 것은 인텔리겐차가 아닌 농민들이었다. 훗날 레닌이 극찬을 했을 정도로 톨스토이는 농민들의 소박한 삶과 정신에 대해 깊은 애정을 품고 있었다. '농민'은 톨스토이를 이야기함에 있어서 중요한 키워드 가운데 하나이다. 그는 농민을 자신의 사상이 실천되고 있는 교회요 수도원이라 생각하였다.

I.Repin, 쟁기질 하는 톨스토이(1887)

농민에 대한 그의 애착은 뿌리 깊은 것이었다. 장원을 상속받은 직후인 스무 살 무렵 그는 이미 영지의 농노들을 계몽하려는 시도를 한 적이 있었다. 군복무를 마치고 고향에 돌아온 서른 살 무렵에는 농민 자녀들을 위한 학교를 열기도 했다. 심지어 1861년 차르의 공식 칙령이 있기 전에 톨스토이는 이미 농노해방을 자발적으로 시도하기도 하였다. 하지만 문제는 그런 시도들이 모두 참담한 실패로 돌아갔다는 사실이다. 1862년 결혼 후에는 하인들을 내보내고 자신이 직접 농장 일에 뛰어든 적도 있다. 백작이 아니라 진짜 농민으로 살아보리라는 생각이었다. 그러나 아무런 경험과 지식 없이 뛰어든 농사가 제대로 될 리 만무하였다. 실험은 곧 해프닝으로 끝났다. 그가 열었던 농민학교 역시 오래가지 못했다. 그가 농민을 사랑했던 건 분명하지만, 그들을 이해할 수도 교육할 수도 없다는 것이 문제였다. 농민들도 마찬가지였다. 그들은 백작 나리가 왜 자꾸 엉뚱한 일을 벌이는지 이해하지 못했다.

그렇다면 그는 단지 농민 시늉을 즐겼던 것일까? 그렇게 볼 수는 없다. 톨스토이는 1861년 농노해방령이 발표된 후 그 실행을 감독하는 직책을 맡았고, 해방된 농노들에 대해 실제로 자신의 영지에서 상당한 토지를 나누어 주었다. 이는 농노해방령이 가장 모범적으로 시행된 경우로 꼽히기도 한다.

농민에 대한 그의 이러한 애착은 회심 이후 더욱 큰 확신으로 자리 잡는다. 그는 농민들의 노동과 공동체적 삶에서 진정한 종교를 발견하였다. 이미 오래 전에 그는 농민들이 사회의 교사이며, 귀족들보다 더 큰 도덕적 지혜를 가지고 있다고 주장하여 세상을 놀라게 한 바 있었다.

그러나 귀족으로서의 안락한 생활을 포기하지 않으면서 이런 주장을 펴는 것은 종종 위선적 행동으로 받아들여지기도 했다. 거장 일리야 레핀은 톨스토이의 초상을 여러 점 남긴 바 있다. 그중에서도 가장 유명한 것이 《쟁기질 하는 톨스토이(1887)》이다. 그 그림을 그리기 위해 처음 야스나야 폴랴나를 찾은 레핀은 톨스토이의 장원생활을 보고 역겨움을 느꼈다고 회고한다. 우크라이나 추구예프의 진짜배기 국가소유농민 집안에서 태어난 레핀의 입장에서는 그럴 법도 한 일이었다. 서툰 쟁기질을 하는 지주의 이해할 수 없는 행동을, 지나가던 농민들이 냉소 가득한 눈으로 바라보았다고 그는 전한다.

마침내 길을 떠나다

톨스토이의 말년은 견디기 힘든 고통의 연속이었다. 시대를 풍미한 이 거인의 마지막 일기에는 끔찍하다, 떠나야 한다, 죽고 싶다는 말이 거듭되고 있다. 그는 고결한 이상의 실천과 가족에 대한 연민 사이에서 깊이 번민했다. 톨스토이 곁에는 수많은 추종자들이 모여들고 세상의 추앙을 받게 되었지만, 그의 가정은 반대로 지옥과 같은 갈등에 빠져들었다. 매우 현실적이었던 아내 소피아와 자식들은 청빈하고 순결한 삶을 위해 사유재산을 포기하려 하는 그를 도저히 이해할 수 없었다. 이 많은 자식과 손자들은 그러면 대체 어떻게 살아가란 말인가. 오직 막내딸 사샤만이 아버지 곁을 지켰다.

톨스토이와 아내 소피아. 톨스토이는 사진을 찍을 때마다 행복함을 가장하는 아내를 혐오하였다.

톨스토이는 자신의 방대한 작품에 대한 판권을 사회에 환원하려 했지만 가족의 반대는 결사적이었다. 소피아는 남편을 둘러싸고 고결한 정신의 실천을 집요하게 압박하는 '사악한' 추종자 무리들 때문에 자살 소동을 벌이는 등 극심한 히스테리에 빠지기도 했다. 1910년 톨스토이와 추종자들은 모든 판권을 막내딸 사샤에게 넘긴다는 유언장을 몰래 작성하였고 이를 알게 된 소피아는 경악하였다. 패닉에 빠진 그녀는 남편을 감시하기 위해 방문을 닫지도 못하게 했다. 1910년 10월 28일 새벽, 자신의 서재를 뒤지는 소피아의 행동에 격분한 톨스토이는 마침내 이 모든 것을 정리하기로 마음먹는다. 그는 막내딸 사샤에게만 알린 채 주치의를 대동하고 정처 없이 집을 나선다. 그러나 82세의 노구를 끌고 그가 떠돌 수 있는 시간은 길지 않았다. 열흘 후 그는 랴잔 우랄 시골역의 역장 관사에서 숨을 거둔다.

톨스토이가 평생 추구했으나 온전히 가닿을 수 없었던 가치가 담긴 소박한 무덤 ⓒKwunYoong

야스나야 폴랴나를 다녀온 사람들이라면 대부분 인상적으로 기억하는 두 가지가 있다. 먼저 장원 어귀에서 생가 쪽으로 올라가는 자작나무 베료자 길이다. 입구에 버티고 선 두 개의 하얀 기둥 사이로 들어서면 바로 그 길이 시작된다. 완만한 오르막의 넓지도 좁지도 않은 흙길 양쪽으로 열병식을 하듯 늘어선 새하얀 둥치의 키다리 베료자. 바람이 불면 어릴 적 시골 길의 포플러 이파리처럼 좌르르 손뼉이 쏟아진다. 한국 땅 어디서나 볼 수 있는 소나무와 같이, 베료자는 러시아 도처에서 만날 수 있다. 하지만 이곳은 좀 각별하다. 그가 걸었던 길, 그가 앉았던 자작나무 의자, 격동의 제정러시아 말기를 고뇌 속에 살다 간 거대한 지성의 숨결이 오롯이 남아있는 야스나야 폴랴나를 찾은 길이 아닌가. 마치 청결한 곳에 들기 전 소독실을 통과하는 것처럼, 많은 사람들이 말없이 이 길을 오르며 자신의 지난 삶을 돌아볼 것이다. 그곳에 서면 대번 그런 생각이 든다. 백발의 성자와 열병하듯 늘어선 베료자들이 사람을 그렇게 만든다.

그곳을 다녀와서 또 하나 그리워지는 건 숲속의 톨스토이 무덤이다. 거기에는 평생 그가 지향했던 정신이 오롯이 담겨있다. 생가 옆으로 난 오솔길을 한참 걸어가면 평범한 나무 아래 아무런 장식도 없이 풀로 떼를 입힌 흙더미 하나를 만나게 된다. 울타리도 묘비명도 없는 거인 톨스토이의 무덤이다. 그가 고뇌 속에서 평생 추구한 가치를 잘 모르는 사람은 이런 모습에 좀 아연해지며 실망할 수도 있다. "가봐야 아무 것도 없어요." 처음 그곳을 찾았을 때 오솔길 어귀에서 마주친 초면의 한국청년 하나는 나에게 그렇게 말했었다. 사람을 압도하는 규모와 화려한 치장에 환호하던 눈에는 충분히 그럴 수 있다. 하지만 톨스토이는 막내딸 사샤에게 당부한 그 자리에 그가 원한 그 모습대로 지금 묻혀있는 것이다. 청년을 시큰둥하게 만들었던 흙무덤 앞에서 그의 삶을 아는 자들은 상념에 빠져 발길을 쉽사리 돌리지 못한다.

18. 문제적 인물 도스토예프스키

바흐와 헨델, 이백과 두보, 원효와 의상. 이 사람들은 종종 이렇게 짝을 이루어 언급되곤 한다. 이 조합들의 공통점은, 동시대에 살았으며 서로 색깔이 대조적이지만 각자 자신의 길에서 일가를 이룬 사람들이란 것이다.

독일 작곡가 바흐(1685~1750)와 헨델(1685~1759)은 생일이 불과 며칠밖에 차이가 나지 않는다. 오늘날 바흐는 '음악의 아버지'로 추앙받지만 훗날 멘델스존에 의해 그의 음악이 재조명될 때까지는 별로 알려지지 않은 음악가였다. '음악의 어머니'로 불리는 헨델은 바흐와 대조적으로 영국을 무대로 생전에 이름을 크게 날렸던 사람이다. 바흐의 음악은 장중하고 엄숙한 반면, 헨델의 음악은 밝고 경쾌하다.

당나라의 시성 이백(701~762)과 두보(712~770)도 같은 시대에 살며 서로 교류하던 사이다. 잘 알려진 대로 이백은 대단히 호방한 애주가였고 시를 쓸 때도 그야말로 일필휘지(一筆揮之)로 단숨에 거침없이 써내려간 사람이다. 반면에 두보의 삶은 '성실' 그 자체였으며, 시를 쓰는 스타일도 퇴고(推敲) 즉 고치고 고치는 일을 거듭하는 쪽이었다고 한다.

이와 마찬가지로, 톨스토이를 말할 때 종종 함께 언급되는 사람이 있다. 또 한 사람의 대문호 표도르 미하일로비치 도스토예프스키(1821~81)이다. 그는 여러 가지 측면에서 톨스토이와 대조적이다. 톨스토이는 대장원을 가진 백작 가문에서 태어나 경제적으로 내내 풍족했으나, 평민 도스토예프스키는 평생 가난과 지병인 간질에 찌든 삶을 살았다. 톨스토이는 위대한 사상가로 추앙될 만큼 진지한 삶을 살았지만, 도스토예프스키의 인생은 도박과 낭비벽으로 인해 늘 돈을 빌리고 빚쟁이에게 쫓기는 문제투성이었다.

V.Perov, 도스토예프스키의 초상(1872)

구걸의 달인

도스토예프스키의 대표작 《죄와 벌(1866)》, 《카라마조프 가의 형제들(1879~80)》은 인간의 어둡고 깊은 내면을 꿰뚫어보는 심리적 통찰력과 묘사로, 20세기 문학뿐만 아니라 심리학에까지 큰 영향을 미쳤다. 이러한 걸작들은 그의 음울한 삶에서 우러나온 결과라고 흔히 이야기된다.

젊어서는 어엿하게 공병학교를 졸업하였고 작가로 유명해지고 난 뒤에는 적지 않은 원고료를 받을 수 있었던 그가 왜 항상 이런 곤궁 속에서 살아야 했을까. 그는 가난한 작가가 아니라, 항상 돈이 필요한 작가였을 뿐이라는 평가도 있다. 그의 수중으로 들어온 돈은 적은 금액이 아니었으나 도박이나 타인에 대한 선심으로 순식간에 빠져나가 버린 것이 문제였다.

기록에 의하면 어릴 때부터 심상찮게 낭비의 소질을 보였던 그는, 젊은 시절 돈이 생기면 이곳저곳 턱없이 선심을 쓰는 과시형 소비로 유산을 단숨에 날려버렸다. 무모하게 형과 잡지사를 차렸다가 파산했고, 형이 갑자기 죽자 아무 대책 없이 그의 사업 빚을 다 떠안고 유가족까지 책임지겠다고 선언하였다. 이것을 아름다운 희생으로 보기에는 답답한 구석이 많다. 실제로 그는 형에 대한 채권을 주장하는 사람이 있으면 그 진위를 따져볼 생각도 없이 변제를 약속하였다고 한다. 원고료가 생기는 족족 깡그리 가로채 간 파렴치한 형수와 조카들은 도스토예프스키보다 풍족한 생활을 누리면서도 그의 지원을 당연한 일로 생각하였다고 한다.

그 전후로 도스토예프스키가 보여준 행동들도 점입가경이다. 그는 1863년 첫 부인 마리아 이사예바가 병석에 있는 동안 어린 연인 폴리나 수슬로바와 유럽으로 여행을 떠난다. 이미 가난뱅이였던 그는 빚을 내어 겨우 여비를 마련하였지만 도박으로 돈을 다 날려버린다. 그리고 숙박비를 내지 못한 채 호텔에 잡혀서는 사방으로 구걸의 편지를 보낸다. 다음해 형과 아내가 죽고 큰 빚을 덮어쓴 상태에서도 정신을 못 차린 그는, 몇 푼의 돈을 마련하여 유럽으로 수슬로바를 찾아간다. 그러나 또다시 도박으로 돈을 다 날리고 만다. 궁지에 몰린 그는 때마침 그곳에 와있던 문호 투르게네프에게 몇 푼의 돈을 간절히 호소하는 편지를 보내게 된다. 천재적 작가 도스토예프스키는 돈을 구걸하는 편지의 달인이기도 했다.

새롭고 탁월한 문학의 영역을 열다

대문호 도스토예프스키가 참담한 경제적 곤궁에 빠지는 과정과 그 이후의 행태를 보면, 그가 정신적으로 중요한 결함을 갖고 있었다는 생각을 떨칠 수 없다. 금치산자에 가까운 그의 강박적 낭비에 대해 다양한 정신분석학적 설명도 나와 있다. 어쨌거나 이런 그의 비범한 가난의 역사는 그로 하여금 가난한 자들의 심리에 대한 탁월한 묘사를 가능하게 만들었다. 그의 소설에 나오는 가난으로 고통 받는 인물들은 도스토예프스키의 분신들이라고도 볼 수 있다. 따라서 좀 냉소적으로 이야기하자면 그저 자기가 실제로 느낀 대로 자기의 내면을 그대로 드러내면 되는 일이었으므로, 적어도 도스토예프스키에게는 그 '탁월한 심리묘사'들이 그리 어렵지 않은 일이었을 수도 있다.

이처럼 도스토예프스키의 삶은 들여다볼수록 난감해지지만, 아무리 그의 삶이 남루하다 하더라도 그의 위대한 문학적 성취는 폄하될 수 없다. 문단의 인사들과 교류가 거의 없었고 매우 오만하다는 비판을 받기도 한 톨스토이조차도, 세상의 모든 책들을 불살라도 좋지만 도스토예프스키의 저작들만은 남겨두어야 한다는 찬사를 보낸 바 있다.
그의 소설들은 동시대의 톨스토이와는 전혀 다른 방식으로 새롭고 탁월한 문학의 영역을 열어놓았다. 가난한 이들의 좌절감에 있어서 '절대적' 빈곤 못지않게 '상대적' 빈곤이란 요소가 얼마나 중요한가, 가난한 이들이 갖는 자의식은 얼마나 치열한 것인가, 그리고 그들도 '베풀고 싶은 욕망'에 얼마나 시달리고 있는가 – 이와 같이 도스토예프스키에 의해서 비로소 포착되고 묘사된 인간의 심리는, 예술적 측면에서뿐 아니라 철학적 사회학적 관점에서도 그 의의가 큰 것으로 평가된다.

도스토예프스키의 무덤. 상트페테르부르크. 알렉산드르 네프스키 수도원묘지 ⓒKwunYoong

도스토예프스키의 회심

도스토예프스키가 톨스토이와 매우 대조적인 삶을 살았던 것은 분명하지만, 두 사람은 흥미롭게도 특별한 공통점을 갖고 있다. 공교롭게도 그들은 둘 다 50세 무렵 인생의 전환점을 통과했다. 톨스토이는 《안나 카레니나》의 절정에서 회심하여 사상가의 길을 갔다. 도스토예프스키의 전환점을 이야기하기 위해서는 그의 두 번째 부인이자 구원의 천사인 안나 그리고리예브나 스니트키나(1846~1918)를 만나게 된 사정부터 살펴보아야 하겠다.

조금 엉뚱하지만 도스토예프스키의 천재성을 뒷받침하는 근거 중 하나로 그의 위대한 작품들 가운데 상당수가 벼락치기로 쓰였다는 사실을 들 수 있다. 물론 작품의 싹들은 그의 내면에서 이미 자라고 있었겠으나, 그에게는 이를 진중하게 들여다보고 거둘 시간이 허용되지 않았다. 번번이 급전이 필요했던 그는 출판사로부터 선금을 받고 독촉에 시달리며 다급하게 원고를 던져주어야 했다. 그러다보니 그의 소설은 두서가 없거나 앞뒤가 맞지 않고 잘 다듬어지지 못한 경우가 다반사였다.

1865년 도스토예프스키는 절체절명의 위기에 처하게 된다. 형의 빚 때문에 채권자들에게 막다른 골목까지 몰린 그는 다행히도 한 출판업자로부터 선금을 받아 급한 불을 끌 수 있었다. 그리고 남은 돈은 예외 없이 도박으로 깔끔하게 털어버린다. 마감에 쫓기며 작품을 던져주는 일에는 워낙 이골이 난 그였지만 이번에는 일이 간단치 않았다. 장편소설을 한 달 안에 써내야 했고, 이를 어길 경우 이후 9년간의 저작권을 송두리째 출판사가 갖는다는 계약이었기 때문이다. 불가능할 것이 확실했던 이 작업은 친구가 추천한 19세의 속기사 안나에 의해 기적처럼 완성된다. 그는 불러주고 그녀는 받아 적어 단 26일 만에 원고지 1,500매 분량의 《도박꾼》이 탈고된 것이다.

도스토예프스키는 착하고 명민한 그녀에게 매혹되었다. 그리고 어려운 고백 끝에 1867년 2월 결혼에 이르게 된다. 스물다섯 살이나 어린 신부는 그의 인생에 예기치 않은 축복을 가져다주었다. 그녀의 무한한 사랑과 현명한 결정, 그리고 당찬 추진력은 도스토예프스키의 인생을 바꾸어놓았다. 안나는 신혼 초 집필에 전념할 수 있도록 남편을 데리고 스위스로 떠났고 그곳에서 4년간 아이 셋을 키우며 모든 뒷바라지를 자신이 책임졌다. 남편의 정신적 안정을 위해 도박을 나무라지 않고 지원하기도 했고, 도스토예프스키의 곤궁한 상황을 이용하여 저작료를 후려치려던 출판업자에 맞서 자신이 직접 책을 찍어 팔기도 했다. 결과는 대성공이었다.

도스토예프스키의 구원의 천사, 두 번째 부인 안나(1863)

그리고 마침내 1871년 50세가 되던 해 4월, 도스토예프스키에게도 회심의 순간이 찾아온다. 그는 자신의 잘못된 삶을 절절이 뉘우치고 도박을 완전히 끊게 된다. 그리고 가족을 위해 완전히 새로운 길을 가게 된다. 이후 세상을 떠나기까지 10년 동안 그는 평생 따라다니던 불행과 절망의 악령에서 벗어나 안정된 삶을 누릴 수 있었다. 걸작 《카라마조프가의 형제들(1879~80)》은 이런 상황에서 탄생하였다.

사람이 세상을 바라보던 시각과 가치관을 뒤집는 것을 '회심(回心)'이라고 한다면, 도스토예프스키는 오래 전 젊은 시절에도 또 다른 회심을 겪은 바가 있다. 그가 청년기에 진보인사들의 반체제운동에 가담하였다가 체포되어 사형집행 직전에 극적으로 사면된 이야기는 매우 유명하다. 차르는 처음부터 그들을 사형을 시킬 생각이 없었고 단지 강한 충격효과를 노린 것이라는 이야기도 있다.

모스크바 러시아국립도서관 앞의 도스토예프스키 동상. 페로프의 초상을 토대로 만든 것으로 알려져 있다. ⓒKwunYoong

그것이 사실이라면 그 작전은 주효하였다. 시베리아 옴스크에서 4년간 유배생활을 마치고 페테르부르크로 돌아왔을 때, 인도주의자 도스토예프스키는 러시아정교와 슬라브 민족의 우수성에 열광하는 광신적 민족주의자로 변해 있었다. 혁명을 꿈꾸던 열혈 청년은 고난을 묵묵히 참고 견디기를 권고하는 인종사상(忍從思想)의 제창자로 바뀌어 있었다. 러시아민족의 우월성과 사회주의에 대한 증오를 담은, 우리에게는 잘 알려지지 않은 그의 독한 발언들을 읽으면, 이 '위대한 문호'를 과연 우리가 어떻게 받아들여야 할지 매우 곤혹스러워지기도 한다.

상트페테르부르크의 작가

모스크바 크렘린에 인접한 러시아국립도서관은 3천만 권이 넘는 문헌들을 소장한 세계적 규모의 도서관이다. 소련시절에는 레닌도서관으로 불리었던 이 건물의 정면에는 괴이한 인물의 동상이 자리 잡고 있다. 머리는 벗겨지고 사지가 흐느적거리는 듯한 이 동상의 주인공은 바로 도스토예프스키이다. 우리에게 잘 알려진 바실리 페로프의 초상을 기반으로 제작된 것이라고 한다. 소련의 자부심 가운데 하나이던 이 도서관 앞에 그의 동상이 자리 잡고 있다는 건 러시아인들이 그를 어떻게 평가하는지를 짐작하게 만든다. 하지만 도스토예프스키는 모스크바가 아니라 철저히 상트페테르부르크적인 작가이다. 그는 줄곧 그곳에 살았고, 따라서 그의 소설들도 페테르부르크를 주요 무대로 하고 있다.

페테르부르크는 표트르 대제가 수많은 인명을 희생시키며 네바강 하구의 습지를 매립하여 건설한 인공의 수도이다. 봄과 가을이면 잿빛 하늘에서 내리는 비로 늘 젖어있고, 여름에는 몽환의 백야가 밤새 잠 못 들고 뒤척거리게 만들며, 겨울에는 - 모스크바 사람들이 페테르부르크를 폄하하는 말이지만 - 유령들이 돌아다닌다는 기나긴 밤을 견뎌야 하는 수상한 도시이다. 도스토예프스키의 소설과 그 음울한 주인공들은 이 도시에 아주 잘 어울린다. 페테르부르크에는 그의 이름과 관련이 있는 지명만 20개가 넘는다고 한다. 이쯤 되면 과연 상트페테르부르크는 '도스토예프스키의 도시'라고 해도 될 것 같다.

특히 장대한 성 이삭 대성당에서 남쪽의 센나야 광장에 이르는 지역은 그의 소설의 주요 무대였다. 그의 시대에 센나야 광장 주변은 악취 나는 빈민굴에 선술집과 창녀촌이 밀집하여 소설의 주인공들과 같은 문제적 인물들이 득실거리던 곳이었다. 하지만 지금은 말끔히 정비가 되어 옛 모습을 찾기가 어렵다. 그러나 발품을 좀 팔면 아쉬운 대로 소설의 현장을 찾아 짜릿한 감동을 느껴볼 수 있다.

소설 《죄와 벌》의 첫 문장은 이렇게 시작된다. "숨이 막힐 듯 무더운 7월 초순의 저녁, 청년 하나가 S골목의 좁은 셋방에서 나와서는 주저하는 모습으로 K다리를 향해 걸어가고 있었다."

창백한 청년 라스콜리니코프가 걸어가던 그 S골목은 센나야 광장 인근의 스톨랴르니

골목이고, K다리는 코쿠쉬킨 다리로 알려져 있다. 어둠이 짙어갈 때 맥주를 홀짝거리며 그 다리에 서서 컴컴한 골목을 바라보고 있으면, 머리가 벗겨지고 음울한 얼굴을 한 사내 하나가 구부정한 자세로 금방이라도 걸어 나올 듯한 기분이 든다.

소설 《죄와 벌》의 무대 코쿠쉬킨 다리 쪽에서 본 스톨랴르니 골목 입구 ⓒKwunYoong

19. 무소르그스키와 차이코프스키

우리는 흔히 '세계 7대 불가사의'라든가 '세계 3대 박물관' 같은 타이틀로 어떤 것들을 재단하기를 좋아한다. 물론 그 기준이 모호한 데다가 포함되는 리스트가 사람마다 다르기도 한, 별 의미 없는 호사가들의 이야기일 뿐이다. 클래식 음악계에는 '세계 3대 콩쿠르'라는 것이 있다. 조성진이 우승하는 바람에 온 나라가 떠들썩했던 쇼팽국제피아노콩쿠르를 필두로, 차이코프스키콩쿠르, 퀸엘리자베스콩쿠르를 일반적으로 그렇게 부른다. 물론 이런 분류가 큰 의미를 갖는 건 아니지만, 적어도 이로써 '차이코프스키'라는 이름이 그만한 권위를 갖고 있음은 인정할 수 있는 것이 아닐까.

세계문학을 논할 때 톨스토이와 도스토예프스키를 빼놓을 수 없듯이, 클래식 음악을 이야기할 때 차이코프스키를 빠트릴 수는 없다. 바흐와 헨델에서 시작하여 모차르트, 베토벤, 슈베르트를 거치며 서유럽의 기라성 같은 음악가들을 꼽아가다가 차이코프스키(1840~93)로 잠시 눈을 돌리면, 무소르그스키(1839~81), 림스키-코르사코프(1844~1908), 스크랴빈(1872~1915), 라흐마니노프(1873~43), 스트라빈스키(1882~1971), 프로코피예프(1891~1953), 그리고 쇼스타코비치(1906~75)로 이어지는 러시아 음악의 울창한 침엽수림에서 길을 잃기가 십상이다.

19세기 러시아의 문화 예술적 성취를 이야기할 때, 앞서 언급한 바처럼 혁명으로 달려가던 고난의 시기에 오히려 그것이 만개하였다는 사실은 매우 흥미롭다. 그런데 어쩌면 그보다 더 놀라운 것은, 이 빛나는 성취가 별다른 징조조차 보이지 않다가 19세기에 접어들면서 벼락처럼 찾아왔다는 점이다. 이 거대한 행진은 그 선두에서 푸시킨의 문학이 견인하고 음악과 미술 등 다른 분야가 호응하는 형국으로 진행되었다.

러시아 문학의 새벽을 푸시킨(1799~1837)이 밝혔다면 음악의 여명은 글린카(1804~57)의 몫이었다. 뒤이어 무소르그스키를 비롯한 국민악파 '5인조'가 활기찬 아침을 열었고, 마침내 차이코프스키에 이르러 태양이 높이 솟아오르게 된다.

무소르그스키와 국민악파 5인조

미하일 이바노비치 글린카는 부유한 귀족가문에서 태어나 13세에 피아노를 배우고 19세에 작곡을 시작했다. 그리고 20대 중반에 오페라의 본고장 이탈리아를 여행하면서 오히려 러시아에는 러시아의 오페라가 필요하다는 각성을 얻는다. 이후 그는 푸시킨 등과 교류하면서 러시아 국민주의 음악의 기초를 다지게 된다. 글린카는 《이반 수사닌》, 푸시킨의 시를 바탕으로 한 《루슬란과 류드밀라》 등 러시아의 민족적 정취가 가득한 오페라들을 작곡하였다. 그러나 살아생전 천재로 이름을 날린 푸시킨과는 달리 그의 가치는 세상을 떠난 후에야 알려지게 된다.

I. Repin, 미하일 글린카의 초상(1887)

유럽의 19세기는 혁명의 세기였다. 앞 세기 영국에서 시작된 산업혁명과 파리 바스티유에서 폭발한 시민혁명은 가속이 붙어 유럽 전체로 확산되었다. 과연 어떤 세상이 우리를 기다리고 있는 것일까. 19세기 내내 미래에 대한 기대와 혼돈이 어지럽게 교차하였다.

이러한 사회변혁의 결과로 시민계급이 형성되고 개인주의 사조가 넘쳐나면서 주관과 개성의 시대가 찾아온다. 바흐로부터 베토벤에 이르기까지, 독일을 중심으로 그 단단한 형식미처럼 견고하게 이어져오던 고전주의 음악도 그 영향에서 자유로울 수 없었다. 베토벤(1770~1827) 중기로부터 20세기 이전까지, 19세기 전체를 아우르는 시기의 자유롭고 개성 넘치는 음악을 우리는 낭만주의 음악(Romantic Music)이라 부른다.

낭만주의 음악의 한 축이 '개인주의'라면 다른 한 축은 '국민주의'이다. 민속음악으로부터 이어받은 선율로 자기 민족의 이야기와 조국의 자연을 표현하고자 한 것이 국민주의음악이었다. 유럽 각국의 국민들이 이 무렵 불현듯 저마다 민족적 정체성을 돌아보고 그에 집착하게 된 것은 온 세상을 삼킨 나폴레옹의 정복에 대한 반작용 때문으로 이야기된다.

한 민족의 정체성을 이야기할 때 그 뿌리는 아마도 모국어가 아닐까. 그리고 그 모국어로 표현된 문학이야말로 민족의 정체성을 떠받치는 밑둥이 아닐까. 이런 맥락에서 국민주의음악이 새롭게 탄생시킨 것이 음악에 문학을 결합한 가곡과 오페라, 교향시 등 이른바 '표제음악'이다. '피아노 소나타 3번'이나 '교향곡 5번'이 아니라, 곡 내용을 암시하는 표제(標題)를 붙이고 특정한 대상을 묘사하는 음악을 표제음악이라 한다. 학창시절 수업시간에 귀동냥한 국민주의음악의 스타로, 보헤미아의 스메타나와 드보르자크, 그리고 노르웨이의 그리그 등을 기억할 것이다. 스메타나의 《나의 조국》, 드보르자크의 교향곡 9번 《신세계에서》, 유명한 '솔베이지의 노래'가 들어있는 그리그의 《페르귄트》 모음곡 등도 대표적인 표제음악 곡들이다. 하지만 국민주의음악의 대표선수라면 역시 범슬라브 민족운동에 뿌리를 두었던 러시아의 '5인조(the Five)'를 빼놓을 수 없다.

러시아의 국민음악은 미하일 글린카(1804~1857)와 알렉산드르 다르고미시스키(1813~1869)가 닦아놓은 터전 위에서, 상트페테르부르크에서 결성된 5인의 작곡가 그룹에 의해 구축되었다. 1856년부터 1870년까지 함께 활동한 이들을 러시아 국민악파 '5인조' 또는 '강력한 소수(the Mighty Handful)'라 부른다.

5인조의 리더는 밀리 발라키레프(1837~1910)였지만, 많이 알려진 사람은 모데스트 무소르그스키(1839~81)와 니콜라이 림스키-코르사코프(1844~1908) 정도일 것 같다. 재미있는 것은 이들이 하나같이 정식 음악교육을 받지 않았고, 리더인 발라키레프 외에는

I.Repin, 무소르그스키의 초상(1881).
알코올 중독으로 사망하기 며칠 전의 모습

원래 음악과 무관한 직업에 종사하였다는 점이다. 알렉산드르 보로딘(1833~87)은 의사이자 화학자였고, 림스키-코르사코프는 해군 장교, 체자르 큐이(1835~1918)는 공병학교 교수, 그리고 무소르그스키는 프레오브라젠스키 연대의 장교 출신이었다. 하지만 그렇다고 해서 이들을 고상한 취미를 즐긴 하이아마추어쯤으로 생각한다면 완전한 오해이다. 《스페인 기상곡》 등으로 유명한 림스키-코르사코프는 20대 후반에 페테르부르크음악원 교수로 초빙되었고 《관현악법 원리》와 같은 명저를 남긴 사람이다. 무소르그스키가 친구 화가의 유작전에서 영감을 얻어 작곡한 《전람회의 그림》은 지금도 방송이나 음악회에서 단골로 소개되고 있으며, 그의 오페라 《보리스 고두노프》는 러시아를 넘어 뉴욕 메트로폴리탄 오페라의 레퍼토리로도 공연되고 있다.

격변의 19세기 러시아에서도 특히 1860~70년대는 인텔리겐차나 민중이 세상의 변화에 대한 특별한 영감으로 충만했던 시기였다. 1861년 역사적인 농노해방령이 공포되었고, 1864년에는 왕립 페테르부르크 미술아카데미의 졸업작품전에 불만을 품고 이반 크람스코이 등 14인이 자퇴하는 반란이 일어났다. 1864~9년에는 농민병사가 새로운 세상의 주역으로 부각된 톨스토이의 《전쟁과 평화》가 집필되었고, 1870년까지 음악분야에서 국민악파 5인조의 활동이 절정을 이루었다. 1870년에는 '14인의 반란'을 모태로 이동전람회가 시작되었고, 1873~5년 기간에는 수천 명의 청년들이 '브나로드(민중 속으로)'를 외치며 농촌으로 들어갔다.

이동파 화가들이 회화를 통해 민중을 각성시키려 했듯이, 이런 상황에서 국민악파 5인조가 처음 추구한 음악은 개인적 창조행위가 아니라 민중과 대화하고 그들에게 민족적 정체성을 주입하려는 수단이었다. 하지만 지나친 목적성은 원래 자유로운 영혼을 가진 예술가들을 질식하게 만든다. 무소르그스키는 푸시킨의 희곡을 기반으로 대작 오페라 《보리스 고두노프》를 작곡하는 등 한동안 국민주의 음악운동을 열렬히 이끌었던 사람이다. 그러나 그도 말년에는 정치와 결별하고 예술을 위한 예술 쪽으로 고개를 돌리게 된다. 1880년대에 무소르그스키와 보로딘이 사망하자 국민악파의 활동은 사실상 막을 내린다. 그 뒤를 이은 것이 차이코프스키였다. 그는 정식 서구음악교육을 마쳤고, 초기에는 국민악파의 영향을 받았으나 그들과는 다른 길을 걸었다. 당시 인텔리겐차들이 러시아사회 발전의 지향을 두고 양분되었던 공식을 거칠게 적용한다면, 국민악파는 슬라브주의자 쪽이었던 반면 차이코프스키는 서구화주의자 그룹에 속했다고 볼 수 있다.

1888년의 표트르 차이코프스키

차이코프스키의 비창교향곡

표트르 일리치 차이코프스키(1840~93)는 무소르그스키(1839~81)보다 한 살이 적을 뿐이다. 하지만 그는 5인조의 다음 세대 음악가로 간주된다. 그 이유 가운데 하나는 그가 늦게 음악계에 발을 들여놓았기 때문일 것이다. 차이코프스키는 부친의 뜻대로 법무성 관리로 일하다가 뒤늦게 정식 음악수업을 받기 시작했다. 그에게 음악의 길을 열어준 것은 안톤 루빈슈타인과 니콜라이 루빈슈타인 형제였다. 형 안톤은 상트페테르부르크음악원 원장으로서 그를 가르쳤고, 1860년대 중반에 문을 연 모스크바음악원의 초대원장이었던 동생 니콜라이는 그를 화성학 교수로 초빙했다.

차이코프스키에게 음악의 길을 열어준 루빈슈타인 형제. 오른쪽이 안톤, 왼쪽이 니콜라이(20세기 초)

그 무렵 차이코프스키는 5인조와 교류하며 영향을 받았으므로 그의 초기음악에는 러시아 민족주의적 색채가 강했다. 하지만 그는 러시아의 민족적 정서를 서유럽음악의 견고한 형식에 담기를 원했으므로, 1870년대 들어서는 5인조와 거리를 두게 된다. 그렇다고 해서 그가 러시아적 선율로부터도 멀어진 것은 아니다. 잘 알려진 그의 피아노협주곡 제1번의 도입부를 듣고 있으면 유장한 볼가강의 물살이 온몸을 휘감아 오는듯 하다.

어려서부터 병약했던 차이코프스키는 평생 신경쇠약과 조울증에 시달렸다. 이러한 지병은 동성애자였던 그의 죄의식 또는 불안과 무관하지 않은 것으로 알려져 있다. 영국의 동성애 '처벌법'이 폐지된 것은 그리 오래되지 않은 과거인 1967년의 일이다. 그러니까 그 이전에는 동성애가 '범죄'였던 것이다. 러시아정교회 역시 동성애에 대해서는 매우 엄격했다. 불행한 결과를 예상하면서도 그가 음악원 제자 안토니나 밀류코바의 구혼을 뿌리치지 못한 것은, 그녀의 구애가 워낙 절박했기 때문이기도 했지만 동성애자가 아니라는 알리바이를 위해서일 것이라는 추측도 있다. 아무튼 두 사람은 1877년 결혼하였으나 노이로제가 더 심각해진 차이코프스키는 석 달 만에 페테르부르크로 달아나 버린다. 이후 한동안 그는 극심한 슬럼프에 빠져 아무 것도 할 수 없는 상황에 처하게 된다.

그가 다시 활발한 창작활동을 이어갈 수 있었던 것은, 그의 음악을 존경한 철도사업가 미망인 나제즈다 필라레토브나 폰 메크 부인(1831~1894)의 금전적 정신적 후원에 힘입은 바가 크다. 그들이 1877년부터 1890년까지 무려 1,200여 통의 편지를 주고받으면서도 한 번도 직접 만나지 않았던 사실은 전설처럼 회자된다.

차이코프스키에게 큰 힘이 되었던 후원자 폰 메크 부인

차이코프스키는 평생 신경쇠약에 시달렸으나 경제적 어려움을 겪지는 않았다. 그는 폰 메크 부인의 지원에 더하여 차르의 연금혜택까지 누린 행운아였다. 1885년 차르 알렉산드르 3세의 지시로 차이코프스키는 푸시킨의 운문소설을 원작으로 한 오페라 《예브게니 오네긴》을 개작하여 공연하였고, 이를 계기로 평생 동안 매년 3천 루블의 연금을 지원받게 된다. 차이코프스키는 철저한 군주제 지지자였다.

좋은 일은 그것만이 아니었다. 그는 1880년대 말부터 4년간 유럽과 미국으로 떠난 순회 연주에서 가는 곳마다 갈채를 받았다. 그가 이처럼 차르의 지원과 세계적 명성까지 누리면서 인생의 후반기를 행복하게 마무리할 수 있었다면, 우리는 그를 '비창(悲愴)'이란 단어와 함께 기억하지 않을 것이다. 다른 음악가들이 누리지 못한 명예와 경제적 여유를 얻었음에도 불구하고 그의 정신적 문제는 여전하였다. 그리고 1890년 10월, 불안 불안하던 그의 정신 상태를 파멸로 몰아가는 사건이 터진다. 사업실패를 이유로 폰 메크 부인이 갑자기 지원 중단을 통보해온 것이다. 그녀의 지지와 후원은 금전적인 차원을 넘어서 차이코프스키의 삶을 지탱해준 든든한 기둥이었다. 경제적 타격이 크지는 않았지만, 이로 인해 그는 엄청난 충격을 받는다.

1893년 8월 말 깊은 우울 속에서 그는 교향곡 6번을 완성하였다. 그리고 10월 페테르부르크에서 초연을 직접 지휘하게 되지만 9일 후 갑작스레 사망한다. 공식 사인은 콜레라였다. 그러나 의심스런 점들이 적지 않아, 그럴듯한 스토리와 함께 자살설도 끊임없이 제기되고 있다. 그는 마지막 교향곡 6번에 '비창(Pathetique)'이란 표제를 붙였다. 장송곡처럼 무거운 바순 연주로 시작하여, 교향곡의 일반적 틀을 깬 아다지오 라멘토소(느리고 비통하게)로 마무리되는 이 곡에 어떤 다른 이름을 붙일 수 있을까 싶다. 마치 죽음을 예견한 사람처럼, 차이코프스키는 최후의 교향곡 비창을 통하여 화려한 성취 속에서도 늘 음울했던 그의 삶을 돌아보고 있는 것 같다.

차이코프스키의 무덤. 상트페테르부르크 알렉산드르 네프스키 수도원 ⓒKwunYoong

20. 러시아 발레, 발레 루스

'발레'라고 할 때 가장 먼저 떠오르는 나라는 러시아가 아닐까. 볼쇼이발레단의 순회공연 티켓은 가격이 만만치 않음에도 번번이 매진이고, 상트페테르부르크 마린스키극장에서 《백조의 호수》 공연을 보고 온 사람의 관람기는 수년을 가기가 십상이다. 발레는 르네상스 시기 이탈리아에서 시작되어 루이 14세의 프랑스에서 꽃을 피웠고, 19세기 러시아에서 풍성한 열매를 맺은 예술이다. 그리고 고전발레의 완성에 있어서 차이코프스키는 빼놓을 수 없는 이름이다.

초기의 발레는 지금과 아주 다른 춤이었다고 한다. 우선 이탈리아의 발레는 귀족들이 왕 앞에서 직접 춘 춤이었고, 오랫동안 남성들만의 춤이었다. 이런 발레를 프랑스에 소개한 것은 1533년 앙리2세와 결혼한 피렌체 메디치 가문의 딸 카트린 드 메디시스였다. 프랑스 궁정의 발레 사랑은 각별했다고 한다. 태양왕 루이 14세(재위 1643~1715)는 발레 공연에서 몸소 춤추기를 즐겼고 1661년에는 왕립무용학교를 열었다. 이를 통해 전문 무용수들이 등장하면서 발레는 귀족들이 직접 즐기는 여흥에서 그들이 관람하는 예술로 성격이 바뀌어갔다. 이렇게 만개하던 프랑스 발레에 갑자기 위기가 찾아온다. 시민혁명이었다. 당시 발레는 궁정의 지원에 전적으로 의존하고 있었다. 따라서 혁명으로 왕정이 붕괴하자 발레 관계자들은 졸지에 실업자로 전락할 처지가 되어버린 것이다. 그들의 출구는 당시 모든 분야의 예술가들에게 가장 후한 대우를 제공하고 있던 러시아였다.

러시아에 발레가 도입된 것은 표트르 대제의 서구화개혁 과정에서였다. 그 후 1738년 안나 이바노브나 여제가 페테르부르크에 마린스키극장의 모태가 된 왕립무용학교를 열었고, 1825년에는 모스크바 볼쇼이극장도 건립되었다. 하지만 러시아는 여전히 발레의 변방에 불과한 땅이었다. 이런 상황에서 혁명이 불어 닥친 프랑스로부터 안무가와 무용수들이 몰려들면서 페테르부르크는 단숨에 새로운 중심으로 떠오르게 된다. 여기서 꼭 기억해야 할 인물이 마리우스 프티파(1818~1910)이다. 그는 1847년 무용수로 러시아에 건너왔으나 안무가로 변신, 약 40년 동안 50여개 작품의 안무를 담당하며 러시아 발레의 특성을 확립하였다.

프랑스 사람 프티파가 러시아를 고전발레의 최고봉으로 이끄는 과정에서 차이코프스키는 중요한 조력자였다. 대본의 스토리를 몸짓으로 표현하는 발레에 있어서 음악의 중요성은 두말할 나위가 없다. 그런데 당시 왕정이 몰락한 유럽 각국에서 발레는 구시대의 궁중 오락거리로 취급되고 있었고, 베르디·바그너·비제·푸치니로 이어지는 오페라가 바야흐로 전성시대를 구가하고 있었다. 러시아의 인텔리겐차들도 발레를 돈 많은 속물들의 취미

1653년 《밤의 발레(Ballet de la Nuit)》에서 아폴로로 분장한 루이 14세. 당시 15살이었던 그는 이 작품에서 여섯 인물의 배역을 소화했다.

러시아 발레의 특성을 확립한 프랑스인 마리우스 프티파

모스크바 차이코프스키음악원 입구의 차이코프스키 동상
ⓒKwunYoong

쯤으로 백안시하여, 림스키-코르사코프 같은 음악가는 발레가 진정한 예술이 아니라고 주장하고 있었다. 이런 상황에서 격조 있는 작곡가가 발레 제작에 참여하는 것은 현명한 일이 아니었다. 그러나 차이코프스키는 프티파와의 협업으로 《잠자는 숲속의 미녀(1889)》와 《호두까기 인형(1892)》을 연이어 내놓았다. 프티파와 만나기 전인 1876년 발표했던 《백조의 호수》는 좋은 반응을 얻지 못했으나, 그의 사후 프티파의 수정을 거쳐 대성공을 거두게 된다.

당시 러시아 최고의 작곡가였던 차이코프스키가 이처럼 발레곡에 손을 대는 바람에 체면에 흠집이 생겼다는 평가도 있다. 하지만 시간이 흐른 지금, 발레의 역사에서 그는 빼놓을 수 없는 인물로 기록되어 있다. 그때까지 제대로 틀이 잡혀있지 않았던 발레에 교향곡의 4개 악장처럼 기승전결의 짜임새 있는 4막 형식을 부여한 것이 바로 차이코프스키였다.

마리우스 프티파를 비롯한 외국 전문가들의 활약으로 러시아는 최고의 작품과 무용수들을 보유한 발레 강국으로 발전하였다. 오늘날 우리의 눈과 귀에 큰 기쁨을 주는 《백조의 호수》에는 유명한 32회전의 푸에테 기술, 발레리나의 짧은 치마(클래식 튀튀 classic tutu)와 같은 혁신적 의상, 그리고 아름다운 군무를 비롯하여 러시아 발레가 새롭게 이룩한 성취들이 집대성되어 있다. 물은 높은 곳에서 낮은 쪽으로 흐르기 마련이다. 이제 정상에 선 러시아 발레가 전 세계에 그 영향을 미칠 차례가 되었다. 재미있는 것은, 프랑스혁명이 러시아 발레가 크게 발돋움하는 결정적 계기가 되었던 것처럼 러시아 발레의 탁월한 결실이 세계로 확산된 계기 역시 러시아의 정정 불안이었다는 사실이다.

1905년 '피의 일요일 사건'은 러시아 민중이 차르에 맞서 처음으로 승리를 맛본 역사적 사건이었다. 차르는 형세가 불리하자 입헌군주제를 약속하며 예봉을 피한 후 역공으로 혁명세력을 진압하는 데 성공했다. 많은 반체제 인사들이 검거되었고 일부는 해외로 망명하거나 지하로 잠적하였다. 정국은 일단 수습된 것처럼 보였으나 이 거대한 흐름을 불러온 시대상황은 달라진 것이 없었으므로 불길이 다시 살아나는 건 시간문제였다. 이와 같은 불안 속에서 탁월한 공연제작자 세르게이 파블로비치 디아길레프(1872~1929)는 마린스키극장의 젊은 무용수들을 데리고 파리로 진출한다.

파리에서 개인 발레단 '발레 루스'를 설립한 디아길레프

그가 1909년 창단한 개인 발레단 '발레 루스(Ballets Russes : 러시아 발레단이란 의미)'가 보여준 생동감 넘치는 러시아 발레에 유럽은 열광하였다. 디아길레프의 발레 루스는 미하일 포킨, 바슬라프 니진스키와 같은 발군의 안무가들과 안나 파블로바를 비롯한 걸출한 발레리나들을 배출하였다. 카미유 생상스의 곡《백조》에 포킨이 안무하고 파블로바가 춤을 춘《빈사의 백조(1905)》는 2분 남짓한 독무이지만 발레의 전설로 일컬어진다. 발레 루스의 안무는 창의적이었고, 발레를 종합예술로 끌어올리고자 했던 디아길레프는 무대미술에 피카소와 같은 최고의 예술가를 동원하기도 했다. 여기다가 1917년 혁명을 전후하여 위기를 느낀 러시아 무용수들이 대거 유럽으로 넘어와 발레 루스에 합류하였다. 이쯤 되면 그야말로 드림팀이었다. 이후 1929년 디아길레프의 사망으로 해산할 때까지 20년에 걸친 발레 루스의 빛나는 활약은 그야말로 빈사 상태에 있던 유럽의 발레가 다시 한 번 꽃을 피우게 만든다.

발레 루스 공연의 포스터

발레 루스의 작품 《Parade》의 무대그림을 그리고 있는 파블로 피카소(모자를 쓴 사람)(1917)

디아길레프와 발레 루스의 신화는 지난 세기의 역사가 되었지만 세계 발레에서 러시아의 위상은 지금도 변함없이 이어지고 있다. 10월 혁명 직후 소련에서 발레는 구시대의 유물로 간주되어 한동안 어려움을 겪기도 했다. 그러나 사회주의체제 아래에서도 지속적으로 발전하여, 오늘날 볼쇼이와 마린스키는 세계 최고 발레단으로서의 위치를 굳건히 지키고 있다. 발레 루스의 스타 안나 파블로바는 1911년 자신의 발레단 만들어 런던을 거점으로 전 세계를 돌며 활동하였고, 1919년 미국으로 건너간 미하일 포킨은 귀화하여 많은 작품들을 공연함으로써 러시아 발레의 성과를 확산시켰다. 오늘날 또 하나의 세계적 명문으로 일컬어지는 영국의 로열발레단도 발레 루스 출신의 니네트 드 발로아와 릴리안 베일리스가 1931년 런던에서 창립한 빅웰스발레단에서 시작된 것이다. 그리고 1960년대 이후 마고트 폰테인과 함께 로열발레단의 전성기를 이끌었던 루돌프 누레예프도 마린스키의 전신인 키로프발레단의 멤버로 파리 순회공연 중 망명한 러시아 무용수이다.

발레 루스의 전설적 발레리나 안나 파블로바(1912)

'러시아'라면 먼저 떠오르는 것이 무엇인지 주변 사람들에게 가끔 질문을 던지곤 한다. 문화예술에 특별한 조예를 갖고 있지 않은 사람들은 대개, 독재자 스탈린, 마피아와 보드카, 그리고 근육질의 푸틴과 같은 답을 내놓는다. 하지만 한 개인도 내면에 여러 얼굴을 가지고 있는데, 하물며 한 국가의 정체성을 몇 개의 단어로 규정해버릴 수 있으랴. 러시아는 마피아와 보드카의 나라이기도 하지만, 톨스토이와 도스토예프스키의 나라이기도 하다. 그리고 구시대의 여흥으로 사라질 운명이었던 발레에 새로운 생명을 불어넣어 수준 높은 예술로 끌어올린 나라이기도 하다.

19세기 러시아는 유럽에서 가장 많은 인구를 보유하고 있었고 나폴레옹을 몰락시킨 저력을 가진 강국이었다. 그리고 유럽의 주류들과는 다소 격리된 채 강고하게 유지되고 있던 러시아 궁정은 서유럽의 예술가들에게 매우 호의적이었다. 이는 프랑스혁명으로 위기를 맞은 발레가 새로운 뿌리를 내릴 수 있는 최적의 조건이었다. 역사에서 가정은 부질없는 것이다. 하지만 만약 러시아의 왕정도 서유럽과 비슷한 시기에 함께 붕괴되었다면 발레는 어떤 모습으로 사라져갔을지, 파리의 마리우스 프티파는 과연 어디서 무엇을 하다가 잊혀졌을지 생각해본다.

Royal Swedish Opera의 작품으로 공연된 《백조의 호수》 ⓒ Alexander Kenney/Kungliga Operan[8]

21. 러시아 미술의 위대한 파트롱, 트레차코프와 마몬토프

미술을 인민에게, 이동파의 반란

러시아 미술은 아직 우리에게 많이 알려져 있지 않다. 샤갈·칸딘스키 등 유명 화가들이 러시아인이란 사실을 잘 모르는 사람도 많을 것이다. 그리고 그들조차도 미술사의 한 페이지를 장식하고는 있지만 당시 러시아 미술의 맥락과는 별로 관련 없이 유럽의 미술사에서 언급될 뿐이다. 그러나 19세기 중반 이후 러시아 화단이 배출한 사실주의적 작품들을 한번만 볼 기회가 있다면 누구든 놀라움을 금치 못할 것이다. 레핀·크람스코이·수리코프·세로프·브루벨 등 거장이란 수사에 손색이 없는 러시아 화가들의 그림은 미술에 큰 조예가 없는 사람들조차도 경탄하게 만든다.

러시아 화가들의 뛰어난 그림이 잘 알려지지 않은 것은 러시아 혹은 소련이라는 나라에 대한 그간의 이념적 거리감 때문일 수 있다. 그러나 더 중요한 것은, 그들의 그림이 회화로서는 훌륭할지 모르나 미술사적인 의미는 크지 않기 때문인 것 같다. 이를테면 뭔가 새로운 것을 보여주거나 새로운 유파를 만들어내지는 못했기 때문이란 것이다.

표현 방법 상 새로운 것은 없으되 그들의 그림은 참 '잘 그렸다'. 그리고 많은 이야기를 담고 있다. 그것은 주로 '역사'이다. 그들의 그림에 담긴 것은 단순한 러시아 역사의 한 장면이 아니라 인간 세상의 본질을 꿰뚫는 고뇌이다. 인류역사상 처음으로 인간의 머리로 만든 이념에 따라 세상을 바꾸었던 나라. 그러나 그 결실을 결국 역사의 뒤안길로 흘려보내야 했던, 이념의 나라 러시아. 19세기 러시아 회화에는 당대 러시아의 고뇌와 열정과 슬픔이 녹아있다. 그래서 충분히 감동적이다.

당시의 러시아 회화를 이야기하자면 반드시 언급되어야 하는 단어가 있다. '이동파' 혹은 '순회파'로 번역되는 '페레드비즈니키(Передвижники)'이다. 궁정적이고 귀족적이던 주류 미술에 반기를 들고 1864년 왕립 페테르부르크 미술아카데미를 자퇴한 14인의 젊은 화가들이 있었다. 이들의 모임으로부터, 1870년에는 평론가 블라디미르 스타소프가 참여하고 이반 크람스코이(1837~87)와 바실리 페로프(1834~82)를 주축으로 한 '이동전동지회'가 창설된다. 그리고 얼마 후에는 여기에 일리야 레핀(1844~1930), 바실리 수리코프(1848~16) 등이 가세함으로써, 러시아 예술의 판도를 바꾸어 놓은 이동파 드림팀이 구성되는 것이다.

1885년 이동파 화가들. 크람스코이(화면 앞줄 우측에서 세 번째의 흰 수염), 레핀(크람스코이 우측, 손으로 턱을 괸 사람), 수리코프(뒷줄 좌측에서 다섯 번째)

이동파라는 이름은 그들이 수도에 머물지 않고 전국을 이동하며 전시를 하였기 때문에 붙여진 것이다. 그들의 이상은 '미술을 인민에게'라는 말로 요약될 수 있다. 즉, 미술작품은 소수의 궁정인사나 귀족들의 노리개가 아니라 당대사회와 고뇌를 주고받는 존재여야 한다는 것이다. 그리고 그럼으로써 미술이 사회발전에 기여할 수 있는 존재가 되어야 한다는 것이다.

I.Repin의 출세작 《볼가 강의 배 끄는 인부(1870~3)》. 미술 아카데미 학생이었던 레핀이 네바강변으로 스케치 여행을 떠났다가 마주친 충격적 광경을 담았다.

그런 그들이 표현의 기법보다 주제와 메시지를 더 중요하게 생각한 것은 당연한 일이다. 그들의 슬로건은 그 즈음 러시아 청년들이 벌인 '브나로드(인민 속으로 1873~5) 운동'을 연상케 한다. 그들은 자신들의 이상을 머릿속에만 담아둔 것이 아니라 이를 전파하고 실현하기 위해 행동하였다. 당대 러시아인들에게 세상의 중심이었던 페테르부르크와 모스크바를 떠나 전국 주요 도시를 이동하며 작품을 전시함으로써 인민들과 교감하였던 것이다. 실제로 지방도시 주민들의 지루한 일상에 이동파의 전례 없는 작품들이 던진 파문은 대단했다.

이들의 뜻은 가상하였지만, 기존질서에 대한 이러한 반역은 경제적으로 볼 때 거의 자살행위에 가까운 것이었다. 예술가로서 안정적 삶을 살 수 있는 기회를 스스로 포기한 이동파 화가들의 반란. 이것이 어떻게 해프닝으로 끝나지 않고 러시아 미술사를 뒤엎는 전환점으로 기록될 수 있었을까. 한 사회에서 새로운 예술적 시도가 살아남을 수 있는 것은 그것이 시대정신을 잘 반영하거나 선도할 수 있는 경우이다. 이동파의 그림은 혁명의 기운이 끓어오르는 19세기 러시아 사회와 서로 교감하고 영향을 주고받았기 때문에 새로운 주류로 등장할 수 있었던 것이다.

그러나 그 못지않게 중요한 것은 당시 이들을 후원하였던 파트롱(patron 후원자)들의 역할이다. 근대 이전의 유럽에서 예술가들은 그들의 경제적 수입을 궁정인사나 귀족과 같은 파트롱들에게 의존해왔다. 따라서 그들은 자신의 감성과 파트롱의 취향 간 불일치 때문에 고민에 빠지는 경우가 많았다. 그리고 우리가 잘 알고 있는 대가들조차도 완성된 작품을 파트롱에게 바치면서 지금 보기에는 낯간지럽기 짝이 없는 노골적인 아첨을 담은 헌사를 덧붙여야 했다. 시민혁명과 산업혁명을 거쳐 근대시민사회가 성립되고 그 주역으로 신흥 부르주아가 등장하면서 이러한 사정은 달라진다. 즉 개인적 파트롱은 점차 줄어들고 예술작품이 시장을 통해 소비되기 시작한 것이다.

러시아 사회는 19세기 이후 비로소 오랜 격리에서 벗어나 유럽과 본격적으로 교류하기 시작한다. 이와 함께 러시아 미술도 중대한 전환점을 맞게 되는데, 거기에는 새로운 신분의 파트롱들이 제공한 기여가 중요한 역할을 담당하였다. 그 가운데에서도 특히 두 사람, 거상 파벨 트레차코프와 철도왕 사바 마몬토프는 19세기말 러시아 예술의 부흥에 결정적 자양분을 제공한 사람들이었다. 이들이 없었더라면 우리는 오늘날 모스크바의 트레차코프미술관에서 뛰는 가슴을 진정시키며 일리야 레핀의 걸작들을 마주하지 못하게 되었을지도 모른다.

I.Repin, 파벨 트레차코프의 초상(1883)

이동파의 구원자, 파벨 트레차코프

당대의 부호 파벨 미하일로비치 트레차코프(1832~98)는 이동파 작가들에게 있어 거의 구세주였다. 그는 대단한 사업가였을 뿐 아니라 회화에 대해 높은 식견과 애정을 가진 사람이었다. 그는 특히 제도권에 맞서느라 경제적으로 곤란한 형편에 있었던 이동파 화가들의 그림을 비롯하여, 당시 곤궁했던 작가들의 작품을 대거 사들였다. 그렇게 모은 2천 점이 넘는 그림과 약간의 조각들이 전시된 트레차코프의 집은 러시아 작품들만으로 구성된 최초의 갤러리였다. 이 갤러리가 1892년 모스크바 시에 기증됨으로써 지금의 국립트레차코프미술관이 탄생한 것이다. 혁명 후 국가가 부자들로부터 몰수한 그림들까지 여기에 보태어져 이 미술관은 더 많은 작품들을 소장하게 된다. 지금은 본관에서 조금 떨어진 곳에 신관을 추가로 열어 주로 20세기 이후의 현대작품들을 전시하고 있다.

모스크바 국립트레차코프미술관 본관 입구 ⓒKwunYoong

트레차코프의 행적과 그에 대한 평가들을 살펴보면 그는 놀라운 사람임이 틀림없다. 그림에 대한 강렬한 애정과 집착으로 그는 1856년 24세의 나이에 이미 수집활동을 시작한다. 그리고 30년 넘게 지속된 수집활동으로 엄청난 자금을 지출한다. 왜 그랬을까. 화가들이나 미술사가들에 따르면, 트레차코프가 수많은 곤궁한 화가들을 도왔지만 그것은 과시나 허영심에서 나온 것이 아니었다. 그가 모아놓은 작품들의 규모를 볼 때 그의 수집열이 거의 강박적인 것이 아니었나 생각할 수도 있다. 그러나 그의 맹렬한 수집이 맹목적인 열정 때문이었던 것은 아니다. 30세 무렵 그는 다음과 같이 말하고 있다.

"그림을 진정 사랑하는 사람으로서, 나는 모든 사람들에게 기쁨을 줄 수 있는 작품들을 소장하여 누구나 쉽게 접근할 수 있도록 하고 싶을 뿐이다… 나는 러시아 화가들의 작품을 소장한 국립미술관을 하나 남기고 싶다."

트레차코프미술관 내부 이바노프의 그림 ⓒKwunYoong

트레차코프는 모스크바의 상인이었던 선대로부터 많은 재산을 물려받았다. 그러나 그는 그 재산을 고상한 취미생활에 탕진한 것이 아니라 오히려 더 크게 증식시킨 뛰어난 사업가이기도 했다. 세상을 떠나기 얼마 전 그는 이렇게 말한다.

레핀의 그림 ⓒKwunYoong

"나는 어릴 때부터 돈을 많이 벌고 싶었다. 그래서 그 돈을 벌게 해준 이 사회에 유용한 시설을 남김으로써 환원하고 싶었다. 그 생각은 지금도 변함이 없다."

이런 트레차코프에 대해 당대의 사람들이 매혹된 것은 당연한 일일 것이다. 그는 천부적인 재능과 흠잡을 데 없는 취향을 가지고 있었다고 한다. 이동파 초기의 리더였던 인물화의 대가 크람스코이는 이렇게 말한다. "나는 그가 어떤 악마적인 재능을 가진 사람이라고 고백하지 않을 수 없다."

수리코프의 그림 ⓒKwunYoong

혁명 전야의 예술

그와 그의 형제들은 학교에서 정규교육을 받은 적이 없었다. 가정에서 주로 실제 생활에 필요한 지식들을 배웠을 뿐이다. 그럼에도 불구하고 그는 문학·그림·연극·음악에 대해 폭 넓은 지식을 갖고 있었다. 그는 많은 화가·작가·음악가들과 교분을 가졌으며 그들의 조언을 기꺼이 경청하였다. 그러나 모든 결론은 전적으로 자신의 판단에 따랐다. 한 번 내린 결정을 바꾸는 법이 없었으며, 다른 사람이 참견하는 것을 용납하지 않았다고 한다. 파벨 트레차코프가 이처럼 필생의 사업으로 모아놓은 작품들은 오늘날 트레차코프미술관만의 자랑이 아니라 전체 러시아 예술의 자부심으로 남아있다.

아브람체보의 동화, 사바 마몬토프

트레차코프와 함께 언급하지 않을 수 없는, 19세기 말 러시아 예술을 꽃피운 또 한 사람의 중요한 파트롱은 철도왕 사바 이바노비치 마몬토프(1841~1918)이다. 대단한 부자였고 예술에 대해 높은 식견을 가졌으며 평생 커다란 후원을 아끼지 않은 점에서 마몬토프는 트레차코프와 유사하다. 그러나 두 사람은 많은 점에서 차이가 있으며, 매우 드라마틱한 삶을 살고 간 마몬토프에게 상대적으로 더 많은 지면을 할애해야 할지도 모른다. 마몬토프는 당대 러시아인들로부터 르네상스를 꽃 피운 피렌체의 메디치 가에 비견하는 평가를 들을 정도로 러시아 예술에 큰 영향을 미친 사람이다. 그는 러시아의 산업혁명에 크게 기여한 굴지의 기업가였으며, 회화나 미술뿐 아니라 예술 전반에 관심을 가지고 막대한 지원을 제공한 후원자였고, 무엇보다도 그 자신이 바로 예술가였다. 당시 러시아 예술가들은 그를 후원자가 아닌 동료

I. Repin, 사바 마몬토프의 초상(1880)

예술가로 대하였다. 그럴 만한 것이, 마몬토프는 이탈리아에서 성악을 배웠으며, 조각·무대연출·희곡 등 다양한 예술분야에 관심을 갖고 수련하였다. 그의 예술이 과연 프로급이었는지, 그저 아마추어 수준을 넘는 정도였지만 그의 재산과 호의가 사람들의 평가를 관대하게 만들었는지는 알 수 없지만.

드라마 같은 그의 삶에 있어서도 가장 놀라운 것은 아마도 아브람체보 이야기가 아닐까 싶다. 그는 모스크바 북동쪽 세르기예프 포사드 조금 못미처 자리 잡고 있는 평화로운 전원 아브람체보에 터전을 마련하고 뭇 예술가들에게 개방하였다. 아브람체보 마을에는 회화와 조각을 비롯하여 다양한 분야의 예술가들이 모여들어 따로 또 같이 작업을 하였다. 그곳을 거쳐 갔거나 관련 있는 화가만 하더라도 레핀·폴레노프·바스네초프·수리코프·코로빈·레비탄·세로프·브루벨 등 19세기 말 러시아 화단을 대표하는 인물들을 모두 꼽아야 할 지경이다.

아브람체보 사람들. 뒷줄 좌측이 사바 마몬토프, 앞줄 좌측은 먼저 간 친구의 아들로 그가 자식처럼 키운 발렌틴 세로프, 한 사람 건너 사바의 아내 엘리자베타

모스크바 교외선 열차의 아브람체보 역에서 내리면 잠시 걱정스러워진다. 그야말로 소비에트 스타일로 드라이한 시골 역에는 아무런 표지판도 없다. 머뭇거리는 사이에 함께 내린 사람들은 어느새 숲속으로 사라져 버린다. 관광객들로 보이는 사람들은 별로 없고 대부분 그냥 보따리를 한두 개씩 든 동네사람들이다. 일단 사람들이 많이 간 쪽을 따라 숲길을 걸어본다. 무성한 여름풀과 자작나무의 향기가 싱그럽다. 그러다 갑자기 갈림길이 나타난다. 갈라진 길의 크기가 비슷해 어느 쪽으로 가야 할지 망설이고 있는데 마침 한 아저씨가 걸어오고 있었다. 말을 걸고 길을 물어보려 하자 말 안 해도 잘 안다는 듯, 무제이(박물관) 찾는 거지? 저쪽이야 – 라고 시원시원하게 가르쳐주었다.

아브람체보의 마몬토프 저택. 현재는 박물관으로 사용되고 있다. ⓒKwunYoong

철을 다루는 기업가가 막대한 재력을 바탕으로 당대의 예술가들과 교류한다. 겨울에 그들은 도시의 저택에서 독서모임을 갖고 드로잉 수업을 하기도 하며 연극도 공연한다. 여름에는 아브람체보로 가서 함께 생활하며 숲을 산책하고 작품 활동을 한다. 때로는 파트롱 자신이 노래를 직접 부르고 연극을 연출하기도 한다.

어느 날 누군가가 이곳에 교회당을 하나 짓는 것이 어떠냐는 제안을 하자 모두가 환호한다. 모두 당대의 내로라하는 거장들이다. 어떤 이는 옛 러시아의 전통적 교회 건축양식을 발굴해 내고, 어떤 이는 교회당 안에 성화를 그려 넣고, 어떤 이는 타일을 만들어 붙이고, 저마다 힘을 보태어 마침내 아름다운 자작나무 숲에 어울리는 교회당을 탄생시킨다. 그리고 완공 후 첫 행사로, 그들 중 아름다운 남녀 한 쌍의 결혼식을 치른다.

마몬토프 써클의 동화 같은 이야기가 압축되어 있는 아브람체보 숲속의 작은 교회 ©KwunYoong

이것은 한 편의 동화 같은 이야기이다. 그런 몽상을 한 번쯤 가져본 사람은 있을 것이지만 그 실천은 쉽지 않다. 단순히 파트롱의 재력과 예술에 대한 동경만으로는 이룰 수 없는 일이며, 파트롱 자신의 작가적 능력과 열정이 뒷받침 되어야 하기 때문이다. 그러나 어쨌건 그들은 그렇게 하였고, 참 행복했을 것이다.

여름과 겨울을 함께 하며 예술에의 열정을 나누던 이들이 하나의 예술적 유파를 형성한 것은 자연스러운 일이다. 이른바 '마몬토프 써클' 또는 '아브람체보 파'가 그것이다. 마몬토프가 인수했던 아브람체보의 저택은 원래 한 세대 앞 슬라보필리의 수장 세르게이 악사코프(1791~1859)의 것이었다. 그리고 그 '슬라브주의'는 마몬토프 써클의 키워드였다. 마몬토프는 악사코프의 영지를 인수하면서 그의 슬라브적 전통을 그대로 유지하겠다고 맹세하였다. 지금도 아브람체보에는 악사코프의 방이 잘 보존되어 있다.

마몬토프의 '아브람체보 파'는 트레차코프가 사랑한 '이동파'와는 좀 다른 카테고리라고 보아야 한다. 양자가 대립된 개념이거나 전적으로 별도의 그룹이었던 것은 아니다. 당시 웬만한 예술가들은 아브람체보를 거쳐 갔고, 또 웬만한 화가는 트레차코프의 후원을 받았다. 따라서 양쪽 모두에 관련된 사람들이 적지 않다. 이동파의 주축이었던 일리야 레핀만

하더라도 1874년 로마에서 돌아오던 마몬토프 부처와 파리에서 합류하여 아브람체보에서 함께 지낸 마몬토프 써클의 초기 멤버였다.

아브람체보 파가 이동파와 또 하나 다른 점은 이동파처럼 독자적 전시회를 열지는 않았다는 것이다. 이동파 전시회에 개별적으로 참여한 사람도 있지만, 마몬토프 써클은 여름은 아브람체보에서 그리고 겨울은 모스크바에서 함께 생활하며 주로 러시아 예술전통의 부활과 새로운 러시아 문화 창조를 위해 많은 노력을 기울였다. 사바 마몬토프가 1885년 창단한

V.Serov, 복숭아를 가진 소녀(1887). 아브람체보 사람들의 사랑을 한 몸에 받았던 사바 마몬토프의 딸 베라를 모델로 그린 것이다.

사설 오페라단은 림스키-코르사코프의 《눈 처녀》를 공연하면서 러시아 민속장식에서 영감을 얻은 화가 빅토르 바스네초프(1848~1926)의 화려하고 혁신적인 무대미술을 도입하여 큰 화제가 되었다. 림스키-코르사코프의 또 다른 작품 《프스코프의 처녀》에서 이반 뇌제의 역을 맡은 표도르 샬리아핀(1873~1938)은 러시아 오페라의 전설로 남아있다.

아브람체보와 관련된 또 하나의 흥미로운 이야기가 있다. 오늘날 러시아를 다녀온 사람들이라면 대개 오뚝이 같이 생긴 목제인형을 하나쯤 기념으로 사온다. 몸통을 돌려 열어보면 그 안에 작은 인형이 있고, 그것을 열면 또 더 작은 놈이 나오는 마트료시카이다. 마트료시카는 평범한 러시아 여성의 이름 '마트료나'의 애칭이다. 지금은 재미있고 화려한 장식들이

말류친과 즈뵤즈도치킨의 오리지널 마트료시카(1892). 전통의상을 입은 시골아낙의 수수한 모습이었다.

많지만, 최초의 마트료시카에는 전통의상 사라판을 입고 수탉을 든 수수한 시골아낙의 모습이 그려져 있었다. 그리고 인형을 차례로 열어 가면 다산의 상징답게 점점 더 어린 아이들이 나타나게 되어 있었다. 러시아 유명 관광지의 노점이나 기념품 가게의 진열장에는 이 인형들이 어김없이 빼곡히 늘어서 있어서, 사람들은 마트료시카가 필경 오랜 역사를 가진 전통공예품일 것으로 짐작한다. 하지만 사실은 그렇지가 않다.

마트료시카가 처음 탄생한 것은 1890년이었다. 화가 세르게이 말류친(1859~1937)의 디자인으로 목공예가 바실리 즈뵤즈도치킨(1876~1956)이 깎아낸 것이다. 아브람체보에서 소목공방을 열어 농민의 아이들을 교육시키는 한편 전통 목공예의 발굴과 복원에도 힘을 쏟고 있던 마몬토프의 아내 엘리자베타(1847~1908)는 1900년 이 인형을 파리에서 열린 만국박람회에 출품하여 동상을 수상한다. 그때부터 아브람체보에서 멀지 않은 세르기예프 포사드에서 본격적으로 생산되기 시작한 마트료시카는 백년이 채 안 되어 러시아의 아이콘으로 등극하였다.

세기말 러시아 예술가들에게 아브람체보라는 마음의 고향을 선물하였던 마몬토프의 말년은 불행한 것이었다. 문화적 지원뿐 아니라 철도부설을 통해 마몬토프는 러시아 산업혁명의 주역으로서 매우 중요한 역할을 담당하였다. 러시아 정부는 대규모 산업화 계획에 대한 지원을 그에게 요청하기도 하였다. 그러나 궁정의 보수귀족들은 이처럼 급변하는 세상과 천박한 상인이 승승장구하여 세상의 주역이 되는 것을 용납할 수가 없었다. 1899년 그들은 마몬토프에게 공금횡령 등의 혐의를 뒤집어씌워 체포한다. 재판이 열리고 결국 무죄로 석방되기는 하였지만 그는 쓰라린 파산을 받아들여야 했다. 60세의 마몬토프는 이후 사업에서 완전히 손을 떼고 아브람체보에서 여생을 보내다가 혁명 이듬해인 1918년 세상을 떠난다.

아브람체보 교회 옆의 마몬토프 가족 무덤. 소박한 나무십자가 아래, 부모보다 먼저 세상을 떠난 베라와 마몬토프 부부가 잠들어 있다. ⓒKwunYoong

혁명 전야의 예술 **241**

제6편 소비에트의 추억

22.
소비에트연방

23.
소련의 종말

22. 소비에트 연방

소련의 탄생

볼셰비키가 1917년 10월 혁명에 성공하였지만 그들이 곧바로 전 러시아를 장악하고 소비에트 연방을 출범시킬 수 있었던 것은 아니다. 1917년 말 그들은 아직 상트페테르부르크와 모스크바 정도를 손에 넣었을 뿐이었다. 사태가 역전될 가능성도 없지 않았다. 지방의 많은 지역은 차르의 추종세력인 백위군(the White Army)들이 장악하고 있었다. 다른 사회주의 분파들과의 권력투쟁도 치열하였다. 혼란을 틈타 열강들은 러시아 영토를 잠식해 들어왔다. 러시아혁명은 1922년까지 계속된 내전이 종식되고 나서야 비로소 완성되었다고 볼 수 있다.

수도와 모스크바를 장악한 레닌은 제헌의회를 해산하고 사상 처음으로 '소비에트'가 권력을 장악하는 정치 시스템을 채택한다. 소비에트란 '평의회' 또는 '대표자회의'를 의미하는 러시아어이다. 이는 혁명이 진행되는 과정에 공장·군대·농촌 등 각 부문에서 자연발생적으로 만들어진 것이다. 공장마다 일어난 동맹파업운동을 조정하고 통일적으로 지도하는 '노동자대표 소비에트'가 처음 형성된 것은 1905년이었고, 1917년 2월 혁명 시기에는 병사와 농민들마저 합류하여 '노·병·농 소비에트'가 권력기관으로 탄생했던 것이다. 이는 1936년 헌법에 의하여 다시 '근로자대표 소비에트'로 바뀐다. 가장 기초적 단위의 소비에트는 각 촌에서 대의원을 뽑아 만들어지고, 그 위로 시·지구·관구·자치주·공화국·연방의 소비에트가 피라미드 형태로 올라가게 된다. 여기서 하급 소비에트는 상급 소비에트에 대해 완전히 종속되므로 이는 사실상 당의 정책을 탑다운 방식으로 충실히 전달하는 기구였다.

소련 즉 '소비에트 연방'이란 이처럼 구성된 각 공화국의 소비에트들로 이루어진 연방체란 의미이다. 연방의 구성에는 상당한 시간이 필요하였다. 혁명 2주 후, 지도부는 '러시아 내 모든 민족의 권리선언'을 발표함으로써 각 민족에 대해 완전한 자결권을 부여하였다. 이에 따라 러시아의 식민지 상태에 있던 폴란드·핀란드·발트 3국이 독립을 선언했다. 그리고 내전 중 사회주의 소비에트 공화국이 수립된 러시아·우크라이나·벨로루시·아제르바이잔·아르메니아·그루지아의 6개 공화국 사이에 동맹이 형성되었고, 이는 1922년 12월 '소비에트 사회주의공화국연방'으로 통합된다. 그리고 뒤이어 카자흐스탄, 우즈베키스탄 등 중앙아시아 3개 공화국이 합류하고 2차 대전 무렵 발트 3국을 다시 흡수함으로써 총 15개국으로 이루어진 소비에트연방이 비로소 완성되어 1990년대 초까지 지속되었다.

내전과 NEP

레닌은 정권을 잡자마자 독일과 브레스트 강화조약(1918.3)을 체결하여 제1차 세계대전의 수렁에서 벗어난다. 마르크시스트에게 '조국'이란 없다. 마르크시즘은 민족이 아니라 계급을 중심으로 전개되는 이론이기 때문이다. 그에 의하면 러시아 노동자의 적은 독일 민족이 아니라 러시아와 독일을 포함한 세계 각국의 자본가들인 것이다. 나아가 독일의 노동자는 러시아 노동자들의 친구인 것이다. 그러므로 마르크시즘에 충실하자면 국가 내지 민족 간의 전쟁인 1차 대전이 발생했을 때 각국의 사회주의자들은 전쟁 참여를 거부했어야 했다. 하지만 그랬다가는 자칫 배신자 또는 적국의 첩자로 몰릴 수도 있는 상황이었으므로, 각국의 사회주의자들은 고심 끝에 전쟁을 지지하고 참여하게 된다. 그러나 유독 러시아의 볼셰비키만은 예외였다. 그들은 참전을 완강히 거부하였고, 결국 전선의 부대 내에도 조직을 침투시켜 전투를 거부하도록 선동하였던 것이다.

독일이 제시한 강화조건은 전쟁배상금 지불과 영토 할양 등 러시아로서는 굴욕적인 내용이었다. 당시 러시아 군대의 군비는 매우 열악하였고 병사들의 사기는 말이 아닌 상태였다. 이렇게 치른 전쟁에서 러시아는 엄청난 피해를 입고 있었다.

강화조약을 위해 벨라루스의 Brest-Litovsk에서 독일대표단과 만난 트로츠키(1918.1)

볼셰비키는 러시아 사회를 신속히 사회주의 체제로 개편하기 위해 무조건 전쟁에서 빠져나오기를 원했지만 다른 사회주의 세력들은 독일의 강화조건에 강력히 반대하였다. 이로 인해 강화 반대파들의 폭동 등 우여곡절을 거친 후에야 비로소 러시아는 강화조약을 비준하고 전쟁에서 벗어날 수 있었다.

레닌은 이후 주요 생산시설을 국유화하고 생산과 분배를 국가가 통제하는 사회주의적 개조작업을 발 빠르게 진행하였다. 이제 러시아는 '능력에 따라 일하고 노동에 따라 분배'하는 새로운 나라가 되었다. 새로운 시대를 맞은 조국의 수도는 상트페테르부르크로부터 모스크바로 다시 이전되었다.

그러나 혁명의 길에는 아직도 많은 시련이 남아있었다. 소비에트 정부의 기반은 취약한 상태였고, 농민 대다수는 볼셰비키가 아니라 사회혁명당을 지지하고 있었다. 농민들은 마르크스가 누구인지 계급투쟁이 무엇인지에 대해 관심이 없었다. 그들에게 중요한 것은 오로지 토지였다. 따라서 지주의 토지를 몰수하여 무상으로 농민들에게 나누어주기를 주장한 사회혁명당의 강령은 농민들을 흡수하기에 충분하였다.

처참한 내전(1918~22)은 외국의 간섭으로 시작되었다. 돌연변이처럼 나타난 사회주의국가 소련에 우호적인 나라는 지구상에 단 하나도 없었다. 책 속에 존재하는 것만으로도 불온한 마르크시즘을 지상에서 구현한 소련은 자본주의 국가들에게 위험하기 짝이 없는 존재였다. 각국은 혼란을 틈타 러시아 영토로 군대를 진주시키고 백위군을 지원함으로써 혁명을 전복하려 하였다. 영국군은 북쪽 무르만스크에 상륙하였고, 남쪽 카프카즈와 중앙아시아로도 침입하였다. 일본과 미국은 블라디보스토크를 비롯한 극동지역으로 진출하였다. 독일은 우크라이나, 벨로루시 그리고 발트해 연안과 핀란드를 장악하였다. 그리고 이들의 지원을 받는 백위군은 시베리아·우랄·볼가 유역을 점령하게 된다. 공장의 가동에 필요한 원료와 연료 그리고 식량은 대부분 백위군의 점령지에서 생산되고 있었으므로, 내전으로 인해 공장들은 멈추어서고 밤은 칠흑으로 변했으며 주민들은 끼니를 잇기가 힘들었다. 천신만고 끝에 이룩한 러시아의 혁명은 바람 앞의 촛불과 같은 위기에 놓여있었다.

내전은 외국의 간섭으로 시작되었다. 블라디보스토크에 상륙한 미군(1918.8)

그러나 인민들은 혁명의 완수를 위해 다시 일어선다. 자신들의 힘으로 차르의 전제정치를 붕괴시킨 놀라운 경험을 한 인민들은 아직 대단한 혁명의 열정을 가슴에 담고 있었다. 또한 농민과 변방의 소수민족들은 반혁명세력의 점령지에서 토지가 다시 지주들에게 되돌아가고 과거의 권력자들이 복귀하는 모습을 지켜보면서, 혁명이 뒤집어질 경우 자신들에게 결코 이롭지 못하다는 것을 깨닫게 된다. 혁명과 조국을 위해 궐기하자는 소비에트 정부의 호소에 수많은 인민들이 속속 모여들었다. 백위군과 간섭군은 모스크바 점령을 위해 총공세를 퍼부었지만, 수백만으로 강화되고 사기도 충천한 적위군(the Red Army)은 1922년 마침내 그들을 완전히 섬멸하고 혁명을 완수하게 된다.

극동지역에서 백위군에 의해 사살된 볼셰비키 군인들(1918)

내전의 피해는 처참했다. 우리에게 소설과 영화로 잘 알려진 보리스 파스테르나크의 《닥터 지바고(1957)》에는 이 시대의 참상이 잘 묘사되어 있다. 4년여의 내전으로 1,300만 명이 죽었고 국토는 황폐화되었으며, 차르를 지지하는 약 100만의 러시아인들이 해외로 망명하였다.

생산이 마비된 상태에서 전쟁을 치러야 했던 레닌은 소련을 '전시공산주의(戰時共産主義)'라 불리는 비상동원체제로 전환할 수밖에 없었다. 대기업에 이어 중소기업까지 모든 기업이 국유화되었으며 농민이 생산한 식량도 모조리 징발되었다. 이제 상행위는 금지되고 생산된 모든 것을 국가가 거두어 간 후 국민들에게 배급하는 시스템으로 바뀌게 된 것이다. 그러나 소련 경제는 공업생산의 침체, 상업의 마비, 그리고 대기근으로 파국에 이르게 된다. 이에 따라 각지에서 농민들이 봉기하고 노동자들은 파업에 들어갔으며, 크론슈타트에서는 수병들이 반란을 일으키는 사태가 발생하였다.

혁명의 근본이 흔들리는 위기를 맞아 레닌은 정책을 잠시 수정할 수밖에 없었다. 그것이 흔히 NEP라고 불리는 '신경제정책(New Economic Policy : 1921~8)'이다. 이를 통해 사기업과 사적 교환이 허용되는 등 각 분야에서 자본주의적 요소가 일부 복구된다. 이러한 조치의 의의는 레닌이 말한 '2보 전진을 위한 1보 후퇴'란 테제로 요약될 수 있다. 즉 궁극적으로 국가 중추부문의 사회주의화를 진전시키기 위해서는 이 위기에서 작전상 일보 후퇴가 필요하다는 것이었다. 기대대로 경제는 빠른 속도로 부활하여 1926년에는 전쟁 이전 수준까지 회복하게 된다. 그러나 문제가 있었다. 혁명 후 사라졌던 상인·사업가·중개인·매점매석인 등 신흥 부르주아지가 다시 등장한 것이다. NEP의 소산인 이들을 '네프만(NEPman)'이라고 부른다. 농촌에서는 부농인 '쿨라크(kulak)'들의 덩치가 점점 더 커지고 있었다. 그러나 이들은 사막에 내린 단비에 잠시 싹을 틔운 풀꽃이었을 뿐 사회주의체제와 근본적으로 양립할 수 없는 숙명을 가진 존재들이었다.

볼셰비키의 포스터(V.Deni, 1920). 레닌이 군주제 지지자와 자본가들을 쓸어버리고 있다.

20세기의 이반 뇌제 스탈린

혁명을 이끌고 완성하기 위해 평생 고단한 삶을 살았던 레닌. 그는 많은 과제들을 남겨두고 1924년 사망한다. 그 뒤를 이은 사람은 그루지아 구두직공의 아들 이오시프 비사리오노비치 스탈린(1879~1953)이었다. 사망할 때까지 무려 30년에 가까운 세월을 소련의 최고지도자로 군림한 그에 대해서는 두 가지의 상반된 평가가 있다. 스탈린이라면 우선 떠오르는 단어는 '공포'이다. 그는 러시아 역사상 이반 뇌제와 표트르 대제의 계보를 잇는 공포의 통치자였다. 반면 그의 치세 동안 소련 경제는 빠른 속도로 성장하고 군비가 확충되어 미국과 자웅을 겨루는 초강대국으로 발전한다. 많은 희생을 무릅쓰고 개혁을 추진한 지도자는 비록 당대 사람들의 사랑을 받지 못하더라도 세월이 지난 후 존경의 대상이 될 수 있다. 러시아 근대화의 아버지 표트르 대제의 경우가 그러하다. 하지만 스탈린의 몸서리쳐지는 공포정치의 기억을 잊기엔 아직 많은 시간이 필요할 것 같다. 그를 두고 러시아 공업화 또는 선진화의 아버지라고 부르는 사람은 별로 없다.

볼셰비키의 수뇌들. 좌로부터 이오시프 스탈린, 블라디미르 레닌, 미하일 칼리닌(1919)

레닌 사후 레온 트로츠키와 니콜라이 부하린 등 경쟁자들을 숙청하고 권력을 장악한 스탈린은, 사실상 기대하기 어려운 세계혁명을 포기하고 광대한 국토와 자원을 바탕으로 소련 한 나라만으로 사회주의를 완성한다는 '일국사회주의(一國社會主義)'를 비전으로 제시한다. 전 세계로부터 고립되어 있는 소련이 이를 달성하기 위해서는 신속한 공업화가 필요하였다. 당시 소련은 타협적인 NEP의 실시로 비교적 자유스런 경제활동이 이루어지고 있었으며 경제사정도 좋은 편이었다. 그렇다면 이제 NEP의 연장선상에서 공업화를 추진해야 할 것인가. 그건 아니었다. NEP는 사회주의체제의 동반자가 될 수 없는 잠정적인 조치에 불과하였다. 어정쩡한 타협은 피도 눈물도 없는 강철의 사나이 스탈린이 갈 길이 아니었다.

결국 대전환의 계기가 찾아온다. 1927년 농업생산이 감소하자 부농 쿨라크들이 곡물수매를 거부함으로써 식량공급 위기가 발생하였고, 이에 따라 쿨라크와 네프만에 대한 비판이 고조되었다. 국제적으로는 중국의 혁명세력에 대한 지원이 실패로 돌아가고 각국의 따돌림이 심화되면서 소련은 다시 한 번 내전기의 외국간섭을 떠올리게 된다. 전 세계가 연대하여 소련을 공격해올 것이라는 고립감과 전쟁의 공포는 스탈린으로 하여금 희생을 무릅쓴 강력한 공업화를 결심하게 만든다. 그리하여 스탈린은 NEP에 종언을 고하고 농업의 집단화 및 희생을 토대로 한 급속한 공업화에 착수하게 되는 것이다.

1929년은 대전환의 해였다. 국민들은 전속력으로 사회주의 공업화를 위해 달려가자는 스탈린의 비전에 호응하고 허리띠를 졸라매었다. 제1차 경제개발 5개년계획 (1928.10~1932)에 따라 소련 전역에서 거대한 기업집단의 공업단지 콤비나트(kombinat)가 건설되었고, 새로 만들어진 수많은 발전소에서는 풍부한 전력이 공급되었다. 그리고 모든 자원은 부국강병의 토대인 중화학공업 부문에 집중 투입되었다. 결과는 대성공이었다. 소련은 제1차 계획기간 동안 연평균 12~4%라는 경이적 성장을 이룩함으로써, 당시 세계대공황의 늪에 빠져있던 자본주의 진영을 놀라게 하였다. 이후 계속 이어진 경제개발계획을 통하여 소련은 1930년대 후반 세계 2위의 공업국으로 성장하였고, 농업집단화를 완성하였으며, 문맹을 퇴치하고 노동력의 질을 크게 향상시켰다. 소련의 이러한 성공은 새로운 발전모형으로 후진국들의 주목을 받아, 우리나라에서 1962년부터 실시된 경제개발 5개년계획의 모델이 되기도 하였다.

급속한 공업화를 독려하는 포스터. "2+2에 노동자의 열정이 더해지면 5가 될 수 있다"는 공업화의 셈법을 역설하고 있다.(Y.Guminer, 1931)

소련의 대기근을 보도한 미국 신문 기사
(1935.2.5.)

그러나 모든 것을 국가가 주도하는 계획에 의존하고 중화학공업부문에만 자원을 집중하는 이러한 방식의 성장은 만만찮은 부작용을 낳기도 했다. 중화학공업 우선으로 인해 소비재는 늘 부족하였다. 농촌에서는 모든 농민들을 소포즈(sovkhoz 국영농장)와 콜호즈(kolkhoz 집단농장)에 소속시키는 무리한 농업집단화로 인해 식량생산이 부진하여 대기근이 발생하였다. 농업집단화 과정에서만 약 천만 명의 사람들이 처형되거나 굶어죽은 것으로 알려져 있다. 뿐만 아니라 권력이 중앙으로 과도하게 집중됨으로써 관료주의와 명령체제가 사회전반을 경직시킨 것도 큰 문제였다. 그러나 스탈린은 여기서 특유의 강력한 카리스마로 소련을 장악하고 계속 진군한다. 그는 1936년 새로운 소비에트 연방 헌법을 채택함으로써 소련에서 사회주의가 확실히 승리하였음을 선언하고 대숙청을 통해 강권에 의한 공포정치를 전개하였다. 과거 그의 노선에 도전했던 세력을 비롯하여, 당 조직·정부기관·군부 등 사회전반에 걸쳐 수백만 명이 정식 재판 없이 체포 구금되거나 처형당했다. 시베리아의 강제노동수용소 굴락(gulag)은 한 때 각 분야에서 소련을 이끌었던 엘리트들로 가득하였다. 어제 '배신자'를 연행하였던 자 자신이 오늘은 배신자가 되어 체포되는 경우가 비일비재하였고, 주민들은 서로를 감시하였으며 자식이 부모를 밀고하는 경우도 드물지 않았다. 사람들은 아무도 믿지 못하였고 내일 자신이 어떤 운명을 맞을지 알지 못한 채 숨을 죽이고 하루하루를 살아야 했다. 이제 소련에서 스탈린에 대해 반대의견을 이야기할 세력은 완전히 소멸되어버렸다. 그리고 그에 대한 신격화가 시작되었다.

백해와 발트 해를 연결하는 운하 건설 현장의 강제노동. 이는 소련 gulag 수감자들의 노동력을 활용한 첫 번째 주요 프로젝트였다(1932)

스탈린은 경이적 경제성장을 통해 국민들의 생활수준을 향상시켰다. 그러나 인간을 위한 사회주의의 이념적 정당성은 이제 소련 땅에서 찾아볼 수 없게 되었다. 무자비한 숙청으로 매일 테러의 공포에 시달리는 인민들. 비록 끼니에 대한 걱정은 덜어졌지만 그들이 과연 전보다 행복하다고 생각했을까. 소련은 이 시기에 수많은 엘리트들을 잃음으로써 경제성장이 둔화되고 2차 대전 초기에 일방적으로 독일에 패주하는 쓰라린 대가를 맛보아야 했다.

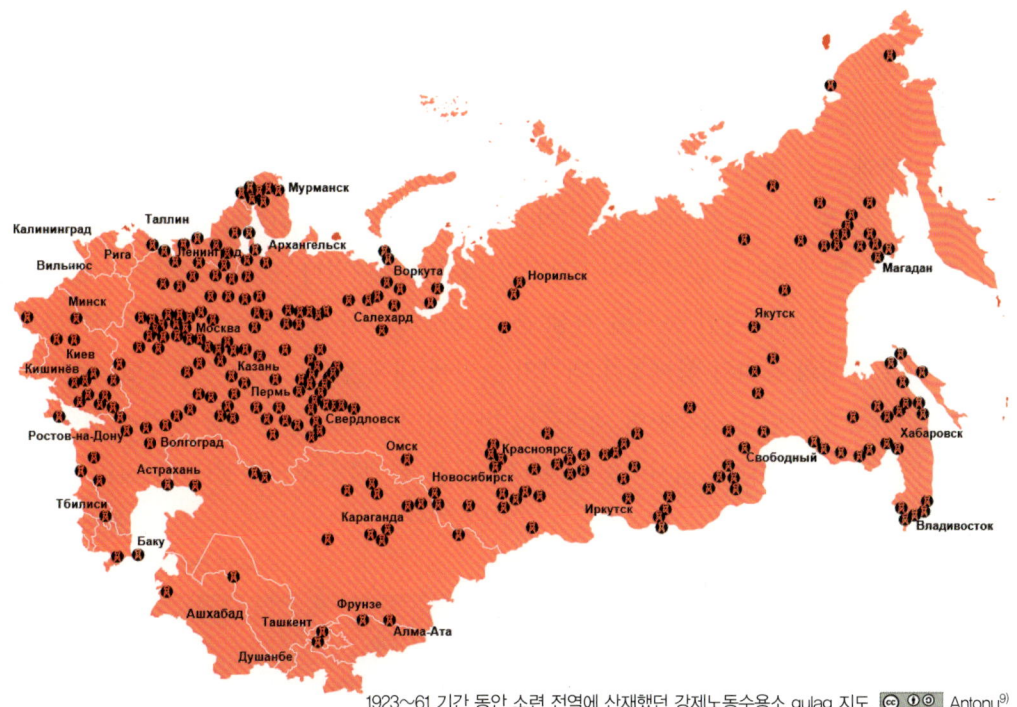

1923~61 기간 동안 소련 전역에 산재했던 강제노동수용소 gulag 지도. Antonu[9)]

제2차 세계대전에서 연합군의 승리에 가장 크게 기여한 나라는 아마도 소련일 것이다. 승승장구하던 독일 침공군은 1942년 8월 스탈린그라드에서 소련군의 강력한 저항에 부딪히게 된다. 양측 사상자가 2백만 명에 이른 5개월여의 혈투 끝에 소련군은 마침내 독일군의 항복을 받아낸다. 그리고 여세를 몰아 1945년 5월 연합국 중 제일 먼저 베를린에 입성한다.

하지만 이 전쟁에서 가장 큰 피해를 입은 나라도 틀림없이 소련이다. 1939년 체결한 독일과의 불가침조약을 너무 신뢰했던 소련은 대숙청으로 유능한 군부 엘리트들이 대부분 상실된 상태에서 독일군의 기습에 말려 엄청난 피해를 입게 된다. 개전 불과 3주 만에 소련군 170만 명이 독일군의 포로가 되어버렸을 정도였다. 1941년 9월부터 1944년 1월까지 무려 872일간의 독일군 봉쇄에 맞선 레닌그라드 공방전은 소련 인민이 보여준 영웅적 항전의 상징으로 유명하다. 그러나 그 전투의 인명피해는 사상 유례가 없는 수준이었다. 기록에 따라 다소 차이가 있으나, 150만 명 이상의 소련 군인과 140만 명 이상의 민간인이 포격과 굶주림 때문에 사망한 것으로 알려져 있다. 상트페테르부르크는 혁명 후 레닌그라드로 바뀌었다가 소련 붕괴 이후 옛이름을 되찾았다.

소련의 인구와 중요 시설들이 집중되어 있는 유럽 러시아 지역은 2차 대전의 주요 격전지였으므로, 전쟁으로 소련 국부의 1/3이 파괴되고 소련인 2,700만 명이 사망하였다. 2차 대전으로 전 세계에서 발생한 사망자가 약 5천만 명이었다는 점을 생각한다면, 소련이 대전의 가장 큰 피해자인 동시에 가장 큰 공로자라고 볼 수 있을 것이다. 러시아인들은 나폴레옹 전쟁의 승리와 함께 2차 대전의 승리에 대해 엄청난 자부심을 갖고 있다. 세계를 제패할 것 같았던 욱일승천의 세력들이 번번이 러시아라는 장애물에 걸려 넘어지고 말았으니 그럴 만도 하다. 러시아인들은 나폴레옹 전쟁을 '조국전쟁(Patriotic War)',

모스크바 전승기념공원 ©KwunYoong

독일과의 2차 대전을 '대조국전쟁(Great Patriotic War)'이라 부르며 거대한 전승기념공원을 지어 승리를 기리고 있다.

전쟁은 큰 피해를 가져왔지만 이를 통해 소련이 얻은 것도 적지 않았다. 종전 후 소련은 승전에 가장 크게 기여한 국가로서 미국과 함께 양대 강국의 지위를 누리게 된다. 그리고 이제 소련은 세계 유일의 고독한 사회주의 국가가 아니었다. 전쟁 말기에 그들은 동유럽과 한반도 북부를 장악하여 위성국가를 수립하였으며 중국의 공산화에도 성공함으로써, 세상의 절반인 사회주의 진영의 맹주로서 서방과의 체제대결을 펼쳐갈 수 있게 되었다. 총포를 쏘는 전쟁은 아니지만 전쟁과 다름없는 동서 냉전(Cold War)이 시작된 것이다. 냉전 속에서 소련의 일차적 과제는 엄청난 전쟁피해를 복구하는 것이었다. 당시 소련 서부지역은 거의 폐허에 다름이 없었으므로 서방은 전후복구에 오랜 시간이 걸릴 것으로 내다보았다. 그러나 결과는 그 반대였다. 제4차 5개년계획(1946~50)이 끝날 무렵 공업생산은 전쟁 전 수준을 70%나 웃돌고 있었으며 1950년대 공업부문의 성장률은 12~4%에 이르렀다. 이는 서방세계가 이룩한 성장의 두 배에 가까운 속도였다.

2차 대전 중 테헤란 회담에서 미국의 루즈벨트, 영국의 처칠과 함께한 스탈린(1943)

30년 동안 소련을 지배하면서 국민들에게 공포와 영광을 동시에 가져다 준 소련공산당 서기장 스탈린은 자신이 부추긴 한국전쟁이 어떻게 마무리되는지를 보지 못하고 1953년 3월 뇌일혈로 급사한다. 집단지도체제를 거쳐 권력투쟁 끝에 그의 뒤를 이은 사람은 문제적 인물 니키타 흐루쇼프였다.

흐루쇼프의 해빙

모스크바 크레믈 남서쪽에는 아름답고 유서 깊은 수도원 하나가 자리 잡고 있다. 고풍스런 건물이 볼만하지만 해자와 석조성벽으로 미루어 이곳이 단순한 수도원이 아니라는 인상을 받게 된다. 유명한 노보제비치 수도원이다. 이 수도원은 크레믈의 외성(外城)으로서 전시에는 요새 역할을 담당하기도 했다. 바실리 3세 때 폴란드로부터 스몰렌스크를 빼앗은 기념으로 건축된 이 수도원은 표트르 대제의 역 쿠데타로 권좌에서 쫓겨난 누이 소피아가 평생 유폐되었던 곳이다. 이 수도원 뒤쪽에 딸려있는 꽤 넓은 묘역에는 고골·체호프·옐친 등 수많은 유명 인사들이 안장되어 있어 관광객들의 발길을 끈다. 입구에서는 그들의 묘를 찾는 데 유용한 묘역 지도를 팔고 있다. 이곳의 무덤들 사이에 특별히 두드러지지 않은 모습으로 흐루쇼프가 묻혀있다. 소련의 첫 지도자 레닌은 붉은 광장의 '신전' 유리관에 누워있고, 그 외의 서기장들은 레닌 묘 뒤쪽 크레믈 성벽에서 레닌 동지를 호위하고 있다. 그런데 흐루쇼프 서기장은 혼자만 왜 이곳 민간인들 사이에 자리하고 있는 것일까. 그는 죽을 때 서기장이 아니라 평범한 연금생활자 노인이었다는 사실이 답이 될 수 있을 것이다. 죽어야 비로소 권좌에서 물러나던 소련 서기장들의 전통과 달리, 그는 세계를 호령하며 한참 잘 나가던 어느 날 반대파들에 의해 축출되어 평민으로서 쓸쓸한 말년을 보내어야 했다. 그는 어떤 사람이었을까.

모스크바 노보제비치 수도원 일반묘역의 흐루쇼프 무덤. 서기장 자리에서 축출당한 후 평범한 연금생활자로서 일생을 마쳤다. ⓒKwunYoong

니키타 세르게예비치 흐루쇼프(1894~1971)는 스탈린 치하에서 온 국민이 병영과 같은 생활을 하던 소련 사회를 크게 변화시킨 인물이다. 그는 대외적으로 평화공존론을 주장하여 동서 데탕트(détente 긴장완화)를 추진하였고, 대내적으로 스탈린 격하운동과 함께 사회적 통제를 완화하였다. 붉은 광장의 레닌 묘에 끼어들었던 스탈린의 시신은 신전에서 쫓겨나 크레믈의 성벽으로 이사를 해야 했고, 스탈린의 수용소와 감옥에 갇혀 있던 수백만 명의 사람들이 석방되고 복권되었다. 국민들은 안도하고 사회의 긴장은 급격히 완화되었다.

해빙의 훈풍을 만끽하던 소련 국민들에게 연이어 기쁜 소식이 전해졌다. 1957년 소련은 인류 최초의 인공위성 스푸트니크 1호의 발사에 성공하였다. 그리고 곧이어 1961년에는 최초의 유인우주선 보스토크 1호를 지구궤도에 올림으로써 미국을 발칵 뒤집어 놓았다. 혁명의 혼란과 내전, 그리고 두 차례의 참혹한 전화를 겪으며 전 세계로부터 고립된 채 허리띠를 졸라매고 달려온 지 불과 50년. 세계 각국의 따돌림 속에서 괴물취급을 받던 소련이 미국을 제치고 우주분야의 선두주자로 나선 것이었다. 이 쾌거에 대한 소련국민의 자부심은 하늘을 찌를 듯하였으며, 최초의 우주인 유리 가가린(1934~68)은 국민의 영웅으로 추앙되어 사후에는 모스크바 크레믈 성벽에 혁명의 주역들과 함께 안장되어 있다.

최초의 우주비행사 유리 가가린의 티타늄 동상, 모스크바 ⓒKwunYoong

한편, 동서냉전을 완화하려는 데탕트는 그리 순조롭지 않았다. 1960년 소련 상공에서 첩보활동 중이던 미국의 U2기가 격추됨으로써 양국 관계는 극도로 악화되었고, 1961년에는 소련의 조종을 받는 동 베를린이 시민들의 탈출을 막는 장벽을 쌓음으로써 국제적 비난의 대상이 되었으며, 1962년에는 쿠바 핵 위기로 3차 대전 발발 직전의 긴박한 상황에 빠지기도 하였다. 그러나 이후 미국과 소련 사이에는 오히려 급속히 화해 분위기가 조성된다.

우주분야의 성취와 데탕트에 따른 대외관계의 개선으로 1960년대 초반 소련에는 소비에트의 미래에 대한 낙관적 시각이 팽배하여 있었다. 1961년 흐루쇼프는 제22차 공산당 전당대회에서 20년 후에는 소련이 '공산주의 단계'에 진입할 것임을 호언하였다. 공산주의 체제란 사회주의가 고도로 발달한 단계를 말한다. 사회주의체제가 고도화되면 생산력이 급격히 증대되기 때문에 인민들은 굳이 애타게 노동을 할 필요가 없어진다. 이때의 노동은 먹고살기 위한 것이 아니라 자아실현을 위한 행위가 된다. 사람들은 이제 '능력에 따라 일하고 노동에 따라 분배'하는 것이 아니라 '능력에 따라 일하고 필요에 따라 분배'하는 사회에 살게 된다. 이것이 바로 공산주의 단계이다.

1963년의 흐루쇼프. 사진 제일 왼쪽이 우주비행사 유리 가가린이다.
V.Malyshev[10)]

그러나 그런 장밋빛 미래는 물론 오지 못했고 흐루쇼프 자신도 권좌에서 쫓겨나는 불행을 겪어야만 했다. 쿠바 핵 위기 사태를 맞아 일촉즉발의 상황에서 미국의 케네디 대통령에게 굴복하고만 소극적 처사에 대해 군부는 크게 반발하였고, 당 기구 분할과 지역분권화, 본격적인 스탈린 비판 등의 정책변화에 대한 불만도 컸다. 여기다가 흐루쇼프의 트레이드마크인 기행과 독선은 반대파들이 그를 몰아내기로 합의하는 데 큰 도움이 되었다. 그들은 1964년 10월 흑해연안의 소치에서 휴가를 즐기던 흐루쇼프를 전격적으로 은퇴시키고 브레즈네프를 서기장 자리에 앉히게 된다.

비록 실각의 불명예를 당하기는 했지만 그는 매우 유연한 정치가로서 소련사회에 큰 변화를 가져온 지도자였다. 소련공산당의 강령을 크게 이탈한 그의 평화공존 원칙은 강경론자들의 불만을 샀지만 핵무기의 위력을 감안한 현명한 결단이었다.

흐루쇼프는 냉혹한 스탈린과 달리 매우 격정적인 인물이었다. 유엔총회장 단상에서 연설하는 도중 흥분한 흐루쇼프가 구두를 벗어 흔들어대었다는 유명한 일화는 그의 성정을 잘 설명해 준다. 실속은 없이 끝없이 떠벌이는 데는 당할 자가 없던 서기장 동지 흐루쇼프,

그의 치하에서 당국은 정책의 실행보다 소련이 성공적으로 발전하고 있음을 끊임없이 홍보하는 데에 주력하였다. 스탈린 치하에서 숨죽인 채 지내던 인민들은 상황을 재빨리 파악하고 저마다 제 몫 챙기기에 몰두하였다. 기강이 해이해진 관료들은 통계와 서류를 조작하여 허위로 보고하였으며 생산된 물품들을 빼돌려 유통시키기 시작했다. 불법적 물품의 거래 규모가 커지면서 확대된 암시장은 범죄조직이 커가는 온상이 되었다. 유명한 러시아 마피아의 싹이 이때부터 발아한 것이다.

행복했던 브레즈네프 시대

1990년대의 어려웠던 시기를 지나 하루가 다르게 발전하고 있는 오늘의 조국에 대해 대부분의 러시아 사람들은 만족하고 있다. 그러나 연금 생활을 하는 노인들 가운데 적지 않은 사람들은 새로운 세상에 적응하지 못하고 과거를 추억한다. 그들은 특별한 날이면 훈장과 배지를 주렁주렁 갖춰 달고 낫과 망치가 그려진 붉은 소련 국기를 휘날리며 광장에 모여 시위를 벌인다. 오랜만에 불러보는 인터내셔널歌(the Internationale 1871년 파리 코뮌 시절 작곡된 노동자계급의 국제주의 이념을 상징하는 민중가요)에 눈시울이 뜨거워지는 그들의 머릿속에는 개인적으로나 국가적으로나 영광스러웠던 황금기의 추억이 아직도 살아있다. 그들은 레오니드 일리치 브레즈네프(1906~82)가 통치했던 기간(1964~82)을 아마도 가장 좋았던 시기로 기억할 것이다.

공업화의 성과가 축적된 1970년대의 소련은 이전과는 확연히 다른 사회였다. 농지개척으로 새로운 곡창지대가 형성되었고, 변방 소수민족 거주지에도 공장이 건설되었으며, 도처에 거대한 공업단지 콤비나트가 조성되었다. 과학기술도 급속히 발전하였다. 이제 도시민 비율이 인구의 과반에 이르고 노동자의 비중이 인구의 60%에 달할 정도로 소련은 농업국가에서 확실히 탈피하게 된다. 그리고 무엇보다도 의무교육 · 무상의료 · 연금 등 소련이 자랑하던 세계 최고의 복지정책이 이 시기에 완성됨으로써 국민들의 살림살이가 크게 나아졌다. 소비에트의 인민들은 비록 시간이 좀 걸리기는 했지만 국가로부터 무상이나 다름없이 주택을 배정받았다. 국가는 그들의 집에 전기와 난방을 거의 공짜로 공급해 주었다. 아이들은 고등학교까지 무료로 공부할 수 있었으며, 몸이 아프면 찾아가는 병원에서도 돈이 필요 없었다. 빵과 우유 등 인민들이 매일 소비하는 생필품은 생산원가를 무시하고 거저나 다름없는 가격으로 제공되었다. 큰 욕심만 부리지 않는다면 소련 인민들은 가히 지상낙원에 살고 있는 셈이었다.

서기장 자리에 오른 브레즈네프는 흐루쇼프의 모든 개혁을 원점으로 돌리고 안정을 지향하게 된다. 집권 초기에는 알렉세이 코시긴의 개혁을 통해 기업의 자주성을 확대함으로써 생산성 향상을 도모해보기도 하였다. 그러나 그 성과가 미미하였으므로 곧 원래의 규율과 통제로 돌아갔다. 하지만 당시 소련은 그간 지속되어온 경제개발계획의 성과 덕택에 비교적 풍족하고 안정된 나날을 보낼 수 있었다. 이를 바탕으로 브레즈네프는 1971년 마침내 소련이 '발달한 사회주의' 단계에 와있다고 선언하기에 이른다. 이는 소련이 사회주의 초급단계를 지나 완전한 공산주의로 가는 과도기에 이르렀다는 주장이었다.

브레즈네프의 시기에 국민들은 소련이 자랑한 세계최고의 사회복지제도를 향유하였다. 1973년 국제 여성의 날 기념식에 참석한 브레즈네프.
Vladimir Akimov[11]

그러나 이러한 안정은 정상적인 것이 아니었다. 소비에트연방은 외관상 화려한 성과 속에서 그 과실을 전 국민이 향유하고 있었지만, 그것은 전쟁의 참화와 스탈린의 공포정치 아래에서 헌신했던 앞 세대의 성과를 물려받은 유산이었으며 다가올 미래의 위기를 방치한 채 자손들의 몫을 미리 당겨쓴 것이었다. 소비에트연방의 몸속에는 거대한 암세포가 무르익어 마침내 몰락의 길로 달려가고 있었던 것이다.

사회주의는 그 숭고한 이상을 비롯하여 많은 장점을 갖고 있지만 국민들이 고도로 의식화되었을 때만 지속될 수 있는 체제이다. 인간은 노력의 결과가 단순명쾌하게 자신의 이익으로 이어질 때 비로소 최선을 다해 움직인다. 공동으로 생산하고 공동으로 분배하는 사회주의체제에서도 개인이 더 열심히 노력하면 결국은 자신의 이익 증가로 이어지는 것은 틀림없는 사실이다. 그러나 그 과정은 매우 복잡하고 우회적이므로 사람들이 자신의 행복을 위해 더 큰 노력을 기울일 유인으로는 충분하지 못한 것이다. 국가는 물론 이러한 점을 부단히 교육하였으나 결과적으로 효과를 거두지 못하였다.

브레즈네프 시기에 인민들에게 제공된 복지는 국가의 엄청난 재정지출을 수반하는 것이었다. 국민들이 공짜나 다름없이 제공받는 의식주의 모든 복지 서비스 비용은 결국 국가의 부담이다. 이러한 시스템이 계속 유지되기 위해서는 사람들이 국가의 재정 부담을 상쇄할 만큼 더욱 열심히 일을 하지 않으면 안 된다. 그러나 좀 거칠게 말하자면 당시 소련 국민들은 모두가 국영기업이나 국가기관, 집단농장에서 일하는 국가공무원들이었다. 내가 한 시간 더 노력한다고 해서 당장 나의 수입 증가로 이어지지 않는 시스템에서 그들은 애써 일하려 들지 않았다. 보드카에 취한 노동자들은 아예 출근하지 않거나 취한 채 일하다가 산업재해를 당하기 일쑤였다. 집단농장의 트랙터는 멈춰있었고 농민들은 종일 빈둥거리다가 일과 후 개인의 텃밭을 가꾸는 일에 몰두하였다. 사회주의는 이처럼 효율과는 거리가 먼 체제였다.

안정이 지속되면서 소련 사회는 역동성을 잃고 정체되어갔다. 오늘날까지 이어지는 고질병인 폐쇄적 관료주의와 부패가 만연한 소련의 경제는 1970년대 중반이후 드디어 위기의 조짐을 나타내기 시작한다. 공업성장률은 절반으로 격감하였고, 농업생산은 정체에 빠졌다. 생활수준 향상으로 국민들이 기대하는 소비수준은 높아졌지만, 소련의 산업구조는

쿠드린스카야 광장 빌딩. 모스크바의 랜드마크로 유명한 7개 스탈린 양식 건물들 가운데 하나인 이 아파트에는 소련의 특권층 노멘클라투라들이 거주하였다. Dmitry Rozhkov(2008)[12]

스탈린 이후 중화학공업 일변도로 짜여 있었으므로 단기적으로 소비재 생산을 증대하기란 불가능한 일이었다. 게다가 생활이 나아지면서 증가한 육류 소비는 전통적으로 곡물을 수출해오던 소련을 식량수입국으로 전락시켰다. 도처에서 나타나는 이러한 이상조짐은 당연히 당국을 긴장시키고 이를 극복할 대책을 마련하도록 만들어야 했다. 그러나 1973년의 1차 오일쇼크는 소련으로서 일단 행운이었지만 궁극적으로는 불운이었다고 할 수 있다. 손꼽는 산유국인 소련의 경제가 석유가격 급등으로 크게 호전됨으로써, 안으로 깊어가고 있던 고질병이 잠시 은폐되어 버린 것이다.

인민들의 열정과 피땀으로 세워진 소비에트 연방공화국을 쓰러뜨릴 암세포들은 급속히 확산되었다. 안정된 사회 속에서 부패한 관료조직과 기업들은 생산량 등 경제수치의 조작에 몰두했고, 빼돌린 생산물과 국가재산을 거래하는 거대한 지하경제가 형성되었다. 특권층 '노멘클라투라(nomenklatura)'의 등장과 지역 간 격차의 심화로 인해, 노동자와 농민의 국가가 자랑하던 사회일체성은 붕괴되었다.

1980년대에 접어들자 신체 각 장기가 회복불능 상태에 빠진 거인 소련은 드디어 휘청거리기 시작한다. 행정명령형 경제체제와 관료주의로 인한 비효율이 극에 달함으로써 경제의 실질성장률은 제로상태에 빠진다. 달콤한 세상을 이미 맛보았던 국민들은 표면화한 경제위기에 대해 불만이 이만저만이 아니었다. 살기가 어려워지자 남 생각할 여유가 없어진 사람들 사이에서는 이기주의가 팽배하였다. 저마다 제몫 챙기기에 몰두하다 보니 부정부패가 만연하고 범죄도 증가하였다. 암담한 현실과 미래에 대한 불만과 불안으로 많은 사람들이 알코올 중독의 늪에 빠져들었다. 위기는 국내에서만 발생하지 않았다. 1979년의 아프가니스탄 침공 후 소련의 처지는 베트남전의 수렁에 빠진 미국과 흡사하였다. 서방과의 관계는 악화되었으며, 사실상의 패전으로 국가위신은 땅에 떨어졌다. 전쟁에 필요한 군비 생산의 증가로 경제적 타격도 심각했다. 문제는 아프가니스탄뿐만 아니었다. 레흐 바웬사가 이끄는 폴란드를 중심으로 자유주의 운동이 확산되면서 동유럽과의 강고했던 연대에도 금이 가기 시작하였다.

이제 소련의 사회주의체제가 심각한 난관에 직면해 있다는 사실을 모두가 인정할 수밖에 없는 상황이었다. 전국 각 연구소의 개혁파 엘리트들은 이 국면에 대한 진단과 처방을 내

베트남이 미국의 수렁이었다면, 아프가니스탄은 소련의 수렁이었다.
아프가니스탄 저항세력 무자헤딘을 공격하는 소련군(1984)

어놓았다. 그 가운데 대표격인 1983년 《노보시비르스크 경제보고서》는 소련의 중앙집권적 명령형경제시스템이 근본적인 문제를 가지고 있음을 지적하고, 이와 같은 체제 속에서 기업은 관료기구에 속박됨으로써 활력을 가질 수 없다고 주장하였다. 이로써 소련 사회는 맹렬한 개혁논쟁에 돌입하여 마침내 50대의 새로운 지도자 미하일 고르바초프를 개혁의 기수로 선택하게 된다.

23. 소련의 종말

고르바초프의 페레스트로이카

페레스트로이카 개혁의 기수
미하일 고르바초프(1987)
ⓒ Yuryi Abramochkin[3]

그 인상이 시베리아의 불곰을 연상케 하는 브레즈네프는 소련 국민들에게 천국을 보여주고 다시 지옥의 문 앞으로 인도하였다. 그의 사후 서기장 자리에 올랐던 유리 안드로포프 (1914~84)와 콘스탄틴 체르넨코(1911~85)는 각각 1년 남짓 권좌를 지키다가 사망하였다. 절체절명의 위기에서 2년의 세월 동안 아무런 대책을 마련하지 못한 소련에게 허용된 시간은 이제 얼마 남지 않았음이 분명하였다. 이런 정세는 1985년 개혁파의 젊은 지도자 미하일 세르게예비치 고르바초프(1931~)가 서기장에 오르는 파격을 가능하게 만든다. 명문 모스크바대학교 출신의 엘리트. 늙고 병들었으며 민중들과는 별세계에 살던 과거의 소련 서기장들과 전혀 다르게, 수려한 외모에 명민하며 대중과 가까운 54세 고르바초프의 등장은 모든 면에서 파격이었다.

고르바초프는 '글라스노스트(개방)'로 개혁의 포문을 열었다. 이 사람이 과연 병든 거인을 구할 수 있을지 소련 국민들뿐 아니라 세계가 촉각을 곤두세운 취임연설에서였다. 그는 정보의 공개와 언론의 자유를 통해 활발한 논쟁을 유발함으로써 개혁의 방아쇠를 당기고자 했다. 공산당의 결정과 상명하복만이 존재하던 소련 사회에 새로운 바람이 불기 시작했다. 각 분야에서 논쟁이 폭발하며 개혁을 위한 다양한 견해가 제시되었던 것이다. 그러나 실제로 변화의 성과는 크게 나타나지 않았다. 소련은 단순한 개방만으로는 별다른 차도를 기대할 수 없는 중병에 걸린 환자였다.

이에 따라 고르바초프는 유명한 '페레스트로이카(개혁)'의 추진을 선포한다. 글라스노스트가 정보와 언론분야에 국한된 개혁이었다면, 페레스트로이카는 사회 전 분야에 걸친 총체적 개혁과 재편을 의미한다. 사회주의의 계획경제란 쉽게 말해서 국가가 정확한 계획 아래 사회 모든 분야의 생산과 소비를 일사불란하게 주도하는 시스템이다. 각 생산시설은 국가가 계획에 의해 자신들에게 공급한 원료를 사용하여 할당된 만큼의 물품을 생산해내면 그만인 것이다. 여기에 각 개인의 창의성과 다양성이 발휘될 여지는 희박하며 성취동기도 찾기 힘들다. 뿐만 아니라 세계 2위의 공업국으로 규모가 어마어마하게 커진 소련의 경제를 중앙에서 계획과 관리로 통제하기란 애초에 불가능한 일이었다.

고르바초프는 이러한 문제를 해결하기 위해서 사회 민주화를 확대할 수밖에 없음을 역설하였다. 이를 통해 궁극적으로 사회주의를 강화할 수 있다는 것이 그의 생각이었다. 1986년 우크라이나의 체르노빌 핵발전소에서 발생한 대규모 방사능 누출 사고의 엄청난 재앙은 페레스트로이카에 대한 국민들의 지지를 강화시켜주었다. 이 사건의 발생과 수습 과정에서 보여준 당국의 무능은 국민들 사이에 위기의식을 심어줌으로써 개혁의 필요성에 대한 공감이 확산된다. 이에 힘입어 페레스트로이카는 마침내 당의 공식 방침으로 승인되었다. 1987년의 일이었다.

멀리서 바라본 체르노빌 핵발전소와 유령의 도시가 된 인근의 Pripyat(2007)

70년간 얼어붙어 있던 소련 땅에서는 그 후 천지가 개벽하는 변화가 뒤따랐다. 공산당 일당독재 국가였던 소련에서 1989년 최초의 다당제 선거가 실시됨으로써 공산당의 지위는 현저히 약화되었다. 뿐만 아니라 최고소비에트가 폐지되고 그 대신 인민대의원회의와 최고회의가 신설되었다. 권력의 지방 분산이 확대되고 특권지배층 노멘클라투라가 누려오던 수많은 특권들이 철폐되었다. 경제적으로는 기업의 자주관리와 독립채산제가 도입되고 개인 기업이 허용되었으며 협동조합의 자율권이 신장되었다. 또한 외국합작기업의 설립도 허용되었다. 대외적으로는 탈 이념적 현실외교노선이 채택되어 미국과의 핵감축조약이 체결되었고 소련군은 아프가니스탄에서 철수하였다. 가히 혁명적 변화였다.

급격한 변화에는 으레 저항이 따르기 마련이다. 아직도 공산당 내부에서 절대다수를 차지하던 보수파들은 세상을 뒤집는 듯한 고르바초프의 조치들을 순순히 받아들이기 힘들었다. 보수파들의 강한 반발로 인해 급진개혁파의 리더 보리스 옐친이 당 지도부에서 축출되는 사태가 발생하기도 하였다.

개혁의 더 큰 위기는 민주화에 따라 고개를 들기 시작한 민족주의로부터 다가왔다. 소련은 제정러시아 이후의 영토 확장에 따라 민족과 종교가 다른 수많은 이질적 존재들이 결합된 연방체이다. 이들을 하나로 통합하는 힘은 마르크시즘이란 이념과 강력한 철권통치였다. 이 두 가지가 모두 느슨해지자 그간 잠복해있던 민족 간 갈등이 걷잡을 수 없이 폭발하게 된다. 복잡한 역사가 얽혀있는 아제르바이잔 공화국 내 나고르노-카라바흐 자치주와 관련하여 1988년 아르메니아와 아제르바이잔의 무력충돌이 발생한다. 이런 사태를 맞아 보수파들은 개혁을 저지하고 과거로 돌아가고자 강하게 저항하였지만 개혁세력들과의 논쟁에서 승리하기에는 역부족이었다. 대세는 이미 기울어 있었다.

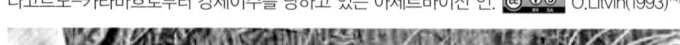
나고르노-카라바흐로부터 강제이주를 당하고 있는 아제르바이잔 인. O.Litvin(1993)[14]

소비에트 연방의 붕괴

70년 전 황제를 축출한 민중이 혁명지도부의 통제를 넘어 걷잡을 수 없이 앞으로 나아갔듯이, 페레스트로이카도 개혁지도부의 통제선을 넘어 자체발전하게 된다. 첨예한 논쟁 속에서 보수파와 개혁파 간의 갈등은 이제 새로운 국면을 맞이하게 되었다.

개혁을 이끄는 리더는 미하일 고르바초프·예고르 리가초프·보리스 옐친 세 사람이었다. 처음 이들은 서로 밀어주고 당겨주며 힘을 모아 보수파들의 저항에 맞섰다. 그러나 개혁이 진행되면서 세 사람은 그 속도와 방향에 대한 입장의 차이를 나타내기 시작한다. 페레스트로이카를 계속 밀고나감으로써 문제를 해결하고 민주적 사회주의체제를 지속해 나갈 수 있다는 것이 고르바초프의 입장이었다. 그러나 리가초프는 시장요소의 과도한 도입이 사회주의체제를 붕괴시킬 것이라 우려하며 보수파 대열에 합류한다. 반면 옐친은 오히려 사회주의를 포기하고 자본주의체제로 이행해야 한다는 급진적 개혁을 주장하였다.

1990년 고르바초프는 대통령제를 도입하여 초대 소련 대통령에 취임하였다. 그러나 그 지위는 대단히 취약한 것이었다. 강력한 중앙권력이 사라진 틈을 타서 소련을 구성하는 15개 공화국이 독자적 힘을 갖고 통제에서 이탈하려는 조짐이 뚜렷해졌기 때문이다. 고르바초프는 한편으로는 당 내부의 이념적 대결에 대응하고 다른 한편으로는 공화국들의 도전에 맞서며 급진과 보수사이에서 아슬아슬한 줄타기를 벌일 수밖에 없었다. 그러나

1989년 발트 3국 국민들이 소비에트 연방 이탈을 주장하며 거대한 인간 사슬을 만들었던 'Baltic Way' 운동. 주민의 25%가 이에 참여하였다 (1989년 리투아니아). Rimantas Lazdynas[15]

고단한 곡예는 오래 지속되지 않았다. 옐친이 소련 최대의 공화국인 러시아공화국의 최고회의 의장에 선출되고, 레닌그라드(현재의 상트페테르부르크)도 급진파가 장악하면서 연방은 급격히 해체의 길로 달려간다.

방아쇠를 당긴 것은 발트 3국이었다. 러시아와 민족과 종교가 다르고 2차 대전 무렵 뒤늦게 소련에 병합된 발트 3국은 연방에 가장 동화되지 않은 존재였다. 이들은 리투아니아의 독립선언을 신호로 연방에서 이탈하였다. 브레즈네프 이전의 시기였다면 리투아니아의 빌니우스나 에스토니아의 탈린 도심에는 즉각 소련군 탱크가 진입하였을 것이다. 그러나 15개 공화국 모두가 독립을 원하고 있는 상황에서 이를 저지할 수 있는 주체는 없었다. 그리고 마침내 러시아공화국의 옐친이 공화국 주권을 선언하면서, 소련은 연방과 각 공화국이라는 2중 권력의 혼란에 빠지게 된다. 모두가 이탈하여 연방에 단 하나의 공화국도 남아있지 않는다면, 고르바초프는 실존하지 않는 나라의 대통령으로 전락하게 될 운명 앞에 놓인 것이다.

페레스트로이카는 정치개혁과 민주화 그리고 외교 분야에서 커다란 진전을 가져왔다. 그러나 가장 중요한 경제 활성화에 관해서는 아무런 성과도 내놓지 못하였다. 이로써 소련은 대혼란에 휩싸이게 된다. 소련의 계획경제체제는 국가가 전 연방 경제주체들의 경제활동을 정교하게 계획하고 거미줄처럼 이어진 투입-산출 망을 따라 물자를 이동시킴

1990년 경제시스템이 마비된 소련. 모스크바 거리에 야채를 가지고 나온 시민 ⓒKwunYoong

으로써 가동된다. 여기서 만약 경제주체 간 협력체계가 심각하게 흔들린다면 경제전체가 마비될 수도 있는 것이다. 1990년 이후 소련에서는 공화국과 공화국, 지역과 지역, 그리고 기업과 기업 사이의 협력관계가 급속히 붕괴됨으로써 원료와 자재 그리고 상품의 유통 시스템이 완전히 무너지게 된다. 남쪽 우즈베키스탄에서는 창고에 쌓인 토마토가 썩어나가지만 모스크바에서는 과일과 야채를 구경도 할 수 없는 사태가 발생한 것이다.

이러한 대혼란 속에서 소련 국민들은 서방의 시장경제체제에 대해 맹목적인 환상을 갖게 된다. 그들은 글라스노스트를 통해 서방세계가 물질적으로 얼마나 풍족한지를 이제 잘 알게 되었다. 참담한 패배감 속에서 그들은 자문한다. 저들은 저렇게 부유한데 우리는 왜 이렇게 되었을까. 그들이 보기에 답은 매우 명확했다. 우리도 사회주의를 버리고 자본주의 시장경제체제만 채택한다면 금새 저들처럼 풍족한 삶을 누릴 수 있을 것이다. 더 이상 머뭇거릴 이유가 없다. 한시 바삐 그 길을 택해야만 한다.

이처럼 국민들이 시장경제체제에 대해 급진적으로 경도되면서 고르바초프와 소련은 허수아비로 전락할 수밖에 없었다. 70년 전 어떤 나라도 경험하지 못한 새로운 세상의 문을 열었던 러시아. 그들이 다다른 새로운 관문 뒤에는 인류가 한 번도 경험하지 못한 또 다른 험난한 길이 기다리고 있었다. 70년간 모든 것을 국가의 계획과 명령에 의존하며 경쟁이 무엇인지를 알지 못하던 사회, 세금이라는 것이 무엇인지 병원을 이용하면 왜 병원비를 지불해야 하는지를 모르던 사회, 젊은 사람들뿐 아니라 그들의 아버지 세대조차 사회주의적 생활방식 외에는 아무 것도 알지 못하는 그 사회를 자본주의 체제로 전환하는 것은 재앙에 가까운 터널을 통과해야만 하는 어려운 작업이었다. 얼마나 이어질지 모르는 혹독한 시간을 그들은 과연 버텨낼 수 있을까.

1991년 8월 19일 발생한 보수파의 엉성하기 짝이 없는 쿠데타는 소련사회가 마지막 망설임에 종지부를 찍고 마침내 험난한 체제이행의 길로 들어서는 계기가 된다. 부통령과 총리, KGB 의장과 국방장관, 내무장관을 포함한 일단의 온건 보수파들은 흑해 연안에서 휴가를 보내고 있던 고르바초프를 연금하고 그의 사임과 비상사태 선포를 수락할 것을 강권하였다. 모스크바 붉은 광장에 전차와 장갑차를 진주시키며 세력을 과시하였던 이들의 3일 천하는 개혁을 요구하는 시민들의 대규모 시위에 의해 맥없이 무너진다. 그만큼

1991년 8월 22일 정오. 러시아공화국 정부청사 앞 집회에서 수천 명의 군중들과 쿠데타 진압을 축하하고 있는 보리스 옐친. ⓒ Kemlin.ru[16]

쿠데타 세력의 준비는 허술하였고 국민들의 마음속에서 대세는 이미 기울어 있었던 것이다. 반란자들이 달아나고 연금이 해제된 고르바초프는 쓸쓸한 모습으로 모스크바로 돌아온다. 그러나 권력은 사실상 이미 옐친에게로 넘어가 있었다. 그는 위성방송을 통해 전 세계에 생중계되는 가운데 모스크바의 탱크 위에 올라가 반 쿠데타 시위를 주도한 영웅이 되어있었다.

이후 급진개혁의 수순은 신속하게 진행되었다. 옐친은 구악의 근원으로 지목된 소련공산당을 8월 24일 해산한다. 그리고 10월 28일 급진적 비상경제개혁 관련 결의안을 최고회의에 상정하여 승인 받음으로써 연방정부를 기능불능 상태에 처하게 만든다. 그리고 그해 연말 각 공화국 대통령들이 연방정부를 해체하고 '독립국가연합(Commonwealth of Independent States)'을 결성하는 데에 합의함으로써 소련의 70년 역사는 공식적으로 종료되었다. 1992년 새해 아침, 대부분의 국민들은 다가올 재앙의 실체를 짐작하지 못한 채 새로운 미래에 대한 막연한 기대에 들떠 새해의 첫날을 시작하였다.

소련 각 공화국 지도자들이 소비에트 연방을 해체하고 독립국가연합(CIS)을 구성하는 합의문에 서명하고 있다(1991.12). ⓒ U. Ivanov[17]

제7편 옐친과 푸틴의 러시아

24.
옐친의 멋진 신세계
가격자유화와 사유화

25.
카프카즈의 백학, 체첸

26.
21세기의 차르, 블라디미르 푸틴

24. 옐친의 멋진 신세계 _가격자유화와 사유화

보리스 옐친. ⓒ Kremlin.ru[18]

십년이면 강산도 변한다는 말이 있다. 1990년대 이후 러시아에서 십년은 강산이 변한 것이 아니라 뒤집어진 시간이라고 말하는 것이 적절할 것 같다. 1980년대 말 무너져 가던 소련은 과연 무엇이 잘못된 건지, 그리고 무엇을 어떻게 해야 이 위기에서 벗어날 수 있을지에 대해 아무도 자신 있게 이야기하지 못하는 상황에 놓여 있었다. 그렇게 들어선 체제이행의 길 10년 동안 러시아는 대혼란 속에서 힘 있고 권력에 줄이 닿는 자들의 약탈자본주의가 판을 쳤고, 일반국민들은 내일을 기약하지 못하는 하루하루를 살아가야 했다.

러시아 사회가 시장경제체제로 이행하는 과정은 국민들에게 재앙에 가까운 대가를 요구했다. 스스로 깃발을 잡고 그 선봉에 나선 사람은 옐친이었다. 예카테린부르크 출신의 건축기사 보리스 니콜라예비치 옐친(1931~2007)은 중앙정치의 스타로 등장하는 과정에서 고르바초프로부터 큰 도움을 받았다. 그러나 두 사람은 서로 양립할 수 없는 목표를 갖고 있었다. 고르바초프가 개혁을 통해 사회주의 체제의 지속을 꿈꾸었던 반면, 옐친이 바라는 것은 좀 더 새로운 세상이었다. 그는 1990년 5월 소련을 구성하는 15개 공화국의 중심인 러시아공화국의 최고회의 의장으로 당선된다. 당시 최고회의 의장은 대통령에 해당하는 자리였다. 그리고 1991년 8월 군부 쿠데타의 진압, 12월 소련 해체를 거치며, 제정러시아와 소비에트연방의 적통을 계승하는 러시아연방공화국의 대통령으로서 새로운 세상을 열게 된다.

그가 바란 것은 러시아가 자본주의 시장경제로의 체제전환을 통해 파국적 경제상황을 과감하게 돌파하는 것이었다. 그러나 그것은 그리 단순한 일이 아니었다. 우선 70년간 사회주의 계획경제시스템을 운영해온 러시아 내부에 시장경제체제를 열어갈 전문가가 존재할리 없었다. 그에 따라 IMF를 비롯한 국제기구들과 미국 등 서방 각국의 저명한 경제학자들이 이 체제전환 수술에 대거 투입되었다. 그러나 그들도 이 작업에 무지하기는 마찬가지였다. 사회주의 계획경제체제밖에 모르는 러시아 경제학자들과는 반대로, 서방의 경제학자들이 직접 해부해본 것은 시장경제체제뿐이었기 때문이다. 실제로 체제이행 작업에 참여한 미국의 저명 경제학자 제프리 삭스(1954~) 하버드대학교 교수는, "우리는 그동안의 자료에 입각하여 러시아라는 환자의 몸을 열어보았다. 그러나 그때야 비로소 러시아가 전혀 다른 생체구조를 가지고 있음을 깨닫게 되었다."라고 털어놓은 바 있다. 그만큼 체제전환 작업은 수많은 오류와 시행착오를 동반하였고, 그에 따른 국민들의 고통은 처절하였다.

가격자유화의 재앙

러시아가 시장경제체제로 이행하기 위한 작업의 핵심은 '가격자유화'와 '사유화'로 요약된다. 첫째로 가격자유화를 보자. 사회주의체제하에서 국민들은 빵이나 우유를 거의 공짜나 다를 바 없는 가격으로 구입할 수 있었다. 일상적으로 소비하는 식료품 등 생필품의 경우 국가는 그 생산비를 완전히 무시하였고, 경우에 따라서는 공짜나 다름없는 가격으로 인민들에게 공급하였다. 그런데 이것을 이제는 시장에 맡기겠다는 것이다. 그렇게 될 경우

상품의 가격은 생산비를 반영한 공급과 수요가 만나는 지점에서 결정된다. 그것이 가격자유화이다.

둘째로 사유화 또는 민영화는 또 무슨 뜻일까. 소련시절에는 모든 토지와 주택과 기업을 국가가 소유하고 있었다. 사유재산을 인정하지 않는 사회주의 이념에 따른 것이었다. 그것을 이제 국민들에게 모두 불하하겠다는 것이 사유화 혹은 민영화의 의미이다.

가격자유화와 사유화는 시장경제체제로의 이행에 있어서 핵심적인 과제일 뿐만 아니라 매우 화급한 과제였다. 그 이유를 한 마디로 설명하는 키워드는 바로 '재정적자'이다. 1990년 소련의 재정적자는 GDP의 8% 수준으로, 약 1,030억 달러에 이르고 있었다. 이로 인해서 EU에 대해 480억 달러에 달하는 빚을 지고 있었다. 세계최강의 군사력과 중화학공업을 자랑하던 나라, 인민들에게 의식주를 거의 무료로 제공하고 세계최고 수준의 사회복지를 자랑하던 나라 소련이 이처럼 허망하게 붕괴한 핵심적 원인은 바로 이 재정적자, 즉 국가의 막대한 부채였다. 쉽게 말하자면 거대한 제국 소련은 자신의 능력을 넘어서는 지출들을 지속하다가 결국 빚더미에 올라 부도를 맞게 된 것이다. 그러므로 가격자유화와 사유화를 통해 이러한 재정적자의 고리를 신속히 끊어버려야 했다.

이미 예상된 일이었지만, 가격자유화가 실시되자 모든 생필품의 가격이 수천 %나 폭등하는 살인적인 인플레이션이 발생했다. 사회주의체제에서 사유재산을 전혀 보유하고 있지 못하던 국민들은 생존의 위협을 느끼며 그 충격을 대책 없이 고스란히 감당할 수밖에 없었다.

가격자유화로 인한 엄청난 인플레이션 속에서 살아남기 위해 전 국민들은 집에 있는 무엇이든 내다파는 행상에 나섰다.
1990년 모스크바 거리의 노점 ⓒKwunYoong

주택과 토지의 사유화

사유화가 공식적으로 시작된 것도 그 무렵이었다. 러시아 국가재산의 사유화는 크게 3개의 범주로 나누어진다. 주택·토지·기업부문이 그것이다.

'주택사유화'는 1991년 7월 주택사유화법이 제정되면서 공식적으로 진행되었다. 소련시절 국민들은 국가로부터 주택을 임대 형태로 제공 받았다. 임대료는 거의 공짜나 다름없었고 상속도 가능했기 때문에, 사람들은 국가로부터 집을 '빌렸다'는 특별한 의식 없이 그냥 자기 집으로 생각하고 살아왔다. 이를 과연 어떤 조건으로 불하할 것인가를 두고 논란이 무성했지만 결국 무상으로 넘기게 된다.

그런데 놀랍게도, 국가가 공짜로 집을 주겠다는데도 처음에는 사유화 실적이 매우 저조하였다. 살고 있는 집을 공짜로 넘겨주겠다는데 사람들이 선뜻 받기를 주저했던 이유는 무엇이었을까. 주택을 불하받는 대신 난생 처음 들어보는 '재산세'란 걸 납부해야 한다는 사실이 우선 부담스러웠고, 지금까지 국가가 처리해 주던 주택의 유지보수 비용을 앞으로는 자신이 감당해야 한다는 사실이 걱정스러웠기 때문이다. 그러나 세상의 이치에 빨리 눈뜬 사람들은 주택 불하를 서둘렀고, 이를 활용하여 적지 않은 이득을 얻게 된다. 여기저기에서 이런 사례들이 나타나자 사람들은 비로소 적극적으로 움직이게 되었고, 주택 사유화는 탄력을 받아 급속히 진행되었다.

공짜였음에도 사람들은 처음에 주택 불하를 망설였다. 모스크바 중심부의 아파트 ⓒKwunYoong

그 반면 '토지사유화'는 상당히 느리게 진행되었다. 토지사유화의 핵심은 집단농장을 해체하고 그 보유 토지를 민간에 불하하는 것이었다. 여기서는 전통적 농촌공동체인 '미르'로 대표되는 러시아 농촌 특유의 집단정서, 그리고 사회주의 시절 농업 집단화의 오랜 관성이 사유화의 걸림돌로 작용하였다.

농민이 토지를 불하받는다 하더라도 당시로서는 상업적 영농이 거의 불가능하였다. 과거 집단농장의 농민들은 농기구나 트랙터와 같은 생산수단을 개인적으로 보유할 수 없었다. 집단농장에서 땅을 불하 받아 탈퇴하고 난 뒤에는 그것을 빌려 쓸 수도 없었다. 그러므로 개인이 독립하여 농사를 짓는다는 건 현실적으로 어려운 일이었다. 설사 어떻게 독립하여 농작물을 생산한다 하더라도 이를 시장에 내다파는 문제가 남는다. 집단농장처럼 전국적 공급망과 연결되어 있지 않은 개인은 수확물을 처분할 길이 막막하였다.

이런 환경에서 개인이 토지사유화를 통해 집단농장을 과감하게 박차고 나간다는 것은 사실상 거의 불가능한 일이었다. 토지사유화는 러시아 경제가 체제전환기의 혼란에 차츰 적응하여 이러한 애로들이 어느 정도 해소되면서 비로소 점진적으로 진행되었다.

약탈 또는 카지노, 기업사유화 1

러시아의 사유화 과정에서 가장 주목을 받은 것은 '기업의 사유화', 즉 국영기업의 '민영화'였다. 스탈린이 1930년대에 경제개발계획을 추진한 이래 러시아 산업은 중화학공업에 극도로 편향되어 있었다. 이런 산업구조 때문에 러시아에는 거대한 규모의 장치산업 공장들이 즐비하였다. 어마어마한 이 기업들을 과연 누구에게 어떤 방식으로 불하할 것인가, 이는 단숨에 세계적 부호들을 탄생시킬 수도 있는 막대한 이권이었다. 그리고 당시는 사회 전체가 혼란에 빠진 과도기였다. 만약 정치가와 관료, 그리고 검은 손들의 이해만 일치한다면 단숨에 노다지가 굴러들어 올 수 있는 절호의 기회였던 것이다. 옐친 대통령은 1991년 11월 국가사유화위원회 위원장에 개혁파 아나톨리 보리소비치 추바이스(1955~)를 임명한다. 상트페테르부르크 부시장을 지낸, 당시 36세의 경제학자 추바이스는 이후 1990년대 러시아의 기업사유화라는 막중한 과업을 주도한 핵심적 인물이다.

러시아의 거대한 국영기업들을 사유화하는 길에는 결정적인 장벽이 놓여 있었다. 엄청난 금액의 그 주식들을 소화해 주어야 할 국민들은 정작 가진 돈이 거의 없었다는 사실이다. 세계 최대의 니켈공장과 공룡과 같은 자동차공장을 사유화한다고 생각해보자. 서방세계에서라면 주식을 공모해서 민간에 매각해버리면 되는 일이다. 그러나 러시아 국민들은 사유재산을 허용하지 않는 소련체제에서 살아왔다. 그리고 저축해 놓은 돈도 거의 없었다. 사회보장제도가 잘 갖추어져 기본적인 의식주가 해결되고, 항상 12 코페이카(1 코페이카 = 1/100 루블)이던 빵은 10년 후에도 같은 가격일 것으로 생각해온 소련 사람들은 저축의 필요성을

체제이행기 기업사유화를 주도한 아나톨리 추바이스. 불과 36세의 나이였다.

느끼지 못했다. 게다가 소련의 저축은행들은 예금에 대해 이자를 지불하지 않았기 때문에, 사람들이 모아놓은 돈이란 대개 장롱이나 침대 밑에 꼬깃꼬깃 넣어둔 몇 뭉치 지폐들에 불과하였다.

추바이스는 이 문제를 해결하기 위해 두 장의 카드를 던졌다. 그렇게 길을 열며, 어떤 함정이 기다리고 있을지 모르는 러시아 기업사유화의 두려운 정글을 헤쳐가기 시작하였다. 그 첫 번째 카드는 1992년의 '사유화 바우처(voucher)' 도입이었고, 두 번째 카드는 1995년의 '주식담보부대부(loan for shares)'였다.

첫 카드는 1992년 8월 발표된 '사유화 바우처 도입에 관한 대통령령'과 함께 시작되었다. 이에 따라 러시아 1억 5천만 국민들은 연령에 관계없이 1만 루블짜리 사유화 '바우처' 즉 '주식매입증권'을 나누어 받았다. 사람들은 이 바우처를 가지고 1만 루블만큼의 주식을 매입할 수 있었다. 그리고 이를 매매하거나 증여할 수도 있었다. 쉽게 말하자면 사람들이 주식을 살 돈을 가지고 있지 않았으므로 국가가 그 돈을 나누어준 것이었다.

분배 당시 1만 루블은 미화 40달러에도 미치지 못하는 소액에 불과해서, '신발 한 켤레 값에 불과한 돈'이라는 냉소를 얻기도 했다. 하지만 어쨌거나 사람들은 예기치 않게 하늘에서 떨어진 이 공돈을 어떻게 처분할지 무척 난감해 했다. 바우처를 해당금액의 주식으로 바

전 국민에게 동일하게 지급된 1만 루블짜리 사유화 바우처

꿀 수 있다고는 하였지만, 70년간 사회주의체제에서 살아온 그들은 '주식'이란 게 무엇이며 그 보유가 어떤 의미를 갖는지에 대해 제대로 알고 있지 못하였기 때문이다. 망설이던 국민이 주로 선택한 방법은 두 가지였다. 바우처를 다른 사람에게 팔아버리거나, 투자를 대행해준다며 우후죽순처럼 생겨난 '바우처 펀드'에 위탁하는 것이었다.

어떤 시대 어떤 세상에서든 약삭빠른 사기꾼들이 있는 법이다. 그들은 주식투자가 무엇인지 모르는 사람들을 겨냥하여 수많은 바우처 펀드 회사를 설립하였다. 그리고 TV를 비롯한 각종 매체를 통해 광고를 쏟아내기 시작하였다. 사기꾼들이 보통 그렇듯이, 펀드사의 운영자들은 처음 한동안 수익을 꼬박꼬박 지급함으로써 미끼를 던진다. 그러자 입소문을 타고 바우처뿐 아니라 장롱 속에 숨겨져 있던 쌈짓돈까지 펀드회사로 몰려든다. 그리고 때가 되자 그들은 돈을 몽땅 거두어 종적을 감추게 된다.

이런 사기극의 피해자는 1997년까지 무려 3~4천만 명, 피해 금액은 50조 루블에 이르는 것으로 추정된다. 그런데 기가 막히는 것은, 사기극을 벌인 자들이 대부분 처벌도 받지 않은 채 당당하게 호화로운 생활을 누렸다는 것이다. 국민들은 좌절하였고 마음에 분노가 끓어올랐다.

이런 과정을 통해 자금을 어느 정도 확보한 자들은 은행의 설립이나 인수에 착수하게 된다. 보다 큰 카지노 판에 뛰어들기 위해서는 대규모의 판돈이 필요했고, 그 조달을 위해서는 은행만큼 좋은 것이 없었기 때문이다.

거대재벌의 탄생, 기업사유화 2

기업사유화를 위한 추바이스의 두 번째 카드는, 1995년 8월부터 시작된 제2차 사유화 조치와 함께 던져졌다. 에너지 및 통신 분야의 대형 기업을 포함한 1만2천여 개의 국유회사를 대상으로 했다는 점에서 이번 판은 1992년의 제1차 사유화 때와는 차원이 다른, 카지노의 패자를 결정하는 결정적 게임이었다. 정부는 바우처 사유화와 머니게임을 통해 시장에 구매력이 어느 정도 형성되었다고 판단하여 현금경매 방식으로 중대형기업들의 사유화를 진행하려 했다. 그러나 이러한 시도는 시중의 자금 부족으로 인해 별다른 성과를 올리지 못하였다.

이미 거대세력으로 성장한 러시아의 은행들은 여기서 고민에 빠진 정부에 대해 놀라운 제안을 내놓는다. 블라디미르 포타닌(1961~)의 오넥심 방크를 중심으로 구성된 은행 컨소시엄이 제안한 것이 바로 '주식담보부대부(loan for shares)'였다. 이 대담한 약탈계획의 내용은 다음과 같다. 은행 컨소시엄이 정부에 20억 달러를 빌려주는 대신, 정부는 그 담보로 44개 주요 국영기업의 주식을 은행에 제공한다. 주식 보유기간 동안 은행들은 해당기업의 구조조정을 추진할 수 있다. 그리고 만약 만기에 정부가 대부금을 상환하지 못하면 은행들은 담보물인 주식을 그대로 보유하거나 매각할 수 있다는 것이다.

러시아 정부에 거대한 이권 주식담보부대부를 제안한 블라디미르 포타닌(2003). ⓒ Kremlin.ru[19]

노릴스크 니켈, 석유회사 유코스 등 거대기업들이 즐비하게 대상으로 포함되어 있는 이 거래는 만약 정부 관계자와 은행이 담합을 한다면 단숨에 세계적 재벌이 탄생할 수도 있을 정도로 결정적인 이권이었다. 그리고 당시의 만연한 부패로 미루어볼 때 담합은 거의 기정사실이었다. 그렇기 때문에 이 제안은 사회 전 방위로부터 쏟아지는 격렬한 비난을 감수해야 했다.

그러나 한동안 사태를 관망하던 추바이스는 놀랍게도 이 제안을 받아들인다. 왜 그랬을까? 당시 추바이스는 경제 불안과 보수파의 저항에 시달리고 있었다. 그렇기 때문에 그로서는 12월로 예정된 의회선거 이전에 대형 기업들의 사유화를 반드시 마무리해야 했다. 그래야만 보수파들이 의회를 장악하더라도 개혁을 돌이킬 수 없게 되는 것이다. 포타닌 등은 이미 이러한 정치적 판세를 읽고 이 세기적 약탈의 제안을 정부가 거절할 수 없을 것으로 판단하였던 것이다.

결국 은행들은 굵직한 대형 기업들을 모조리 집어삼킬 수 있었다. 이런 방식으로 러시아 2위의 석유업체 유코스, 철강회사 노벨리페츠크 등 유수한 기업들이 은행 컨소시엄의 손에 들어갔다. 이 모든 것이 1995년 말 의회선거가 있기 전 단 2개월 동안 일어난 일들이었다. 노릴스크 니켈을 집어삼킨 블라디미르 포타닌의 2000년대 중반 재산은 220억 달러가 넘어, 전 세계 억만장자 순위에서 6위를 차지하였다. 유코스의 회장이었던 미하일 호도르코프스키(1963~) 역시 한때 푸틴의 권위에 맞설 정도로 큰 부와 권력을 누린 바 있다. 옐친 2기에 사실상 러시아의 대통령으로 불리었던 보리스 베레조프스키(1946~2013), 영국 프리미어리그 첼시의 구단주 로만 아브라모비치(1966~) 등도 이런 과정을 통해 대재벌로 떠오른 인물들이다. 러시아의 기업사유화 과정에서 우리는, 통제받지 않는 자본의 욕심에는 그 한계가 없다는 사실을 새삼 확인하게 된다.

사유재산이 존재하지 않던 나라 러시아에서 기업사유화를 통해 세계적 재벌들이 속속 등장하였다. 러시아 2위의 석유기업 유코스를 삼킨 미하일 호도르코프스키(2001) ⓒ PressCenter of Mikhail Khodorkovsky and Platon Lebedev[20]

소련의 계획경제는 국가 전체를 하나의 유기체로 보았다. 생산되어야 할 제품의 수량과 생산과정을 국가가 정교하게 계획하고, 마치 몸 전체에 퍼진 신경과 핏줄 같은 투입—

산출 망을 통해 이를 실행하게 되어있었다. 하지만 1980년대 후반 소련체제가 붕괴되면서 이러한 네트워크는 무너진다. 그러자 마치 혈액을 공급받지 못한 신체가 괴사하듯 수많은 공장들이 가동을 멈추었고, 이에 따라 국민들은 대규모 실업사태에 직면하게 되었다. 완전고용에 가깝던 소련체제에서는 상상조차 해보지 못한 일이었다. 부동산과 같은 사유재산을 갖지 못한 상태에서 직장을 잃거나, 직장이 남아있어도 급여를 받지 못하는 사람들. 그들은 가진 것을 모두 내다 팔고, 거리에서 빈병을 줍고, 주말농장 다차(dacha)에 감자를 심어 살아남아야 했다. 이러한 악순환 속에서 경제는 끝없이 추락하였다. 공업생산은 과거의 절반 수준으로

경제위기에 항의하는 러시아 국민들. "붉은 머리(추바이스)는 감옥으로 보내라"는 글을 들고 있다(1998).
Фотокорреспондент Ю. Н. Частов[21]

격감하였고 경제성장률은 지속적으로 마이너스를 기록하였다. 그러나 이처럼 국민 다수가 기본적 생계를 걱정해야 하는 상황에서, 권력에 줄이 닿은 인사들은 어마어마한 국가재산을 발 빠르게 약탈해 나갔다. 그 결과 러시아 땅에서는 세계적 부호들이 속출하고 있었다. 국민들의 분노가 끓어오르지 않을 수 없는 상황이었다. 모든 문제의 근원이 사회주의체제에 있다고, 그래서 자본주의체제로 이행하기만 하면 세상이 장밋빛으로 변할 것이라고 생각했던 국민들은 이러한 상황을 도무지 받아들일 수 없었다.

옐친 2기, 올리가르히와 모라토리엄

보수 세력은 이와 같은 국민들의 불만에 편승하여 1993년 대통령 탄핵안을 제출한다. 옐친은 결정적 위기에 봉착한 것 같았다. 하지만 국민들은 경제적 현실에 절망하였으되,

이미 맛본 자유를 반납하고 과거로 돌아갈 생각은 없었다. 탄핵안은 가까스로 부결되고 세상은 뒤집어지지 않았다. 그러나 1995년 12월에 치러진 의회선거에서 옐친은 참패하였고, 겐나디 주가노프(1944~)의 공산당은 35%의 득표로 당당히 제1당의 자리에 복귀하였다.

1992년 체제이행을 위한 개혁의 시작이후 갖은 고난을 겪어온 러시아 경제는 1990년대 중반을 넘어서며 다행히도 조금씩 안정을 찾아가고 있었다. 한때 2천%를 넘던 하이퍼인플레이션은 현저히 개선되어 1995년 131.3%, 1996년 21.8%로 잦아들고 있었다. 그러나 곳곳에서 가동을 멈춘 생산시설, 실업과 임금체불, 만연한 부패, 박탈감을 느끼게 하는 약탈적 기업사유화 등 국민들이 분노할 재료는 도처에 널려있었다.

의회선거보다 더 큰 문제는 1996년의 대선이었다. 당시 조사에 의하면 공산당 후보 주가노프에 대한 지지율은 20%에 이르는 반면, 옐친은 불과 8%의 지지를 받고 있을 뿐이었다. 이쯤 되면 정국을 뒤흔들어 놓을만한 새로운 사태가 벌어지지 않는 한 불과 얼마 남지 않은 6월의 대선에서 공산당의 승리는 당연한 일이었다.

1996년 Belgorod에서 대선 선거운동 중인 옐친 ⓒ Kremlin.ru[22]

이것은 러시아 안팎의 많은 사람들에게 매우 곤혹스러운 사태였다. 소련 붕괴 이후 한때 해체되었던 공산당이 다시 집권을 하게 된다면 대체 어떤 일들이 벌어질 것인가? 주가노프는 과거로 돌아가서 사유화된 기업을 다시 환수하고 가격을 통제하며 한걸음 나아가서 소비에트 연방을 재건하려 할 것인가? 그렇게 되면 외국인들이 투자해 놓은 자산들은 어떻게 될 것인가? 개혁의 최전선에서 뛰었던 사람들은 졸지에 감옥으로 가는 신세가 되지 않을까?

옐친이 어떤 수를 쓰더라도 이 선거를 미룰 것이란 전망이 나오는 가운데, 주가노프의 공산당은 이미 집권하기라도 한 것처럼 축배를 들고 있었다. 그들은 다수를 점한 의회의 결의를 통해 사유화 과정과 주식담보부대부의 불법성을 파헤치겠다고 공언했다. 옐친에게 연방을 재건하라는 압력을 가하기도 했다. 하지만 결국 기적이 일어났다. 옐친은 놀랍게도 재선에 성공하였다. 주가노프는 샴페인을 너무 일찍 터뜨린 것이었다.

대체 어떤 일이 있었을까? 절대로 불가능해보였던 옐친의 역전승이 어떻게 가능하였을까? 국민들의 불신 속에서 허덕이던 옐친의 승리에는 다음 두 가지 요인이 크게 작용한 것으로 추정된다. 첫째, 다수의 국민들은 비록 어려운 현실이 불만스럽긴 하였지만 구체제로 돌아가는 것을 더욱 끔찍하게 생각했다는 점이다. 그리고 둘째, 이미 너무 많은 것을 가진 올리가르히들에게 옐친의 승리는 사활이 걸린 문제였다는 사실이다.

옐친의 기업사유화 과정에서 정경유착의 산물로 태어나 거대한 몸집으로 러시아를 지배하고 있는 '몇몇' 산업금융재벌을 사람들은 '올리가르히'라고 부른다. '과두재벌(寡頭財閥)'로 번역되는 올리가르히란 단어는 체제이행기의 러시아 사회를 상징하는 중요한 키워드이다. 올리가르히는 고대 그리스에서 소수의 권력자가 국정을 좌우한 '과두정치'를 뜻하는 단어인 'oligarchy'가 그 어원이다. 그 몇몇 재벌들의 질긴 빨판은 러시아 경제뿐 아니라 정치와 언론에까지 뻗쳐 있으며, 범죄세력인 마피아와도 밀접한 관련이 있다.

올리가르히들이 밀어붙인 옐친 재선 프로젝트의 전면에는 보리스 베레조프스키가 나서게 된다. 그는 이 작업을 가장 효과적으로 수행할 정치권 파트너로 아나톨리 추바이스를 선택하였다. 기업사유화 과정에 대한 공산당의 공격으로 부총리 자리에서 밀려나 있던 추바이스는, 심장병으로 고생하던 옐친의 역할을 대신한 딸 타티야나(1960~)와 연대하여 자신의 역량을 십분 발휘하게 된다. 그들은 막대한 자금을 쏟아 부은 광고와 올리가르히들이 장악하고 있던 언론매체를 통해서, 기억하고 싶지 않은 소비에트 시절의 삶을 국민들에게 거듭 상기시켜주었다. 당신들은 그 시대로 돌아가기를 원하는가? 결과는 옐친의 극적인 승리였다.

건강에 심각한 문제가 있었던 옐친은 자신의 두 번째 임기동안 사실상 국가를 제대로 통치할 수 없었다. 그 자리를 차지한 것은 승리의 일등공신들이었다. 추바이스는 대통령 행정실장이란 요직을 거머쥐었고, 오넥심방크의 포타닌은 제1부총리, 베레조프스키는 국가안보회의 부의장 자리에 오른다. 기업사유화와 머니게임을 통해 순식간에 세계적 부호로 떠오른 러시아 올리가르히들의 전성시대가 바야흐로 도래한 것이다.

옐친 2기에 아버지를 대신하여 정치활동을 한 타티야나 유마셰바(2015) ⓒ Kremlin.ru[23]

그들은 막대한 부를 지렛대로 막후에서 실력을 행사했을 뿐만 아니라, 이처럼 직접 정부의 요직을 차지하여 러시아의 정치와 경제를 까놓고 좌우하였다. 이런 옐친 2기의 러시아 상황을 생각한다면, 한 저널리스트의 조롱처럼 옐친은 '러시아 민주주의의 아버지'가 아니라 '올리가르히의 아버지'라는 말을 들어도 억울할 것이 없어 보인다. 러시아의 새로운 지배자들은 이 먹이사냥에서 서로 치열하게 경쟁하며 금융·산업그룹으로서의 몸집을 키워갔다. 그 결과 1997년을 기준으로 할 때 약 30개 기업이 러시아 경제의 절반가량을 점유할 만큼 비대해져 있었다.

1997년 하반기의 러시아 경제사정은 모처럼 희망이 피어나는 분위기였다. 인플레이션은 11% 수준으로 떨어졌고, 은행시스템은 안정을 찾았으며, 임금 및 연금 체불은 완화되었다. 그러나 이 무렵 머나먼 동남아시아에서 한줄기 불길한 회오리바람이 솟구쳐 오른다. 이 바람은 어느덧 태풍으로 커져 세계를 휩쓸더니 러시아에까지 들이닥친다. 막 피어나던 러시아 경제의 희망은 이 거센 태풍에 초토화 되고 만다. 그해 7월 1일 태국의 바트화 평가절하 선언으로 시작하여 한국에도 'IMF 사태'를 가져왔던 세계 외환위기의 발발이었다.

아시아 시장에서 큰 손해를 본 투자자들은 위험 회피와 현금부족 해소를 위해 러시아의 정부단기채권 시장에서 썰물처럼 빠져나갔다. 1997년 11월 이후 3개월 동안 러시아로부터 유출된 달러는 약 78억 달러에 이르고 있었다. 이로 인해 달러 환전 수요가 급증하면서 루블화의 가치 하락 압력이 폭발 직전에 이르게 된다.

러시아 정부는 자본 유출을 막고 환율을 방어하기 위해 온갖 애를 썼지만 백약이 무효하였다. 러시아는 1998년 8월 17일 마침내 400억 달러의 단기부채에 대한 모라토리엄(moratorium) 즉 '대외채무 지불유예'와 루블 가치의 30% 절하를 선언하게 된다. 국가 부도사태였다.

경제위기에 따른 반 옐친 시위(1998.10) Бахтиёр Абдуллаев[24]

루블화 평가절하와 모라토리엄의 선언은 러시아 경제에 치명적 타격을 가져왔다. 단기국채에 투자하느라 자금이 부족했던 은행들은 고객들이 몰려와 예금을 인출하자 줄줄이 도산하였다. 그 결과는 은행시스템의 마비였다. 한창 물이 오르던 주가도 폭락하였다. 체제이행 이후 처음 마이너스에서 벗어났던 경제성장률은 다시 하락세로 반전되었고, 안정되어가던 물가도 다시 급등하기 시작했다. 러시아의 대외신인도는 급격히 하락하였고, 루블 가치의 폭락을 우려한 국민들이 닥치는 대로 물건을 사재기 하는 바람에 선반이 텅 비어 버린 상점들이 즐비하였다.

경제위기 속에서 사람들의 관심은 점차 2000년에 있을 대선으로 모아졌다. 총리 예브게니 프리마코프, 야심만만한 모스크바 시장 유리 루쉬코프, 추바이스의 개혁에 맞섰던 친(親)시장 경제학자 그레고리 야블린스키, 대중적 인기가 높았던 예비역 장성 알렉산드르 레베드, 그리고 공산당의 겐나디 주가노프와 극우파 블라디미르 지리노프스키. 대권을 꿈꾸는 사람들은 적지 않았으나, 러시아를 혼돈으로부터 구할 만한 인물은 눈에 잘 들어오지 않았다. 이들 가운데 과연 누가 대권을 장악할 것인가. 그리고 체제의 앞날은 어떻게 될 것인가. 러시아 사회의 고민은 깊어가고 있었다.

25. 카프카즈의 백학, 체첸

불행은 대개 혼자 오는 법이 없다. 소련체제가 무너지면서 경제가 마비되고 국가의 권위가 땅에 떨어지자, 잠재되어 있던 또 하나의 시한폭탄이 작동되기 시작한다. 민족분규였다. 러시아는 원래 모스크바를 중심으로 한 '대(大)러시아', 현재의 우크라이나 지역을 가리키는 '소(小)러시아', 그리고 벨로루시 즉 '백(白)러시아' 정도가 동질성을 가진 오리지널 러시아라 할 수 있다. 나머지의 광활한 중앙아시아·카프카즈·시베리아는 제정러시아가 팽창하면서 흡수된 지역이다. 그러므로 민족이나 언어, 종교 등 근본적으로 이질적인 요소가 다분하다. 그럼에도 불구하고 과거에는 민족을 초월하는 사회주의라는 통합의 이데올로기가 있었고 강력한 힘을 가진 국가의 통제가 이루어지고 있었기 때문에 큰 다툼 없이 어울려 살아갈 수 있었다. 그러나 이념이 무너지고 국가의 권위가 땅에 떨어지자 소비에트연방이라는 울타리는 느슨해지고 '민족'이라는 키워드가 급격히 부상하게 된다. 소련이 해체되던 혼란기에는 이로 인해 아제르바이잔과 아르메니아 간에 심각한 민족분규가 발생한 바 있고, 지금도 중앙아시아 각국에서는 러시아인이나 고려인 등 타민족에 대한 규제와 불이익이 적지 않다.

1991년 소련 해체와 함께 15개 공화국은 마침내 독립하여 각각 제 갈 길을 가게 된다.

그러나 그렇게 탄생한 새로운 국가들 가운데 하나인 구 러시아공화국, 즉 오늘의 러시아 연방(Russian Federation)은 여전히, 2개 시, 21개 자치공화국, 1개 자치주, 4개 자치구, 46개 주, 9개 지방 등 83개 행정구역에서 100개가 넘는 소수민족들이 뒤섞이거나 뭉쳐 살고 있는 복잡한 집단이다. 러시아 측의 공식편제로는 최근 우크라이나로부터 병합한 크림공화국까지 합쳐 84개 행정단위가 되지만, 한국정부는 아직 이를 인정하고 있지 않으므로 83개라고 이야기할 수 있다. 그러니까 거대한 제국 소련은 분리되었으되, 오늘의 러시아에는 여전히 민족분규의 싹이 잠복해 있는 것이다.

러시아를 구성하는 21개 자치공화국 가운데 하나인 남부 카프카즈 지역의 체첸자치공화국(The Chechen Republic) 주민들은 특히 내부적 동질성이 강하며 독립의 의지가 특별한 사람들이었다. 그들 대부분은 이슬람교도로서 1859년 강제합병으로 러시아제국의 일부가 된 데 대해 마음으로 승복하지 않고 있었다. 따라서 전쟁 등으로 인해 러시아가 혼란스러울 때마다 체첸은 끊임없이 독립을 시도하였다. 그러나 그들의 간절한 희망은 번번이 좌절되고 만다. 제2차 세계대전 중 체첸인들은 독립을 위해 인근의 잉구쉬(Ingush)인들과 함께 독일에 협력하였고, 이에 대한 소련의 보복으로 약 40만 명의 주민이 카자흐스탄과 시베리아로 추방된 적도 있었다. 그런 그들이었으므로 소련 해체의 혼란기를 놓칠 수가 없었다. 체첸은 1991년 일방적으로 독립을 선언한다.

A.Kivshenko, 1859년 러시아의 바랴틴스키 장군에게 항복하는 체첸 및 다게스탄 저항세력 지도자 이맘 샤밀(1880)

사실 소련의 다수 국민들이 연방 해체를 원하였던 것은 아니다. 1991년 3월에 실시된 국민투표에서 투표자의 76%는 연방의 유지를 원하였다. 그러나 보수파의 쿠데타를 비롯한 격동의 정세는 연방을 해체의 길로 몰고 가버린다. 지방에 대한 중앙의 통제력이 상실된 가운데 각 공화국의 대표들이 독립을 강하게 희망하였던 것이 해체의 중요한 동력이었다. 그리고 그 방아쇠 역할을 한 것은 '발트 3국'이었다.

주변 강대국들의 틈바구니에서 약소국의 설움을 씹고 있던 발트 해 연안의 리투아니아·라트비아·에스토니아는 독일과의 복잡한 거래관계를 통해 1940년에야 뒤늦게 소련에 흡수된 나라들이다. 인종과 종교와 언어가 다르고 소득수준도 높았던 그들이 가장 강한 독립의 의지를 가졌으리라는 것은 쉽게 짐작할 수 있다.

발트 3국은 1989년 이미 독립을 선언한 상태였다. 그러나 당시는 아직 모든 것이 불확실하였다. 소련 국민 다수가 연방의 유지를 원하고 있고 각 공화국들의 경제적 자립도가 매우 낮아서, 연방 해체가 과연 현명한 선택인지 확신할 수 없는 상황이었다. 더 중요한 것은 일방적인 독립선언에 무력 진압이 뒤따를 수도 있다는 점이었다. 좀 오래된 일이지만, 소련은 1956년 헝가리의 부다페스트와 1968년 체코의 프라하에서 발생한 민주화 운동을 눈 깜짝하지 않고 탱크로 밀어버린 역사가 있다. 그러나 몰락을 눈앞에 둔 소련은 1950~60년대의 서슬 퍼렇던 그 시절과 같을 수 없었다. 1991년 9월 최고소비에트는 마침내 발트 3국의 독립을 승인했다. 그러나 카프카즈의 골치 덩어리 체첸의 경우는 사정이 달랐다.

카프카즈(Кавказ)의 영어식 발음은 코카서스(Caucasus)이다. 카프카즈 산맥은 흑해와 카스피 해 사이에서 동서로 길게 벋어 있다. 카프카즈 지역은 중앙을 가로 지르는 볼쇼이(大) 카프카즈 산맥을 중심으로 5천 미터가 넘는 산들이 즐비한 고산지대이다. 산맥의 남쪽에는 그루지야(조지아), 아르메니아, 아제르바이잔

카프카즈 지역 지도

등 소련에서 독립한 국가들이 위치해 있고, 북쪽은 러시아연방에 소속된 카라차이-치르케시아·카바르디노-발카리아·북(北)오세티아·잉구세티아·체첸·다게스탄 등 자치 공화국들이 자리 잡고 있다.

카프카즈는 예로부터 이곳을 지나친 여러 민족들의 발자국이 어지럽게 엉킨 회랑이었다. 그리고 그리스·이란·몽골·터키 등이 번갈아 지배하는 사이에 원주민과 정복민족이 뒤섞여 수많은 소수민족들이 탄생한 곳이다. 심한 경우에는 골짜기마다 언어가 다른 종족이 살고 있을 정도여서, 어떤 학자는 이곳의 소수민족 수가 230여 개에 이르는 것으로 보기도 한다. 척박한 산악지역에서 이들의 생계수단은 유목이었다. 그 때문에 자연스럽게 대가족 단위를 이루게 되었다. 생존을 위해 어릴 때부터 말 타고 총 쏘는 법을 익힌 카프카즈 사람들은 하나의 가족이 바로 용맹한 전투 집단이었다. 그리고 이러한 가족단위의 생활은 자연스럽게 공동체 의식을 강화시켜 줌으로써 외부세력의 침범에 격렬하게 저항하는 힘을 갖게 되었다.

기도하는 체첸 수도 그로즈니의 여인들(1994). Mikhail Evstafiev[25]

러시아와 카프카즈의 악연은 18세기말까지 거슬러 올라간다. 예카테리나 대제 이후 제국의 카프카즈 공략이 본격화되면서 시작된 무자비한 학살, 그리고 체첸의 처절한 저항이 지금까지 반복되고 있다. 대제국 러시아와 산기슭의 유목집단 체첸 간의 싸움은, '싸움'이란 말을 붙이기가 부적절할 정도로 일방적인 가해와 피해의 구도가 될 수밖에 없다. 그러나 마치 거대한 미국이 베트남의 수렁에서 허우적거린 것처럼, 대제국 러시아가 조그만 체첸을 군사적으로 정복할 수는 있었지만 용맹하고 굴복할 줄 모르는 그들을 완전히 지배할 수는 없었다.

이 과정에서 양측은 돌이킬 수 없는 관계에 이르게 된다. 즉 이슬람교를 신봉하며 끊임없이 저항하는 체첸인들을 러시아는 지독하고 사악한 이교도로 인식하게 되었다. 그래서 그들을 많은 소수민족들 가운데에서도 특히 차별적으로 대하였다. 반면 200년에 걸친 학살과 탄압을 겪으며 민족이 송두리째 사라질 뻔한 체첸인들은 러시아에 대해 뼈에 사무치는 원한을 갖게 되었다. 2차 대전 중 침략자 독일에 대한 체첸의 부역, 그에 대한 소련의 혹독한 보복, 그리고 오늘날까지 잊을만하면 발생하는 대규모 테러 사건 등 체첸의 지독한 저항은 이런 맥락에서 이해되어야 한다.

1991년 소련이 해체되는 혼란 속에서 체첸은 오랜 세월 기다려온 결정적 기회를 맞았다고 판단하였다. 크렘린의 권위가 변방에까지 미치지 못했던 힘의 공백상태, 이를 놓칠 수 없었다. 그해 10월의 선거로 체첸공화국의 대통령자리에 오른 조하르 두다예프(1944~96)는 일방적으로 독립을 선언한다. 하지만 당시 러시아는 이에 대응할 여력이 없었다. 체첸은 과연 오랜 숙원을 이루어 마침내 독립을 얻게 되는 것일까. 철옹성 같던 대제국이 한순간에 무너진 격변의 시기이고 보면, 체첸의 독립이라고 해서 마냥 불가능하기만 한 것은 아니었다. 그러나 러시아는 체첸의 이탈을 용인할 수가 없었다. 2차 대전 중 흡수된 북쪽의 발트3국과 오랫동안 지배해온 카프카즈는 경우가 달랐다. 체첸은 카스피 해에서 채굴된 원유 파이프라인의 경유지로서 전략적으로 대단히 중요한 지역이다. 더 심각한 것은 만약 체첸의 독립을 용인한다면 그 불씨가 카프카즈 전역으로 번져갈 것이라는 점이었다. 그렇게 되면 제정러시아 이래 편입된 러시아연방 전체의 수많은 소수민족들이 이탈하는 도미노현상이 초래될 수도 있었다.

체제이행의 충격에 어느 정도 적응이 된 러시아는 1994년 12월 마침내 반격에 나선다. 러시아군은 전면 공격으로 체첸의 수도 그로즈니를 함락시킨다. 하지만 그렇다고 쉽게 굴복하고 말 체첸인들이 아니었다. 그들은 험준한 카프카즈의 산악지대에 은거하여 주특기인 게릴라전을 전개하였다. 군사전력의 측면에서 체첸의 전사들은 물론 러시아군의 비교대상이 되지 못한다. 하지만 그들의 집요한 저항은 러시아군을 괴롭히기에 충분했다.

체첸의 수도 그로즈니에서 체첸 전사들에 의해 격추된 러시아 헬리콥터(1994). Mikhail Evstafiev[26]

어떻게 그것이 가능할까 의아할 수 있겠지만, 세계 최빈국 아프가니스탄의 산악지역에서 무기도 변변찮은 게릴라들을 소탕하는 데 세계최강의 소련과 미국이 거듭 실패한 사례가 있다. 이처럼 종교의 힘으로 죽음을 두려워하지 않는 저항세력이 산악을 끼고 신출귀몰하는 경우, 이를 근절하기는 첨단의 장비와 압도적 화력으로도 쉽지 않은 일이다. 특히 체제이행의 혼란 속에 사기가 땅에 떨어져 있던 러시아군으로서는 더욱 이를 감당할 수가 없었다. 1996년 4월 러시아의 미사일 공격으로 반군의 우두머리 두다예프 대통령이 사망하는 곡절도 있었지만, 그해 8월 체첸인들은 마침내 수도 그로즈니를 탈환한다. 그리고 휴전협정에 따라 12월 러시아군은 체첸에서 철수하게 된다. 사실상 러시아의 굴욕적 패배였다.

공식적 발표내용과는 다르지만, 제1차 체첸전쟁에서 러시아군 사망자는 만 오천 명에 달했던 것으로 추정된다. 체첸의 피해는 당연히 훨씬 더 컸다. 인구 백만이 조금 넘는 체첸인들 가운데 6만여 명의 사상자와 20만여 명의 난민이 발생하였다. 그들에게 이러한 희생은 분명 큰 슬픔이었다. 그러나 그것이 체첸인들의 사기에는 영향을 미치지 못하였다. 무엇보다도 거대한 러시아를 맞아 그들은 마침내 승리하였기 때문이다. 그리고 그들에게 전장에서의 죽음은 두려운 일이 아니며 오히려 카프카즈 전사의 명예이기 때문이다. 이슬람의 가르침에 충실한 그들 사이에 전사로서의 죽음은 순교로 받아들여진다. 즉 천국에 이르는 길인 것이다. 가족과 씨족을 지키기 위한 전사들의 장렬한 순교. 그것은 수백 년간 대를 이어가며 전해 내려온 약소민족 체첸인들의 슬픈 일상이었다.

체첸 전사들(1995) Mikhail Evstafiev[27]

이따금 나는 병사들을 생각하네
피의 들판에서 돌아오지 않는 그들은
고향땅에 잠시 누워보지도 못하고
백학이 되어버렸네

그 옛날부터 그들은 하늘을 날아가며
우리를 부르네
왜 우리는 늘 슬픔 속에서
말없이 하늘을 바라보아야 하는 걸까

날아가네 저 하늘 지친 학의 무리들이
저물녘 안개 속으로 날아가네
줄지어 날아가는 그들 무리의 틈 사이
그곳이 나의 자리인 것은 아닐까

그날이 오면 나도 백학들과
청회색 어스름 속으로 날아가리라
이 땅에 남겨둔 당신들의 이름을
하늘의 새처럼 목 놓아 부르며

젊은 세대는 잘 모르겠지만 나이가 좀 든 사람들에게는 매우 익숙한 노래의 가사이다. 1995년 우리나라 TV 방송에서 공전의 성공을 거둔 기념비적 드라마《모래시계》에 삽입되었던 러시아 가요《백학(Журавли, Cranes)》. '백학'은 두루미를 의미한다.
1969년 카프카즈의 계관시인 라술 감자토프(1923~2003)의 시에 곡을 붙여 국민가수 이오시프 코브존(1937~)이 부른 이 노래의 배경은 제2차 세계대전이다. 전쟁에 직접 참전했던 시인 감자토프가 처절했던 스탈린그라드 전투에서 산화한 소련군 병사들을 기린

노래이다. 하지만 이를 좀 다르게 받아들일 수도 있다. 체첸 접경의 다게스탄 공화국 출신인 감자토프는 평소 카프카즈의 풍속과 정서를 노래해왔다. 그러므로 지금 이 노래를 듣는 사람은 그런 맥락에서 체첸 전사들의 슬픈 운명을 떠올릴 수도 있는 것이다. 예술작품이 작가의 손을 떠나면 독자의 몫이 된다. 듣는 이가 누구든 가슴을 단숨에 흔들어 놓는 이 장중한 노래에서 체첸 전사들의 슬픈 역사를 떠올린다 해도 이상할 것은 없다.

세계정복을 꿈꾸며 러시아를 침공한 강한 자 나치독일. 러시아는 열악한 군비로 나라를 다 내어줄 지경에 이르렀지만, 수많은 사람들이 조국과 가족을 지키겠다는 일념으로 영웅적으로 저항하다가 스탈린그라드의 시체더미에서 죽어갔다. 그들의 넋이 두루미가 되어 저물녘 하늘을 날아가는 모습으로 애도한 노래가 《백학》이다. 가사와 곡조가 서로 아주 잘 어울린다. 그런데 이번에는 구도를 한번 바꾸어 보

다게스탄 자치공화국의 수도에 건립된 계관시인 라술 감자토프의 동상.
S.Magomedov[28]

자. 땅에 남겨둔 사람들의 이름을 목 놓아 부르던 바로 그 백학의 후손 러시아군이, 50여 년이 지난 후에는 입장이 바뀌어 카프카즈의 무서운 정복자로 등장한다. 그들이 진군한 카프카즈. 이곳에서 스탈린그라드의 러시아 사람들과 마찬가지로, 체첸 인들은 민족과 가족을 지키기 위해 싸우다가 바로 그 러시아 사람들의 손에 죽어갔다. 그런 그들의 넋을 애도하기에도 《백학》은 나무랄 데 없는 노래이다. 이처럼 그 배경에 대해 약간의 지식만 가지고 있다면, 우리는 이 노래를 통해 두 얼굴을 가진 제국주의의 야누스적 모습을 엿볼 수 있다.

제1차 체첸전쟁의 패배로 러시아인들은 자존심에 큰 상처를 입게 된다. 노동자와 농민의 천국이라는 자부심에 찼던 러시아, 한때 미국과 세계를 양분했던 초강대국 러시아가 아니었나. 그런 조국이 경제적 파국 속에서 세계의 조롱거리로 전락하고, 이젠 아프가니스탄에 이어 체첸에까지 굴욕을 당하게 되다니. 세상에 거의 알려진 것이 없던 무명의 정치가 블라디미르 푸틴이 단숨에 대권을 획득하고 강철 같은 카리스마로 러시아를 이끌게 된 중요한 계기는, 1999년 2차 체첸전쟁을 통해 국민들의 이러한 좌절감을 씻은 일이었다.

수도 그로즈니의 불타버린 대통령궁을 바라보고 있는 체첸 전사(1995.1) Mikhail Evstafiev[29]

26. 21세기의 차르, 블라디미르 푸틴

마법사 푸틴의 등장

옐친이 비록 재선에 성공하기는 하였지만 그의 집권 2기는 무척 고통스러운 나날들이었다. 사유화 과정에서 어마어마한 국유재산을 나눠먹은 권력층의 부패 사실은 이미 치유가 불가능한 수준에 이르러 있었다. 게다가 옐친은 알코올 중독과 심장병으로 제대로 집무를 할 수 없는 건강상태였다. 아나톨리 추바이스를 중심으로 한 개혁파 정치가들인 '상트페테르부르크 그룹', 그리고 올리가르히 보리스 베레조프스키와 옐친의 딸 타티야나를 중심으로 한 옐친 패밀리 '세미야(가족) 그룹', 옐친의 집권 2기를 쥐락펴락한 것은 바로 이 두 세력이었다. 이들은 필요할 경우 서로 협조하기도 하면서 치열하게 권력을 다투었다. 옐친의 재선에 일등공신 역할을 한 보리스 베레조프스키를 중심으로 과두재벌 올리가르히들은 사실상 총리를 마음대로 갈아치울 만큼 국정을 좌지우지했다. 한때 러시아에서는 베레조프스키가 실질적인 대통령이란 말이 떠돌 정도였다. 이런 사정이다 보니 국민들 사이에서 옐친의 인기는 당연히 바닥을 치고 있었다.

1999년 5월, 야당이 주도권을 쥐고 있던 하원은 다시 한 번 옐친 탄핵안을 발의한다. 탄핵안은 통과 가능성이 매우 높았으나 가까스로 부결되었다. 당시의 보도에 의하면 거절하기 곤란한 금액의 돈이 일부 하원의원들에게 전달되었다고도 한다. 그러나 집권세력은 이에 안도하고 있을 겨를이 없었다. 대통령선거가 또다시 다가오고 있었기 때문이다. 러시아가 허우적거리고 있는 이 수렁의 바닥이 과연 어디쯤인지 알 수 없는 상황에서, 무능하고 병든 옐친의 뒤를 잇는 다음 지도자가 과연 누가 될 것인지는 초미의 관심사였다. 과연 누가 당면한 이 경제 위기를 수습하고 러시아 사회의 구조적 문제들을 해결할 수 있을 것인가. 시련의 1990년대를 지나온 러시아 개혁의 히스토리에다가 올리가르히와 마피아가 이미 견고하게 뿌리를 내린 사회구조를 생각할 때, 그것은 실현 불가능한 기대라는 것이 많은 사람들의 생각이었다. 그러나 마법이란 원래 절대 이루어질 수 없는 것을 홀연히 가능하게 만드는 일이다. 무대의 커튼 뒤에서 갑자기 나타난 마법사 푸틴은 병든 러시아를 단숨에 세계의 수퍼파워로 되살려 놓는다.

옐친은 1999년 8월 상트페테르부르크 출신의 무명인사 블라디미르 블라디미로비치 푸틴(1952~)을 총리로 지명하였다. 옐친이 그를 택한 것은 연고세력인 상트페테르부르크 그룹뿐만 아니라 올리가르히들의 세미야 그룹으로부터도 신뢰를 받고 있는 푸틴이 자신의 퇴임 이후를 잘 지켜줄 것이라는 믿음 때문이었던 것으로 이야기된다. 세미야 그룹이 그를 택한 바탕에는 당시 이름도 없던 푸틴 정도는 자신들의 손아귀에 둘 수 있을 것이라는 자신감이 깔려있었다. 그러나 그것은 완전한 착각이었다. 대권을 잡은 푸틴은 기대대로 옐친과 그의 가족을 철저히 보호했다. 그러나 올리가르히들에게는 무시무시한 철퇴를 내리게 된다.

총리 시절의 블라디미르 푸틴(1999). 카리스마 가득한 얼굴을 보여주기 이전의 모습. ⓒ Kremlin.ru[30]

푸틴이 총리로 지명되었다는 뉴스가 전해지자 세계는 고개를 갸웃거렸다. 푸틴이란 자가 도대체 누구인가? 47세의 전직 KGB 요원. KGB를 계승한 FSB의 국장을 맡고 있었지만 1년 남짓한 기간에 불과했고, 동독에서 오랫동안 첩보활동을 한 것 정도가 두드러진 무명의 인물이었다. 워낙 의외였으므로 사람들은 그 역시 앞의 총리들처럼 잠시 스쳐가는 소방수에 불과할 것이라고 믿어 의심치 않았다. 그러나 결국 푸틴은 대권을 장악하고 재임까지 성공하였으며, 거의 절망적으로 보였던 중증의 병자 러시아를 회생시키는 기적을 연출하게 된다. 그 결과 푸틴은 70%를 넘는 경이적 지지와 강력한 카리스마를 얻게 되고, '21세기의 차르'라는 별명과 함께 2019년 현재까지 러시아를 통치하고 있다.

무명의 푸틴이 어떻게 단기간에 그처럼 강력한 카리스마를 가질 수 있었을까? 그 배경에는 바로 체첸이 있었다. 분리 독립을 선언한 체첸에 1994년 말 러시아군이 진격함으로써 발발한 제1차 체첸전쟁. 손바닥만 한 체첸쯤이야 단숨에 밀어버릴 수 있다고 호언장담하던 러시아는 극렬한 저항에 부딪혀 곤혹스런 상황에 빠지게 된다. 그리고 결국 수많은 사상자를 남긴 채 1996년 말 철수하고 만다. 전쟁기간 중 반란군은 체첸 영토 안에서뿐 아니라 바깥에서도 대규모 테러로 러시아를 괴롭혔다. 1995년 6월에는 러시아의 한 병원에서 인질극을 벌여 100여 명이 사망하였고, 다음해 1월에도 다른 병원에서 똑같은 사태가 벌어져 78명의 러시아인이 희생되었다. 전쟁에서의 패배로 러시아인들의 자존심은 크게 상처를 받았고, 연이은 테러로 공포가 만연한 상태였다. 푸틴 진영은 이를 결정적으로 활용하였다.

푸틴이 총리로 임명되던 바로 그 8월 초순, 체첸의 과격 이슬람 세력은 이웃한 다게스탄 공화국을 침공하여 이슬람자치구를 선포하였다. 러시아군은 이를 즉각 진압했지만 이번에는 연이어 테러가 발생하였다. 먼저 다게스탄 지역 군인아파트의 폭발사고로 64명이 사망했고, 곧바로 모스크바 시내에서 발생한 2건의 고층 아파트 폭발로 각각 92명, 121명이 사망했다. 로스토프 주의

폭발로 벽이 무너진 볼고돈스크의 아파트 (1999.9.16.)

볼고돈스크에서도 폭발로 아파트가 무너졌다. 전 러시아는 테러의 공포에 휩싸였다.

마법은 극한의 상황에서 더 큰 효과를 낳는 법이다. 이처럼 국민의 심리상태가 최악이었을 때 드디어 푸틴의 마법이 시작되었다. 그는 해외출장 중 급히 귀국하여 모스크바 등에서 카프카즈계 사람들에 대한 대규모 검거령을 내렸다. 그리고 로스토프 지역에서 또 한 번의 아파트 폭발이 일어난 바로 다음날, 러시아 공군이 체첸 내 무장기지를 공습하였다. 마침내 제2차 체첸전쟁(1999~2000)이 시작된 것이다.

푸틴은 보병 위주로 전쟁을 치렀던 제1차 체첸전쟁(1994~6)의 실패를 거울 삼아, 이번에는 폭격기와 미사일을 주로 동원함으로써 작은 희생으로 큰 전과를 올리게 된다. 승승장구하던 러시아군은 1999년 성탄절 날 마침내 체첸의 수도 그로즈니에 진입하였다. 그리고 며칠 후인 12월 31일, 러시아 국민들에게 깜짝 놀랄만한 뉴스가 전해졌다. 대통령 옐친의 갑작스런 사임 발표였다. 옐친의 임기는 아직 반년이나 남은 상태였다. 그리고 건강에 늘 문제가 있긴 했지만 급박한 이상 징후는 없었다. 국민들은 깜짝 놀라지 않을 수 없었다. 어떻게 잡은 권력인데, 대체 왜 옐친은 왜 사임을 발표한 것일까. 체첸 전쟁의 수행과정에서 보여준 카리스마 덕택에 당시 푸틴의 인기는 하늘을 찌르고 있었다. 푸틴의 당선을 원한다면 이때를 놓치지 않고 조기선거를 치르는 것이 현명한 일이었다. 옐친의 조기 퇴진은 이러한 판단을 내린 푸틴 지원세력들이 사후보장을 약속하면서 옐친을 설득한 결과라는 설이 유력하다.

1999년 12월 31일, 사임을 발표한 옐친 대통령과 함께 한 푸틴 총리. ⓒ Kremlin.ru[31]

체첸 진압작전은 2000년 2월 6일 종료되었다. 러시아군은 그로즈니를 완전히 점령하였고 반군 지도자 바사예프는 한쪽 다리를 잃은 채 패주하였다. 그리고 국민적 영웅이 된 푸틴은 2000년 3월 26일 치러진 대선에서 단번에 53%를 얻어 승리하였다. 2위는 29%를 얻은 공산당의 주가노프였다. 이처럼 무명의 푸틴이 단숨에 권좌에 오르는 과정은 마치 마법처럼 잘 짜인 일련의 사태와 맞물려 있었다. 그리고 그 마법의 핵심적 소도구는 체첸이었다.

21세기의 차르, 푸틴

70년간의 공산당 독재에 익숙하고 옐친의 혼란기를 겪은 러시아인들은, 무능한 민주적 통치자보다 강력한 카리스마를 가진 개발독재형 지도자를 선호하는 경향을 보인다는 평가가 있다. 저마다 개성을 가진 한 나라 국민들의 성향을 이처럼 도매금으로 정리하는 것은 대부분의 경우 무리한 일이다. 하지만 공식적으로는 네 번째, 사실상으로는 다섯 번째 임기를 수행하면서도 변함없이 압도적인 지지를 받고 있는 푸틴 대통령을 생각하면, 러시아의 경우 이러한 평가는 부인할 수 없

다수의 러시아 국민들은 푸틴의 강력한 카리스마를 열렬하게 지지한다. 전략폭격기의 조종석에 앉은 푸틴(2005) ⓒ Kremlin.ru[32]

는 사실인 것 같다. 러시아 국민들의 이런 성향과 푸틴의 냉혹한 카리스마는 찰떡궁합으로 잘 어우러진다. 그런 점은 체첸 테러에 대한 푸틴의 대응방식에서 잘 나타난다.
2002년 10월 23일 40여 명의 체첸 분리주의자들은 모스크바 남쪽의 돔 쿨트르이 극장에 기관총을 난사하며 들어와 700여 명의 관객을 인질로 잡는다. 푸틴은 사건 발생 3일 만에 특수부대를 투입해 진압에 성공한다. 하지만 진압 당시 분사한 정체불명의 가스로 인해 반군뿐 아니라 120여 명의 민간인까지 희생되었다. 참극에 전 세계가 놀랐지만 푸틴은 눈 하나 깜짝하지 않았고, 러시아 국민들도 큰 이의를 제기하지 않았다. "에토 러시아(Это Россия : This is Russia)!" 그것이 러시아인 것이다.
비슷한 사례는 또 있다. 2004년에도 체첸 저항세력의 테러가 줄기차게 이어지더니 9월 1일 마침내 초대형 참사가 터진다. 그날은 새 학년의 개학일로서, '지성의 날'이란 이름으로 전국이 축제 분위기에 싸이는 때이다. 이날 러시아 남부 체첸 인근 북오세티아 자치공화국 베슬란의 제1슈콜라가 테러범들에게 점령당한다. 슈콜라는 11년제로 운영되는 초·중·고 통합학교이다. 많은 어린아이들이 인질로 잡혀있었기 때문에 전 국민은 공포와 걱정 속에서 사태를 지켜보았다. 불행하게도 그 결말은 너무 비극적이었다.

사건 발생 52시간여 만에 우발적으로 인질이 탈출하는 일이 일어났고, 이와 동시에 러시아 특수부대 요원들이 강경진압에 들어갔다. 긴박했던 상황은 1천명이 넘는 사상사를 내고서야 종료되었다. 희생자의 대부분이 어린 학생들이었으므로 이 사건에 대한 세계의 관심은 지대하였다. 인질의 생명보다는 테러범의 처단을 더 중요시하는 러시아 정부의 태도에 대해 비인도적이라는 비난이 전 세계로부터 쏟아졌다. 물론 러시아 국내에서도 비판이 없지 않았다. 하지만 어쨌건 이 사태는 오래지 않아 대중의 화제에서 사라졌다. 서방에서 이 정도의 사건이라면 정권을 무너뜨리고 적어도 수년간은 사회적 이슈가 될 만하다. 그러나 푸틴은 그의 임기 말까지 여전히 70%가 넘는 지지율을 기록하였다. 에토 러시아 – 이것이 러시아이다.

베슬란 제1슈콜라 희생자들의 사진 ⓒ aaron bird[33]

칭찬받을 일이라고는 푸틴을 후임자로 키운 것밖에 없다는 비아냥을 감수해야 했던 옐친. 그는 퇴임 후 모스크바 근교의 별장에서 소일하며 지내다가 2007년 76세를 일기로 타계한다.

지지율 2% 남짓의 무명의 총리로 시작하여 불과 6개월 만에 대통령에 오른 푸틴의 마법. 그러나 그것은 단지 시작일 뿐이었다. 푸틴은 그로부터 몇 년 만에 인플레를 10% 내외로 낮추고, 러시아를 7%의 경제성장, 세계 3위의 외환보유고를 자랑하는 강국의 자리에 올려놓는다. 러시아 대도시에는 현대식 빌딩들이 비온 후의 죽순처럼 연일 솟아오르고, 도로는 최고급 외제자동차로 가득 찼으며, 도시 외곽의 초대형 마켓은 물건을 사러온 중산층들로 와글거렸다. 그는 2004년의 대선에서 71%라는 압도적 지지로 재임에 성공하였고, 러시아 헌법이 3선을 금지하고 있음에도 불구하고 많은 사람들이 어떤 형태로든 그가 권좌에 더 머물러주기를 기대하게 만들었다.

마법과 같은 그의 성공은 사실 유가상승에 크게 힘입은 것이다. 1980년대 중반 국제유가는 OPEC의 증산 경쟁으로 인해 배럴당 15$ 내외로 폭락한 후 대체로 그 수준을 유지하고 있었다. 그런데 석유수요가 회복되고 OPEC가 생산량을 줄이면서 2000년부터 급등하더니 26$를 넘어섰다. 그 후 유가는 가파르게 상승하여 2005년 50$, 2006년에는 70$를 돌파하였고, 2007년 말에는 90$에 육박하였다.

사우디아라비아와 함께 세계 최대의 산유국이자 원유 및 천연가스 수출국인 러시아 경제는 유가변동에 극도로 민감할 수밖에 없다. 푸틴은 대단한 행운의 사나이였다. 하필이면 2000년 집권하던 바로 그해부터 거짓말처럼 막대한 석유수출대금이 러시아로 쏟아 들어오기 시작했다. 마치 수면 아래 수많은 산업쓰레기를 담고도 아름답게 펼쳐져 있는 바다처럼, 러시아 경제사회의 난제들은 일거에 이 돈 더미 속으로 묻혀버리게 된다.

이와 같은 유가상승이 행운의 선물로서 러시아 경제의 안정에 결정적 도움을 준 것은 사실이다. 그러나 오직 그 하나로 오늘 러시아가 성취한 모든 것을 설명할 수는 없다. 혼돈에 빠져있던 러시아 사회를 그러한 여건 호전을 지렛대로 정돈하여 정치경제적 안정을 이룩한 것은 대부분 푸틴의 역량에 기인한 것이다. 그간 러시아를 괴롭히던 많은 난제들의 상당부분은 근원적으로 해결된 것이 아니다. 수면 아래 잠복해 있다가도 여건이 변하면 언제든 재발할 수 있는 것이 사실이다. 그러나 그렇다고 해서 푸틴과 러시아의 성취가 폄하될 수는 없다.

국민 대다수가 궁핍에 시달리며 식료품 부족을 걱정하던 음울한 러시아는 이제 없다.

국민들은 한결 넉넉해진 살림이 만족스럽고, 조국 러시아에 대한 자부심이 되살아났으며, 이런 기적을 이룬 지도자 푸틴에 대해 절대적 지지를 보내고 있다. 아마도 그가 두 번째 임기를 마친 후 헌법을 고쳐 종신으로 집권하겠다고 나섰다 하더라도 큰 반발이 없었을 것으로 보는 견해가 많다. 사람들은 이런 푸틴을 '21세기의 차르'로 부르기도 한다.

옐친 2기에 러시아의 실질적인 대통령으로 불린 올리가르히 보리스 베레조프스키의 초라한 무덤(런던 Brookwood 공동묘지, 2016). 그는 푸틴 집권 이후 영국으로 망명하여 反푸틴 활동을 이어가다가 2013년 3월 자택에서 시신으로 발견되었다.

푸틴의 등장으로 가장 큰 피해를 본 집단은 아마도 올리가르히일 것이다. 무명의 푸틴을 발탁하여 허수아비 대통령 자리에 올려놓고 실권은 변함없이 자신들이 쥐고 흔들 수 있을 것이라 착각했던 올리가르히들은 뜨거운 맛을 보게 된다. 유태계 언론재벌 블라디미르 구신스키는 이스라엘로 달아났고, 한때 사실상의 러시아 대통령이라고도 일컬어지던 보리스 베레조프스키는 영국으로 망명하였다가 2013년 자택에서 시체로 발견되었다. 석유왕 미하일 호도르코프스키는 2003년 긴급 체포되어 10년 동안 감방생활을 이어가야 했다. 눈치 빠른 로만 아브라모비치는 푸틴에 납작 엎드려 칼날을 피하고는 영국으로 거점을 옮겨 프리미어리그 첼시 구단을 운영하며 다소곳이 살아가고 있다.

그렇다면 이제 러시아에서 올리가르히는 사라졌을까? 그렇지는 않다. 한마디로 말하자면 푸틴에 도전하지 않는 올리가르히들만 생존해 있다고 볼 수 있다. 살아남은 올리가르히들의 처지도 권력의 실세로 떵떵거리던 예전과는 무척 다르다. 무리한 사업 확장으로 채무가 많았던 올리가르히들은 2008년 국제금융위기로 주가가 급락하고 유가와 루블화 가치 폭락, 채무상환 부담 증가 등 악재가 발생하자 푸틴에게 긴급구제금융을 요청하는 처지로 전락한다. 1990년대 옐친 치하의 러시아에서 너도나도 국가재산을 집어 삼키는 약탈적 자본주의가 횡행했다면, 푸틴의 러시아는 올리가르히들의 생명줄조차 국가가 틀어쥐고 있는 '국가자본주의체제'라고 표현하는 사람들도 있다.

절묘한 개헌, 푸틴의 3선

푸틴의 두 번째 임기(2004~8)가 마무리되어 갈 무렵 러시아 사회는 그의 거취를 둘러싼 논쟁에 빠진다. 여전히 지지율 고공행진을 하고 있는 푸틴이 어떤 식으로든 실질적 권력을 유지할 것이라는 전망은 지배적이었으나, 문제는 그 방식이었다. 가장 쉬운 추측은 직접 개헌을 하여 4년 중임으로 제한된 대통령 임기를 풀어버리는 것이었다. 하지만 푸틴은 개헌을 하지 않을 것이란 입장을 이미 표명한 바 있었다. 그럼에도 불구하고 개헌이 이루어질 것이란 관측과, 푸틴은 자신의 말을 지킬 것이란 예상이 팽팽하게 맞섰다.

그러나 푸틴은 마법사답게 전혀 다른 방식으로 문제를 해결하였다. 2008년 그는 충실한 측근인 드미트리 아나톨리예비치 메드베데프(1965~)를 대통령으로 만들고, 자신은 실권을 쥔 총리로 내려간 것이다. 상황이 이렇게 전개되자 그들의 시나리오가 무엇인지 사람들은 짐작할 수 있었다. 메드베데프가 대통령으로서 푸틴을 위해 개헌을 하는 것이었다.

푸틴의 합법적 장기집권의 길을 닦은 충실한 측근 드미트리 메드베데프 (2008) ⓒ Kremlin.ru[34]

하지만 과연 그 작업이 순조로울 것인가? 권력은 자식과도 나누지 못한다는 말이 있지 않은가? 결국 메드베데프가 푸틴을 밀어내고 친정체제를 구축할 것이란 전망도 꽤 설득력이 있게 회자되었다. 그러나 아무래도 서방은 러시아를 잘 모르는 모양이다. 번번이 예상은 빗나갔다. 충직한 메드베데프는 6년 중임 개헌으로 신작로를 닦아놓았고, 푸틴은 2012년 아무 일도 없었다는 듯이 세 번째 대통령 임기를 시작하였다. 그리고 메드베데프는 다시 총리직을 맡게 된다. '에토 러시아', '에토 푸틴'. 이것이 러시아요, 푸틴인 것이다. 그러나 이러한 푸틴의 절대적 카리스마가 장기적으로 러시아를 위해서 과연 바람직한 것인가에 대해 우려의 시각도 커지고 있다. 오늘날 러시아 사람들이 누리는 자유와 자부심에는 중요한 전제가 있다. 그것은 '푸틴에 도전하지 않는 한'이란 단서이다. 어떤 러시아 사람이 다시 찾아온 자유와 풍요에 도취한 나머지 푸틴에 대한 비판을 입에 올렸다고 하자. 내일도 그가 이 세상 사람일지는 알 수 없다.

미국 국제뉴스안전연구소(INSI)의 자료에 의하면, 총에 맞거나 추락사 또는 독극물 중독 등 다양한 방식으로 살해당한 러시아 언론인들이 푸틴 집권기간을 주로 포함하는 10년 동안 88명에 이른다. 기자들이 이처럼 파리 목숨이 되고 보면 웬만한 결기로는 감히 반정부적 기사를 쓸 수가 없다. 따라서 공영과 민영을 막론하고 러시아 언론들은 대부분 틀로 찍어낸 듯한 정부 찬양보도 일색이 되어버렸다. 러시아 언론의 자유는 극도로 제한되어가고 있고 국민들은 이에 대한 반발로 신문과 TV를 외면하고 있다.

'태양' 푸틴에 가장 근접하여 그를 에워싸고 있는 사람들은 대부분 정보국을 비롯한 각종 권력기관 출신들이다. 이들을 '실로비키(Siloviki)'라고 부르는데, 이는 '완력'을 뜻하는 단어 '실라'에서 나온 말이다. 이들은 푸틴이 총리가 되기 전 연방보안국(FSB) 국장시절

푸틴의 청년친위대 나시의 모스크바 집회(2006). ⓒ Alena Kaplina[35]

306

부터 양성한 친위세력으로서, 정관계를 비롯하여 재계에까지 진출해 있다. 사실상 오늘의 러시아를 움직이는 가장 막강한 집단인 것이다.

러시아 내에서 그들에게 'No'라고 말할 수 있는 사람은 푸틴밖에 없다는 말이 있을 정도로 힘과 충성심으로 뭉쳐진 실로비키. 2006년 연말 영국 BBC 방송이 러시아 행정부 관리와 상하의원·주지사·주요 국영기업 이사들까지 망라하여 조사한 바에 의하면, 이들 가운데 약 80%가 전 현직 정보기관 출신이라고 한다. 러시아 전체 고위관료의 1/4이 실로비키라는 자료도 있다. 이들의 막강한 힘과 치열한 애국심에 대해 이의를 다는 사람은 없다. 그러나 그들이 과연 국정수행 능력을 제대로 갖추고 있는지에 대해서는 매우 회의적인 것이 일반적 평가이다. 따라서 이처럼 견제할 세력이 없는 실로비키들의 질주는 러시아의 앞날에 큰 걱정거리로 떠오르고 있다.

푸틴의 가장 근접한 친위세력이 실로비키라면, 그 몇 발짝 외곽에는 10만 명이 넘는 청년친위대들이 둘러싸고 있다. 정부로부터 막대한 지원을 받고 있는 이들은 준군사조직으로서, 과거 소련의 영광을 재현한다는 목표 아래 푸틴에 대해 열광적 충성을 바치고 있다. 그 가운데 가장 극성스러운 것은 '우리들'이란 뜻의 '나시(Nashi)'란 단체이다. 러시아에는 바야흐로 푸틴을 중심으로 한 국가주의의 물결이 넘실거리고 있는 것이다.

이러한 국가주의는 외국인혐오증(xenophobia)으로 연결된다. 모스크바의 지하철에서 동양인이 스킨헤드들로부터 이유 없이 폭행당해 사망했다는 뉴스가 가끔 우리 언론에도 소개되곤 한다. 극우파들은 그들의 우상인 히틀러의 생일(4월 20일)이나 11월 4일 '민족화합의 날' 등을 전후하여 나치의 상징 하켄크로이츠가 새겨진 깃발과 완장으로 치장하고 시위를 하거나 난동을 부리기도 한다.

푸틴의 4선, 그리고 2024년에는 무슨 일이?

2008년 세계를 뒤흔든 국제금융위기의 여파도 무난히 잘 넘긴 러시아였지만, 2015년에는 6년 만에 3.7%의 마이너스 성장을 기록하였다. 국제원유가격 하락이 중요한 요인이었음은 틀림없으나 서방의 경제제재도 이에 큰 영향을 미친 것으로 추정된다.

경제제재는 우크라이나 영토인 크림자치공화국을 2014년 러시아가 합병한 사건 때문이었다. 이 사태의 배경에는 크림 지역의 복잡한 역사가 놓여있다. 흑해 연안의 요충지 크림반도는 몽골이 240년간 러시아를 지배했던 13세기 '타타르의 멍에' 이후 킵차크한국의 영토였다. 1430년부터는 킵차크로부터 갈라져 나온 크림한국의 무대였다가 1783년 예카테리나 대제에 의해 러시아로 다시 편입되었다. 그 후 1917년 10월 혁명 이후 한때는 독립국의 지위를 갖기도 했으나, 1921년 다시 소련에 부속되어 15개 공화국의 맏형인 러시아공화국 내의 크림자치공화국으로 바뀌었다. 그러던 것이 1954년 흐루쇼프 정권 때 우크라이나공화국으로 소속이 다시 변경되어 2014년에 이른 것이다. 상당히 복잡한 역사이다.

문제는 이 복잡한 역사가 낳은 민족구성이었다. 크림 주민은 러시아계가 58%로 과반을 차지하는 반면 우크라이나계는 24%에 지나지 않는다. 역사적으로 뿌리가 같은 러시아와 우크라이나가 서로 사이만 좋았으면 별 문제가 없었을 텐데 그렇지 못한 것이 화근이었다. 소련 해체 후 크림지역은 여전히 우크라이나의 일부였으나, 전략적 요충인 크림의 세바스토폴 흑해함대 기지는 러시아가 내어주지 않은 채 쥐고 있어 늘 문제가 되었다. 이런 와중에 2005년에는 친서방 노선을 걷고 있던 우크라이나 대통령 빅토르 유셴코(1954~)가 NATO 가입을 위해 러시아 흑해함대 철수를 거론한다. 러시아는 우크라이나의 아킬레스건인 가스공급 중단으로 이제 맞섰다.

2014년 2월 크림반도 전역을 장악한 러시아 군부대가 심페로폴 국제공항을 순찰하고 있다. 국가표시가 없는 군복을 입고 있다.

2013년에는 정반대의 사건이 발생하였다. 이번에는 우크라이나에 친러시아 노선의 빅토르 야쿠노비치(1950~) 정권이 들어서 있는 상황이었다. 그가 유럽과 단절을 선언하고 러시아로 기울자 국민들은 반발하여 그를 탄핵시켜버린다. 이를 계기로 크림지역에서는 러시아계 주민들을 중심으로 차제에 우크라이나로부터 이탈하여 러시아로 귀속되자는 주장이 급물살을 타게 된다. 2014년 3월, 혼란 속에 진입한 러시아군은 이내 크림반도 전역을 장악하였고, 주민투표를 거쳐 러시아와의 합병이 선언되었다. 하지만 미국과 EU를 비롯한 대부분의 국가들은 이를 인정하지 않고 있고, 한국도 같은 입장을 취하고 있다. 미국과 EU는 합병 사태 후 즉각적으로 러시아에 대한 경제제재에 돌입하여, 관련자 개인 및 기업의 자산 동결, 수출 및 투자 금지, 비자 발급 금지 등의 조치로 압박하고 있다. 경제제재는 2014년 이후 2019년까지 지속되고 있으며, 새로운 사태가 발생할 때마다 추가조치가 더해지고 있어서 실제로 러시아 경제에 상당한 굴레로 작용하고 있다.

러시아는 석유와 가스 등 에너지 부문이 국가재정의 40% 내외를 차지하고, 수출총액에서의 비중도 지금은 50%대 초반이지만 줄곧 70%를 상회해온 나라이다. 한마디로 경제가 거의 절대적으로 에너지자원에 의존하고 있는 것이다. 그렇기 때문에 국제유가의 변화에 따라 울고 웃는 경제 구조를 갖고 있다. 2000년대 초 혜성처럼 등장한 푸틴의 마법이 먹혀들었던 것도 사실은 국제유가의 급등 덕택이었다.

그런데 2012년 무렵까지 배럴당 100$를 넘는 수준이었던 원유가격이 2016년에는 27$까지 폭락하였다. 러시아경제는 당연히 큰 타격을 입었다. 그 여파로 루블화의 가치도 2012년 달러당 30루블에서 2016년 67루블 수준으로 폭락함으로써, 달러표시 개인소득도 2013년 1만5천$에서 2016년 8천7백$ 수준으로 급락한다. 하지만 OPEC의 감산 합의와 미국의 이란 제재로 리스크가 증가하면서 유가는 2018년 한때 80$를 상회하다가 2019년 현재는 60$대 초반을 유지하고 있다. 이에 힘입어 현재 러시아 경제는 성장률 약 2%, 개인소득 약 1만1천$, 그리고 양호한 무역수지 흑자와 외환보유고를 유지함으로써, 서방의 제재 속에서도 경제위기를 벗어나 회복세에 들어가 있는 것으로 평가되고 있다.

2018년 5월 푸틴의 세 번째 대통령 임기가 종료되었다. 사실상의 대통령이었던 총리시절까지 합치면 무려 18년의 통치기간이다. 하지만 그는 모든 사람들이 예상한 것처럼 2018년 3월에 열린 대통령 선거에서 76.66%라는 역대 최고의 득표율로 압승을 거두고 네 번째 임기를 시작했다. 가끔씩 반정부 시위가 발생하고는 있지만 그는 눈도 깜짝하지 않고 있다. 예전만은 못하다는 평가도 있지만 푸틴에 대한 국민의 지지는 여전히 고공행진이다. 여당인 통합러시아당은 2017년 기준으로 하원인 국가두마 의석 3분의 2가 넘는 343석을 차지하고 있다. 2018년 대선에서 그에 맞설만한 야권 후보도 나타날 수가 없는 상황이어서, 2위를 차지한 공산당의 파벨 그루지닌은 11.77%의 득표에 그쳤다. 사정이 이렇다면, 네 번째 임기가 끝나는 2024년 5월, 현재의 헌법으로는 더 이상 푸틴이 대통령이 될 수 없게 되는 그 시기에 과연 또 어떤 일이 벌어질지 궁금해진다. 그때 푸틴은 무려 24년 동안 합법적 선거에 의해 러시아를 통치한 사람이 되지만 여전히 72세에 불과하기 때문이다.

'21세기의 차르' 푸틴을 서방에서는 스탈린에 비견하는 독재자로 손가락질하기도 한다. 그러나 그럼에도 불구하고 러시아 사람들이 그를 압도적으로 지지하는 이유 가운데 가장 중요한 것은 아무래도 그가 가져다준 안정과 경제적 풍요일 것이다. 소련체제가 붕괴되고 국민 개개인의 삶이 내일을 기약할 수 없는 불안 속에서 인구가 격감하는 바람에 러시아가 큰 고민에 빠진 적이 있다. 러시아 인구는 한때 약 1억5천만 명에 달했으나 소련 붕괴 후 해마다 백만 명가량 지속적으로 감소하였다. 그러나 이제는 상황이 달라졌다. 2019년 러시아의 인구는 1억4,400만 명으로, 바닥을 쳤던 2008년에 비해 약 2백만 명이 증가하였다. 이는 국민들이 체감하는 살림살이가 그만큼 개선되었다는 의미로 볼 수 있지 않을까.

한때 지속적으로 감소하던 러시아 인구는 체제안정과 경제호전에 따라 증가세로 돌아섰다.
모스크바 전승기념공원의 어린이 ⓒKwunYoong

제8편 **마피아와 보드카, 그리고 다차**

27.
마피아와 보드카

28.
진정한 나의 집, 다차

27. 마피아와 보드카

러시아 마피아

'마피아'라 하면, 장년층 사람들은 대개 그 비장미로 심금을 울린 영화 《대부(the Godfather)》를 떠올릴 것이다. 미국 대공황시절 시카고를 무대로 시대를 주름잡았던 암흑가의 보스 알 카포네(1899~1947)가 생각나는 사람들도 있을 것이다. 이처럼 원래 마피아라면 주로 시칠리아 출신 이탈리아 이민자들이 미국 땅에서 조직한 범죄 집단을 가리키는 말이었다. 하지만 요즘 젊은 세대들은 아마, 마피아라면 당연히 러시아 마피아이지 무슨 소리냐고 되물을 것 같다. 그만큼 러시아 마피아의 위세가 대단해졌다.

오늘날 러시아에서 마피아는 매우 포괄적인 의미를 갖고 있다. 기본적으로는 때로 기관단총을 쏘아대며 음습한 뒷골목을 누비는 범죄조직을 말하는 것이지만, '옐친 마피아', '상트페테르부르크 마피아'라고 부를 때처럼 부패한 권력집단이나 특정세력을 지칭하는 경우도 있기 때문이다.

왜 그런 것일까? 그것은 러시아에서 마피아는 올리가르히뿐 아니라 정치권력이나 관료조직과도 긴밀히 얽혀 그 경계가 어디인지 분간할 수 없을 정도가 되어 버렸기 때문이다.

따라서 동네 뒷골목의 깡패도 마피아의 똘마니이지만, 조직의 뒷배를 보아주는 높은 곳의 그분도 마피아와 무관하다고 볼 수 없는 것이다. 오늘날 누가 러시아에서 조그만 비즈니스를 열거나 그냥 하릴없이 거리를 걷고 있더라도 마피아의 손바닥 안에 있는 것이란 이야기가 있다. 그것은 별로 큰 과장이 아니다. 그렇다면 불과 30년 전만 하더라도 우리가 들어보지 못했던 이 '러시아 마피아'는 어디서 갑자기 튀어나온 것일까? 그전까지는 이 세상에 존재하지 않던 것이 소련 붕괴와 함께 하루아침에 땅속에서 솟아난 것일까?

러시아의 고급 '바냐(러시아 사우나)'는 은밀한 거래 장소 가운데 하나이다. 사진은 모스크바 중심부의 유명 바냐 '산두니(Sanduny)' 입구, 1808년에 오픈하였다. NVO[36] (바냐 산두니는 기술된 특정내용과 무관함)

러시아 마피아의 기원에 대한 가장 간명한 언급으로, 러시아 내무부의 조직범죄 담당자였던 알렉산드르 구로프(1945~)의 이야기가 종종 인용되곤 한다. 그의 설명은 이렇다. 레닌 시대 범죄조직은 그냥 동네 불량배 수준이었다. 그리고 전 국민이 숨도 크게 쉬지 못하던 엄혹한 스탈린 시대에는 그 불량배들도 제대로 힘을 쓸 수 없었다. 스탈린이 죽고 사회 전반의 긴장이 이완되던 흐루쇼프 시대가 되면서 비로소 그들은 세포분열을 시작한다. 실제 활동보다 과장된 성과의 요란한 선전에 몰두하던 흐루쇼프 정부 아래에서 기업 경영자와 관리들은 허위보고와 생산된 물품의 횡령에 맛을 들이기 시작했다. 이런 불법적 물품을 일반 시장에 유통시킬 수는 없으니 자연히 암시장이 형성되었는데, 바로 이 암시장이 마피아가 자라는 인큐베이터 역할을 담당하였다. 이를 통해 성장한 마피아의 싹은 뒤이은 브레즈네프 시대가 되면 완전히 성숙단계에 접어든다. 부패와 암시장의 규모는 훨씬 커졌고, 국가기관과 범죄조직이 뒤섞이면서 그 경계가 모호해지는 지경에 이르게 된 것이다.

혼란에 빠진 러시아를 개혁을 통해 구해보려던 고르바초프의 시대는 역설적으로 마피아가 한 차원 도약하는 계기가 되었다. 러시아의 미래에 대한 백가쟁명의 주장들이 소용돌이치면서 정부가 있으되 사실상 무정부상태에 가깝던 이 시기에 마피아들의 약탈은 식은 죽 먹기로 진행되었다. 여기서 심각한 국민적 알코올 문제를 해결하기 위해 고르바초프가 내린 금주령은 오히려 암시장의 규모를 급격하게 키워주는 결과를 가져왔다. 이로써 막대한 자금과 거대한 조직을 확보한 마피아는 옐친 이후로 정치에 개입하기도 하며 해외활동을 활발히 모색하고 있다.

러시아 마피아는 초기에 주로 보호비 명목으로 기업체나 상점들을 위협하여 돈을 갈취하였다. 그러나 점차 합법적인 비즈니스의 외양을 갖추며 변신한다. 제일 흔한 것이 경비회사였다. 전직 특수경찰이나 공수부대 출신들이 검은 제복을 입고 베레모에 기관단총을

체첸, 아제르바이잔 등 러시아 남부 소수민족 출신들이 강력한 마피아 조직을 구축하고 있다. 사진은 모스크바 이즈마일로프스키 시장의 남부 카프카즈 계 노동자. ⓒKwunYoong

든 채 은행이나 마트를 비롯한 상업시설 앞에서 보초를 서고 있는 모습을 드물지 않게 볼 수 있다. 국가기관에 근무하던 그들은 몇 배에 이르는 임금을 좇아 마피아의 경비회사로 직장을 옮긴 사람들이다. 그 외에도 유흥업, 신용대부업, 석유관련제품 수출업 등 비교적 적법한 활동으로부터, 도난차량과 무기 및 마약거래, 주택사취 등 다양한 불법적 행위에 이르기까지 마피아의 손이 미치지 않는 곳이 없다.

각 마피아조직들은 통합과 경쟁을 거치면서 지역과 전문분야별로 분할하여 지배권을 행사하고 있다. 특기할 만한 것은 소수민족들로 구성된 조직의 세력이 강하다는 것인데, 아제르바이잔·체첸·아르메니아 등이 그들이다. 이탈리아의 시칠리아 출신자들이 만든 마피아조직이 미국의 암흑가를 주름잡은 것과 마찬가지로, 아마도 그만큼 그 지역 사람들의 삶이 척박한 반면 친족간 유대관계가 강하였기 때문일 것으로 추측된다.

마피아가 점차 기업 인수와 합법적 운영으로 영역을 확장해 나가면서, 목적 달성을 위해 관리들을 매수하는 것은 물론 요원을 직접 관공서의 공무원으로 침투시키기도 하였다.

여행자에게 모스크바가 뉴욕보다 더 위험하게 느껴지지는 않는다. 모스크바 참새언덕의 신부 ⓒKwunYoong

그간 닦아온 실력을 바탕으로 러시아 마피아들은 미국과 유럽, 아시아로 활동 무대를 확대하고 있다. 한국에도 마피아가 관련된 것으로 보이는 부동산 거래나 총기사건의 사례가 심심치 않게 보도되고 있다.

러시아의 권력층이나 재계와 이미 분리하기 어려울 정도로 얽힌 마피아가 가까운 장래에 타격을 받을 가능성은 크지 않아 보인다. 조직범죄는 세계 어디든 존재한다. 그러나 그들이 러시아에서처럼 노골적이고 공개적으로 정치경제분야와 유착하고, 대낮에도 청부살인이 난무하며 대부분의 사건은 해결되지 않은 채 미궁에 빠지는 나라는 흔치 않다.

이쯤 되면 언제 러시아를 한번 다녀와야겠다고 생각하던 사람도 더럭 겁이 날지 모르겠다. 그러나 그럴 필요는 없다. 개인적 경험으로 볼 때 모스크바가 뉴욕보다 더 위험한 곳은 아니다. 어딜 가나 범죄자들이 있으니, 모스크바에서도 혼자서 으슥한 뒷골목을 기웃거리거나 밤늦게 혼자 돌아다니면 사고가 날 수 있다. 하지만 그러지만 않으면 별 문제가 없다. 마피아가 관리하는 지역은 역설적으로 여행자에게 안전하다는 이야기도 있다. 러시아 마피아들이 노상강도로 돈을 벌던 시대는 지났고, 그들도 자기 구역 내에서 문제가 생기는 걸 원하지 않기 때문이라는 것이다.

보드카, 보드카

단어들은 그것을 들을 때 함께 연상되는 존재들이 있다. '러시아'라는 단어에서는 아주 초보적 지식만을 가진 사람들도 대번 '보드카'를 떠올리곤 한다.

보드카가 어디서 처음 만들어졌는지는 분명하지 않다. 8세기 폴란드, 9세기 러시아에서 만들기 시작했다는 설도 있고, 심지어는 15세기에 이탈리아에서 들어왔다는 얘기도 있다. 이처럼 보드카의 기원을 확정할 만한 분명한 근거는 없지만, 14~5세기 무렵 러시아에서 이 술이 애용되고 있었던 것은 확실하다고 한다.

다양한 러시아 보드카들과 함께한
미국산 스미르노프(좌측) ⓒKwunYoong

그리고 오늘처럼 범국민적으로 보드카를 마시게 된 것은 아무래도 19세기 후반 무렵일 것이라 추정된다. 보드카의 대량보급은 민간양조장의 확산, 농노 해방과 도시노동자계급의 등장 등 사회적 변화와 밀접한 관련이 있기 때문이다.

보드카란 이름은, 이 술이 러시아로 전래된 후 '물'이란 뜻의 러시아어 '보다(вода)'와 어떤 관련을 가지고 붙여졌을 것이라 추정된다. 보드카에 대한 국민의 사랑이 너무 지나치자 차르는 한때 판매금지령을 내리기도 했다. 하지만 사람들을 매혹시킨 보드카는 밀주로 민간에 떠돌았다. 그러던 중 18세기 초 표트르 대제는 마침내 이를 국가전매사업으로 양성화하여 가장 중요한 재정수입원으로 삼게 된다. 이후 보드카는 소련 사회주의체제 하에서조차 국가의 부족한 재정을 뒷바라지하는 중요한 수입원으로 단단히 한몫을 하게 된다. 보드카는 러시아 혁명 이후 망명객들을 통해 그 제조법이 해외로 퍼져나감으로써 세계의 술이 되었다. 한때 소련에 속했던 우크라이나는 또 그렇다 치더라도, 폴란드에서도 발틱 등 유명 보드카들을 생산해 낸다. 세계에서 가장 유명한 보드카 브랜드는 아마도 미국산 스미르노프나 스웨덴산 압솔루트일 것이다. 그러나 러시아 사람들에게는 행여 그런 말을 걸칠 생각을 말아야 한다. 그들에게는 그런 짝퉁들이 아니라 러시아에서 제대로 만든 순도 높은 스톨리치나야 · 스탄다르트 · 유리 돌고루키가 최고의 술인 것이다. 실제로 색깔이 없고 냄새도 없으며 아무런 맛도 섞여있지 않은, '무색 무취 무미'한 러시아 보드카를 마시다가 압솔루트 처럼 약간의 재 냄새가 풍기는 보드카를 만나면 어째 어색하다.

러시아의 상징 자작나무 베료자는 보드카의 정제과정에서도 한몫을 한다. 베료자 장작 ⓒKwunYoong

보드카는 밀 · 보리 · 호밀 등으로 만든 증류주이다. 러시아 보드카가 그처럼 순수한 맛을 내는 데에는, 러시아의 또 다른 상징인 자작나무 베료자의 역할이 중요하다고 알려져 있다. 발효과정을 거쳐 정제과정에서 사용되는 자작나무 숯이 잡다한 맛과 냄새,

숙취를 유발하는 푸젤 유(油) 등 나쁜 성분을 제거해 물(вода)처럼 깨끗한 보드카를 만들어 내는 것이다. 실제로 제대로 된 보드카를 마시면 웬만큼 과음을 해도 다음 날 숙취가 별로 남지 않는다.

색깔도 향도 특별한 맛도 느낄 수 없는 보드카는 아무런 가식이 없는 담백한 술이다. 그럼에도 불구하고 이 술에 관한 신화들이 적지 않다. 그 가운데 하나는 보드카가 엄청난 독주일 것이라는 짐작이다. 그러나 사실 요즘 판매되는 보드카는 보통 알코올 함량 40%로서, 일반적인 위스키와 같은 수준에 지나지 않는다. 50%가 넘는 중국산 마오타이에 비하면 오히려 순한 술이라고도 할 수 있다. 그럼에도 불구하고 우리가 특별히 보드카에 대해 겁을 집어먹는 것은, 무색 무취 무미한 보드카가 술이 아니라 흡사 알코올 원액 그 자체로 느껴지기 때문이 아닐까 싶다. 끝이 없이 얼어붙은 시베리아의 칼바람, 장렬한 볼셰비키 혁명, 눈 덮인 붉은 광장과 크렘린, 죽어서도 저 세상으로 가지 않고 서늘한 유리관 속에 밀랍처럼 누워 있는 레닌. 수염이 덥수룩한 우울한 얼굴의 루스키가 입속으로 단숨에 털어 넣는 보드카 한 잔이, 우리에게는 그냥 술이 아니라 이런 것들의 무게와 함께 다가오기 때문이 아닐까.

보드카에 관한 또 하나의 신화는 러시아가 자랑하는 화학자 드미트리 이바노비치 멘델레예프(1834~1907)와 관련된 것이다. 예전 보드카의 알코올 함량은 아주 낮은 것에서부터 90%를 넘는 살인적인 것에 이르기까지 다양하였다고 한다. 과학적 연구를 통하여 이를 40%로 표준화 한 것이 바로 멘델레예프의 업적이라고 흔히 알려져 있다. 고등학교 화학시간에 나오는 원소주기율표의 주인공 멘델레예프가 1865년 박사학위 논문에서, 보드카는 알코올 함량이 40%일 때 가장 맛이 좋고 불순물이 잘 걸러진다는 것을 밝혀내었다는 것이다. 그리고 1892년 정부 도량형국의 책임자로 입각한 그는 1894년 알렉산드르 3세의 명을 받아 러시아 보드카의 품질 기준을 만들며 알코올 도수 40%를 표준으로 채택했다는 것이다.

러시아가 자랑하는 원소주기율표의 화학자 드미트리 멘델레예프

이 이야기는 하나의 역사적 사실처럼 널리 인용되고 있고, 러시아의 대표적 보드카 가운데 하나인 스탄다르트('표준'이라는 의미)는 바로 그 차르의 기준에 의해 탄생한 것이 자사의 보드카라는 마케팅으로 재미를 보고 있다. 하지만 이는 근거 없는 속설이다. 러시아 정부의 알코올 농도 40% 기준은 멘델레예프가 어린아이였을 무렵 이미 채택되어 있었으며, 그의 박사논문 주제는 알코올과 물의 결합에 관한 것이었지만 보드카의 알코올 도수에 관한 언급은 전혀 나오지 않는다는 것이 정설이다.

보드카를 마시는 방법은 각자의 취향에 따라 다양하다. 러시아 사람들은 대개 상온의 보드카를 마신다. 러시안 스타일의 전형적 그림은, 그 독한 술을 큼지막한 글라스에 물처럼 콸콸 부어서는 원샷으로 삼켜버리는 것이다. '건배'라는 뜻의 '다 드나(До дно)'를 외치면서. 그리고는 변변한 안주도 먹지 않은 채, 그냥 러시아 흑빵 '초르늬 흘렙'을 코앞에 대고 그 시큼한 냄새를 한번 쓱 맡는 것이 전부이다. 이런 모습을 바라보는 외국인들은 러시아 사람들의 터프한 음주습관에 지레 질리고 만다.

영화에서도 이런 장면을 종종 볼 수 있다. 소련이 몰락의 길로 가던 1980년에 제작되어 소련국내는 물론 전 세계적으로 갈채를 받은 영화 《모스크바는 눈물을 믿지 않는다》에는 이런 장면이 나온다. 남자 주인공 고샤는 애인 카챠가 예상외로 높은 지위의 여성인 것을 뒤늦게 알고 말없이 사라져버린다. 고샤의 대사에 나오는 것처럼, 여자가 남자보다 경제적으로 유능한 것은 전통적으로 가부장적인 러시아 남성들로서는 참을 수 없는 일이다. 울며 괴로워하는 카챠를 위해 친구 안토니나의 남편이 모스크바 전체를 뒤지고 다닌다. 마침내 고샤를 찾았을 때 그는 며칠째 아파트 문을 걸어 잠그고 보드카에 빠져 있었다. 그 다음이 중요하다. 두 남자는 서로 초면이지만 아무 말도 없이 멀뚱히 눈인사만

보드카 안주로 사랑받는 꼬치구이 샤슬릭. 중앙아시아가 원산이지만 러시아의 국민음식이 되었다. ⓒKwunYoong

건넨다. 그리고는 대수롭지 않게 바로 합석하여 말도 없이 일단 보드카를 한 글라스씩 쭉 들이킨다. 그리고 고샤는 생선포 한 조각을 코에 대고 쓱 냄새를 맡는, 예의 그 장면을 보여준다.

과묵한 두 사나이의 안주도 없는 보드카 건배 장면은, 전통적 러시아 남성의 매력에 자상함까지 갖춘 '진짜 사나이' 고샤의 마초적 터프함을 빛내준다. 그러나 이것은 하나의 상징적 장면일 뿐, 실제로 모두가 이처럼 보드카를 강술로 마시는 것은 아니다. 꼬치구이 샤슬릭이나 과메기처럼 꾸득하게 말린 민물생선포가 보드카와 잘 어울리는 안주로 사랑받고 있다.

하지만 외국인들에게 상온의 보드카는 어쩐지 알코올 원액 같아서 그냥 마시기에 좀 부담스럽다. 이것을 냉동실에 넣어두면 높은 알코올 도수 때문에 결빙되지는 않고 걸쭉하게 변한다. 보드카를 이렇게 차갑고 걸쭉한 시럽으로 만들어 먹는 것을 좋아하는 사람들도 많다. 개인적 경험으로, 별이 쏟아질 듯한 여름밤 시베리아의 바이칼 호숫가에 앉아 그 얼음 같은 물이 담가두었던 보드카 '바이칼'을 한 병씩 꺼내먹던 맛을 잊을 수가 없다.

보드카에 얽힌 이야기나 풍습만으로도 책 한권은 빼곡하게 채울 정도로 이 술은 많은 사연들을 안고 있다. 그것은 보드카가 그만큼 러시아 사람들의 삶에 밀착되어 있기 때문일 것이다. 보드카에 대한 그들의 신뢰는 신앙에 가까워 보일 때도 있다. 약품이 떨어진 전쟁터에서 보드카는 좋은 마취제였다. 소금을 타면 좋은 배탈약이 되고, 후추를 타면 감기약이 된다. 몸이 뻐근할 때 보드카를 마시고 러시아식 사우나 '바냐'에서 땀을 흠뻑 빼고 나면 그만이다.

"4천km는 거리도 아니고, 영하 40도는 추위도 아니며, 40도 이하는 술도 아니다."라는 러시아의 유명한 속담이 있다. 넓고 넓은 땅덩어리, 그리고 추운 겨울, 그 겨울을 나는 필수품이 보드카인 것이다. 러시아 사람들은 사시사철 알코올을 마신다. 그러나 역시 보드카는 그 유난한 러시아의 겨울에 잘 어울리는 술이다. 하지만 주당들에게 겨울은 무척 위험한 시기이다. 혹독한 겨울 추위를 이기기 위해 한잔 두잔 마시던 술에 취해 영하 30도의 길바닥에서 자다가 동사한 사람들 이야기는 뉴스 축에도 들어가지 못한다. 1960년대 우리나라 겨울철의 단골 뉴스 가운데 하나는, 전날 밤 연탄가스 중독으로 누구누구가 숨졌다는 소식이었다. 그처럼 겨울철 러시아 매스컴에 자주 등장하는 것이 가짜 보드카로 인한 사고의 뉴스이다.

보드카의 가격은 일반적으로 그리 비싼 편이 아니다. 하지만 호주머니가 가벼운 러시아 애주가들로서는 제대로 만든 보드카를 매번 병째로 사서 마시기가 부담스러울 수 있다. 따라서 동네 어귀의 상점에서 잔술로 파는 것을 사마시기도 한다. 그런데 이런 것들은 밀주 '사마곤(samogon)'이거나 가짜 술인 경우가 많다. 특히 문제가 되는 것은 공업용 알코올인 메탄올이나 솔벤트로 만든 가짜 술의 경우이다. 이것은 인체에 치명적인 피해를 주기 때문에 이를 마시고 사망하거나 눈이 머는 경우가 드물지 않다. 1990년대 말 러시아에서 가짜 술 때문에 죽은 사람이 한해에만 9만 명이 넘었다는 보도도 있었다. 2016년 12월에도 시베리아 이르쿠츠크에서 메탄올 집단중독으로 49명이 사망하였다.

비단 이런 가짜 술의 경우가 아니더라도 러시아에서는 국민들의 알코올 과잉섭취가 늘 큰 고민거리였다. 1990년대 중반에는 남성의 50%, 여성의 30%가 알코올로 인한 신체적 피해에 시달렸고, 2000년대 중반에는 러시아의 알코올 중독자 수가 200만 명으로서 인구의 1.5%에 해당한다는 보고가 있었다. 1980년대 후반 사회적 혼란기를 맞아 극도의 스트레스에 빠진 국민들이 알코올에 의존하는 경우가 늘어나면서, 1970년대 초만 하더라도 70세에 달하던 러시아 남성들의 평균수명은 1990년대 중반 58세로 급격히 떨어지게 된다.

아르메니아 민가의 엉성한 밀주 제조장비(2005). Eupator[37]

중독은 그 자체로서 신체적 피해를 낳을 뿐 아니라 작업현장에서 빈번한 산업재해 사고를 발생시킴으로써 2차적 피해를 유발하기도 했다. 직장에서는 술에 취해 일손을 놓고 있거나 아예 결근을 하는 경우도 드물지 않았다. 그렇지 않아도 비효율적인 사회주의 생산체제

속에서 이런 현상은 막대한 생산성 손실을 가져왔다.

폐단을 보다 못한 고르바초프는 집권 초기인 1986년 '금주법'을 발동하게 된다. 하지만 이는 근본적으로 집행이 불가능한 일이었다. 무너져가는 제국에서 사회적 통제력을 급격히 상실하고 있는 정부로서는 더욱 그랬다. 인간의 욕망을 거스르는 금주법이 성공한 경우는 역사적으로 찾아보기 힘들다. 1930년대 대공황 중 실시된 미국의 금주법 시대에도 밀주와 암거래가 판을 쳤다. 금주법은 결국 암흑가의 황제 알 카포네가 막대한 돈을 긁어 모으는 것만 도와준 결과가 되었다. 러시아에서도 볼셰비키 혁명 직후 보드카 생산이 금지된 적이 있었으나 많은 부작용만 유발한 채 실패한 적이 있다. 고르바초프의 금주법도 국민들의 음주를 막는 데는 큰 효과를 보지 못한 반면, 마피아가 세계를 무대로 활동할 자금을 확보하는 것만 도와준 꼴이 되고 만다.

소득수준의 향상에 따라 러시아에서는 보드카 외에 다양한 술들의 소비가 증가하고 있다. 모스크바 중심가 아르바트 거리의 인파
ⒸKwunYoong

그러나 이제 세상이 변했다. 러시아인들이 오랫동안 보드카에 매혹되어 있었고, 적어도 한 세기 이상 사생결단으로 이에 집착하였던 것은 사실이다. 러시아에서 보드카는 하나의 문화적 아이콘이다. 그러나 사회경제적 여건이 변하면 문화도 변하기 마련이다. 개방과 경제적 안정을 통해 러시아에서는 보드카 소비가 감소하고 다른 주류의 수요가 증가하는 추세가 나타나고 있다. 개방 이후 젊은 층을 중심으로 맥주 등 알코올 함량이 낮은 술에 대한 선호가 증가하는 현상이 뚜렷하였지만, 2001년까지도 보드카의 비중은 전체 주류 판매량의 70%를 차지할 정도로 여전히 압도적이었다. 그러나 그 후 보드카 판매량은 점차 감소하고, 그 대신 브랜디와 데킬라·맥주·와인의 소비량은 점차 증가하고 있다.

우리에게도 서민의 술을 소주이듯이 러시아에서도 서민의 술은 두말할 것 없이 여전히 보드카이다. 그러나 여유 있는 계층의 취향은 달라지고 있다. 특히 부자들의 와인 사랑은 이상증세를 보이고 있다. 러시아의 고급 식당에서 파는 외국산 와인의 가격은 터무니없이 비싸게 책정되어 있지만, 신흥부자 노브이 루스키(New Russian)들은 50만 원이 넘는 와인을 대수롭지 않게 즐기고 있다. 최고급 와인을 주문한 뒤 테스팅 하면서 냄새만 맡아보고 퇴짜를 놓는 무용담도 심심치 않게 회자된다. 이런 과열현상은 중국에서도 마찬가지이다. 최근 중국의 경제성장에 따라 많은 부자들이 등장하면서, 이들이 선호하는 와인의 세계적 품귀현상이 발생하기도 한다. 소득이 증가함에 따라 독주에서 건강에 부담을 덜 주는 와인으로 수요가 옮겨가는 것은 어느 정도 자연스런 현상이다. 하지만 물질적 풍요를 얻게 된 졸부들의 문화적 허영을 충족시켜주는 속물효과(snob effect)도 상당 부분 담겨있다고 볼 수 있다.

28. 진정한 나의 집, 다차

다차 현상

철의 장막에 가려져있던 소련 사회의 모습이 페레스트로이카와 체제이행의 혼란을 겪으며 점차 드러나기 시작하던 무렵, 서방세계에서 온 방문자들의 눈길을 끄는 매우 인상적인 광경이 있었다. 여름철 금요일 오후가 되면 수백만의 모스크바 시민들이 갑자기 사라지는 것이었다. 모스크바의 백만 가구 이상이 다차(дача, dacha)로 떠났기 때문이다. 유명 쇼핑 단지도 휴무에 들어가고, 소련제 라다 자동차가 뿜어내던 거리의 매연도 현저히 줄어들었다. 시외로 빠지는 도로는 금요일 오후 내내 정체되고, 교외선열차와 버스는 산더미 같은 배낭을 짊어진 사람들로 터져 나갔다. 사전지식이 없는 이방인들이 보기에 러시아 사람들의 이러한 다차 행렬은 매우 흥미롭고 놀라운 광경이었다. 서방 언론들은 이 모습을 취재하여 '다차 현상(dacha phenomenon)'이란 제목으로 보도하기도 했다.

보통사람들의 다차란 러시아 도시근교의 텃밭이 딸린 작은 오두막집을 말한다. 예전의 다차는 난방시설 설치가 허락되지 않았으므로 날이 따뜻한 계절에만 사용할 수 있었다. 이곳에서 사람들은 감자나 토마토와 같은 작물을 재배하였고, 인근 숲에서 버섯과 베리를

전형적인 러시아 다차 ⓒKwunYoong

채취했다. 이렇게 얻은 수확물의 일부는 가정에서 소비하고 나머지는 시장에 내다 팔았는데, 1930년대나 1990년대 초반 러시아가 직면하였던 어려운 시기에 이 작물들은 사람들이 삶을 이어가는 데에 적지 않은 도움이 되었다. 자본주의 시장경제체제가 들어서고 주택과 토지가 사유화된 지금은 여러 가지로 사정이 달라졌지만 루스키의 다차 사랑은 변함이 없다.

다차의 역사

러시아 사람들은 언제부터 이렇게 다차에 열광하게 되었을까? 다차의 기원을 거슬러 오르다보면 표트르 대제(재위 1682~1725)에 이르게 된다.
대제는 서구화 대개혁을 무시무시한 카리스마로 밀어붙이며, '유럽으로 난 창' 상트페테르부르크를 건설하고 수도를 옮겨갔다. 그런데 자연의 섭리를 거스르는 곳에 세워진 인공도시인 새 수도에는 문제가 좀 있었다. 발트 해의 겨울 추위도 혹독하지만, 상트페테르부르크의 여름도 견뎌내기가 쉽지 않다는 것이었다. 네바 강 하구의 습지를 매립하여 건설한 페테르부르크에는 변변한 그늘을 드리워 줄 숲 같은 것이 있을 리 만무했기 때문이다. 무서운 차르의 명령 때문에 어쩔 수 없이 모스크바에서 강제로 이주해온 귀족들은 뜨거운 여름을 견디다 못해 교외의 숲을 찾게 된다. 어떤 이들은 차르로부터 토지를 하사받기도 했지만, 그렇지 못한 경우에는 스스로 땅을 구입해 그곳에 전원주택을 짓기 시작했다.

이렇게 만들어진 다차에서 그들은 예술가를 초대하여 고상한 문화생활을 즐기곤 했다. 이처럼 상트페테르부르크 귀족들의 여름 문화로 시작한 다차는 차츰 전국으로 퍼져나갔고, 평민들까지 이에 가담하게 되었다.

그러나 1917년 혁명과 함께 이 다차 현상은 잠시 휴면상태에 들어갔다. 사회주의 체제의 출범과 함께 모든 주택과 토지가 국가 소유로 몰수되었기 때문이다. 몰수된 다차 가운데 규모가 크고 위치가 좋은 것은 공산당 간부 등 노멘클라투라의 휴식처나 공훈예술가들의 창작실로 제공되었다.

모스크바 외곽 페레젤키노에 있는 소설가 보리스 파스테르나크의 다차. 이곳에서 《닥터 지바고》가 집필되었다. ⓒKwunYoong

다차가 오늘날과 같이 국민들의 품으로 다시 돌아온 것은 1930년대 스탈린 집권기였다. 스탈린은 경제개발 5개년계획을 수립하고 급속한 공업화를 추진하였다. 그러나 이와 병행하여 밀어붙인 무리한 농업 집단화 때문에 대기근이 발생하고 아사자가 속출하게 된다. 위기상황을 맞은 스탈린은 탈출구를 찾아야 했다. 그는 농민들에게 텃밭을 제공하고 그곳에서 경작한 작물을 개인적으로 처분할 수 있게 허락하였다.

처음에는 단순한 텃밭 경작만이 가능했으나 시간이 지나면서 임시구조의 목조건물도 허용되었다. 이렇게 텃밭에 집이 들어서면서, 국민들의 사랑을 받던 다차가 부활하게 된 것이다. 그러나 한 가지, 난방시설은 절대 용인되지 않았다. 사회주의체제는 개인에게 주택과 같은 사유재산을 허락하지 않는데, 다차에 난방이 허용되면 사실상 연중 사람이 거주하는 사유재산이 되어버릴 수 있기 때문이었다.

스탈린은 다차가 사유재산화하고 빈부격차가 발생하는 것을 막기 위해 그 규모와 구조를 엄격하게 제한했다. 오두막의 면적은 25㎡를 넘지 못하게 되어있었고, 텃밭의 면적은 600~800㎡가 일반적이었다. 그리고 그 용도는 채소 등 작물 재배로 제한되었다. 그러나 시간이 지나면서 이런 제한들은 점차 완화된다. 그리고 주택 및 토지 사유화가 진행된 1993년부터는, 사람들이 그동안 국가로부터 빌려 쓰고 있던 다차를 불하받아 아무런 제한 없이 마음대로 사용하고 처분할 수 있게 되었다.

그렇다면 소련시절 사람들은 어떤 방식으로 다차를 가질 수 있었을까? 가장 일반적인 방법은 직장 노동조합에서 비슷한 지위의 노조원들끼리 다차 조합(dacha cooperatives)을 설립하는 것이었다. 그리고는 그 조합 명의로 국가로부터 토지를 임차하고 이를 똑같이 배분하는 것이었다. 국가로부터 토지를 임차하는 비용은 무료 내지 상징적 수준에 지나지 않았다.

소련 사람들은 다차를 정말로 갖고 싶어 했다. 하계용 주택은 소련의 공적 주택통계에서 제외되기 때문에 정확한 수치를 파악할 수는 없지만, 1980년대 말을 기준으로 할 때 중부 러시아 가구의 30% 이상이 다차를 보유하고 있었던 것으로 간주된다. 그리고 통계에 따르면 다차의 수는 1970년부터 1984년까지 2배로 증가했다. 만약 도시주민들이 다차를

다차에서의 휴식. V.Lozovskiy[38]

매입하거나 다른 방법으로 획득하는 데에 제한이 없었더라면 다차의 수는 최소한 그 두 배에 이르렀을 것이라는 추정도 있다.

가족 가운데 최소한 한 사람이 한 직장에서 5~10년만 일하면 거의 모든 가구가 평균적 다차를 쉽게 가질 수 있었다. 하지만 그 수요가 워낙 강렬하였으므로, 미처 다차를 배정받지 못한 사람들은 매우 큰돈을 지불하고 타인의 다차나 일반 농가를 임차하는 경우가 많았다. 1973년의 다음 신문기사는 소비에트 시기 다차 열풍이 어느 정도였는지를 짐작할 수 있게 해준다.

우리 가족은 이번 여름을 다차에서 보내기로 하였다. 그래서 2월 어느 날 시골로 향했는데, 그곳은 모스크바로부터 자동차로 40분 걸리는 곳이었다. 거기서 우리처럼 다차를 빌리러 온 사람들을 10명 이상 마주쳤다. 우리는 다차 임차가 처음이었지만 절차를 배우는 것이 어렵지 않았다. 그것은 매우 간단했다. 아무 집으로나 문을 열고 들어가기만 하면 되었다. 무엇 때문에 왔는지 설명할 필요도 없었다. 그곳 주민들은 우리의 용무를 바로 알아차리고 다음과 같은 말로 인사를 했다. "이미 다 임대 되었어요." 혹은 "우리에게는 단골 임차인이 있어요."

다차 보유자들은 임차인을 받을 때 매우 선별적이어서, 임차 희망자의 아이들이 몇 인지, 어떤 애완동물들을 갖고 있는지, TV가 있는지, 친지를 초대할 계획이 있는 지 등에 대해 많은 질문을 한다. 한 여자주인은 우리에게 목조 오두막 같은 것을 임 대하려 하였고, 또 다른 주인은 여러 가족에게 쪼개어 임대하려는 방을 보여주었다. 한 친구는 다차를 빌렸는데, 여름에 가보니 그 조그만 집이 아홉 가족에게 나누어져 있었다고 했다.

드디어 우리는 적당한 다차를 발견했다. 그러나 가격이 어마어마했다. 그 정도 금액 이라면 전 가족이 3개월 동안 흑해로 바캉스를 갈 수 있을 정도였다.

나는 다차 임대에 어떤 규제가 없는지 궁금했다. 그래서 다음 날 모스크바 주 소비 에트 집행위원회에 가보았다. 그리고는 결국, 모스크바의 수십만 주민이 매년 치르 는 이런 행위를 관장할 부서는 고사하고 단 한 명의 담당 관리조차도 없다는 사실을 알게 되었다. 기준은 있지만 서류상으로 존재할 뿐이다. 규정에 의하면 ㎡ 당 1루블 32 코페이카에 임대하게 되어있고, 지주는 임대료에 대한 세금을 납부하게 되어있 다. 그러나 실제 임대료는 수요에 따라 결정되며, 임대인과 임차인 양자가 실제 금 액에 대해 함구한다는 것을 모르는 사람은 없다. (후략)

— Sovetskaya Kultura, 1973.3.30

진정한 나의 집, 다차

'노동자와 농민의 천국' 소련에서 이론적으로 모든 국민은 평등했지만, 실제로는 차별이 엄존했다. 그런 사정은 다차의 분배에서도 어김없이 나타났다. 지위가 높은 사람들은 도시에서 가깝고 토질이 좋은 땅을 배정받았다. 그렇지 못한 사람들은 산더미 같은 보따리를 이고지고 먼 길을 이동하느라 생고생을 해야 했다. 몇 시간에 걸쳐 교통수단을 몇 번이나 갈아타며 가야하는 경우도 많았다. 하지만 그럼에도 불구하고 그곳이 '나의 다차'라면 사람들은 개의치 않고 다차로 향했다. 왜 그랬을까? 소련 인민들에게 있어 다차는 과연 어떤 존재였을까?

외부인들이 보기에 경이로운 현상을 연출하는 이 다차는 그들의 삶에서 두 가지 중요한 의미를 가지고 있었다. 그 첫째는 열악한 집단주거로부터의 탈출구 역할이었다.

소련 사회의 가장 큰 고민거리 가운데 하나가 바로 심각한 주택공급 부족이었다. 소련은 단 한 순간도 주택부족 문제로부터 자유롭지 못하였다. 소련국민들이 주택을 배정 받을 수 있는 채널은 두 가지였다. 하나는 지역 소비에트 즉 우리로 치면 구청이나 시청 같은 기관이었고, 다른 하나는 자기가 다니는 직장이었다. 그래서 주택이 필요한 사람들은 지역 소비에트나 직장의 주택대기자 순번에 자기 이름을 올려놓고 차례가 돌아오기를 기다렸다. 대기하는 시간은 수년이 될 수도, 십년 이상이 될 수도 있었다. 그 기간 동안 사람들은 기숙사와 같은 공동시설에서 생활해야 했다.

이 기숙사란 것이 우리 사회에서처럼 같은 직장이나 같은 학교에 소속되어 있는 사람들이 함께 지내는 곳이 아니었다는 사실을 유념해야 한다. 1980년 개봉되어 공전의 히트를 친 소련영화 《모스크바는 눈물을 믿지 않는다》에는, 각기 다른 공장과 건축현장에서 일하는 세 명의 여자 노동자들이 주인공으로 나온다. 이들은 직장이 전혀 다른데도 같은 기숙사의 한 방에서 함께 생활한다. 사정이 이렇다 보니 경우에 따라서는 한 가족이 뿔뿔이 흩어져 살아가며 주말에야 만날 수 있는 경우도 드물지 않았다. 이러한 만성적 주택공급 부족은 소련 사회의 높은 이혼율과 이직률의 중요한 원인으로 작용하였던 것으로 이야기된다.

그만큼 중요한 문제였기 때문에, 스탈린의 뒤를 이어 집권했던 흐루쇼프는 유명한 포퓰리스트답게 주택 부족을 10년 안에 해결하겠노라고 호언장담하였다. 그리고 그때까지 임시로 사용하도록 조립식 5층 아파트를 대량으로 건축하였다. 사람들은 흐루쇼프의 이름을 따 이 아파트를 '흐루쇼프카(хрущёвка, khrushchyovka)'라고 불렀다. 애석하게도 10년 안에 문제를 해결하겠다던 흐루쇼프의 약속은 지켜지지 못했다. 그리고 흐루쇼프카는 50년이 지나도록 도시 외곽에 많이 남아있었다.

소련의 열악한 주택사정을 상징하는 5층짜리 조립식 주택 흐루쇼프카 ⓒKwunYoong

사회주의 소련의 전형적 도시주거형태는 대규모 아파트였다. 그것은 물자가 부족하다보니 모든 사람들에게 단독 주택을 하나씩 공급할 수 없었던 사정 때문이기도 했지만, 국민들이 개인적 삶을 살아갈 여지를 가능한 한 줄여놓으려는 이념적 고려도 함께 작용한 것이었다. 가족이 뿔뿔이 흩어져 기숙사 생활을 하는 경우를 생각하면, 지역 소비에트나 직장으로부터 아파트를 제공받은 사람들은 행복해야 했다. 하지만 배정 받은 아파트는 매우 협소했고, 화장실과 취사장을 여러 가구가 공동으로 사용하는 경우도 많았다.

요컨대 소련의 대도시 시민들은 거의 사생활을 보장받을 수 없는 열악한 주거에서 생활해야 했던 것이다. 이러한 사정은 시민들에게 큰 고통을 안겨 주었다. 러시아는 19세기 말까지 농업 국가였다. 따라서 사람들은 전원생활에 대한 애착이 매우 강했다. 다차는 이런 사람들이 시골로 돌아가서 마치 사유재산처럼 마음먹은 대로(물론 일정한 제한 내에서이지만) 집과 텃밭을 가꿀 수 있게 해주는 소중한 존재였던 것이다. 다차에서의 생활은 소련 인민들이 자신의 '개별적 삶의 공간'을 가지고 싶은 갈망을 실현하는 행위였다는 점이 중요한 포인트이다. 사람들은 자기의 도시 거처인, 비좁고 종종 화장실도 샤워장도 주방도 다른 사람들과 공유해야 하는, 저 집단주거 아파트는 자신이 진정으로 머무는 집이 아니라고 생각했다. 자기 손으로 짓고, 자기가 좋아하는 색깔의 페인트를 칠하고, 자기가 원하는 베리와 꽃을 심고, 자기 가족들만의 침해받지 않는 삶의 공간을 가질 수 있는 바로 그 다차야말로 진정한 나의 집이라고 생각했다. 그래서 그들은 다차를 그토록 갈망했다.

그렇다고 해서 다차에서의 하루를 꽃이 만발한 숲속 전원주택 생활쯤으로 생각한다면 오산이다. 가장 큰 문제는 다차를 건축하는 일 자체였다. 다차 소유자 대부분은 식구들과 함께 스스로 다차를 지었다. 인부를 고용하는 경우는 매우 드물었다. 자력으로 다차를 건축하는 데에는 숱한 어려움이 따랐으므로 보통 4~15년이란 시간이 필요했다. 가장 큰 난관은 자재를 확보하는 일이었지만 건축을 위한 육체적 노동도 그냥 즐거운 일은 아니었다.

다차 소유자 대부분은 식구들과 함께 스스로 다차를 지었다. 1993년 모스크바 인근. ⓒ A.Solomonov[39]

당시 주말에 길을 떠나는 다차 소유자들의 모습을 보았다면 다차 생활이 그저 낭만적 휴식이 아니었다는 사실을 충분히 납득하였을 것이다. 그들은 허름한 작업복에 고무장화를 신고 있었다. 그리고 피크닉을 위한 채비가 아니라 연장과 건축자재, 묘목들을 잔뜩 이고 지고 길을 떠났다. 소련시절 자동차를 소유하고 있는 사람들은 드물었으므로 이 모든 것들을 대중교통을 이용해 운반해야 했다는 사실을 잊지 말아야 한다. 이렇게 볼 때 다차 생활은 일종의 휴가였지만 통상적인 휴가가 아니었다. 그리고 그 주목적은 휴식이 아니었다.

하지만 사람들은 다차에서 지치지 않고 기꺼이 일하였다. 나의 개별적 삶의 공간을 보장해주는 진정한 나의 집이 거기 있었기 때문이다. 자기의 다차가 다른 사람들에게 얼마나 초라해 보이건 간에, 그들은 자신과 가족에게 진정한 안식처를 만들어주기 위해 그처럼 힘들게 일한 것이다.

식량 조달원으로서의 다차

소련 인민들의 삶에서 다차가 가졌던 두 번째 의미는 식량 조달원으로서의 역할이었다. 1930년대 스탈린이 대기근의 탈출구로 텃밭을 허용하면서 다차가 부활하게 된 사정을 생각하면 이는 쉽게 이해할 수 있다. 그뿐만 아니라 다차는 1990년대 체제이행의 혼란기에 경제가 올스톱된 상황에서도 사람들이 굶지 않을 수 있게 해준 피난처였다. 1980년대 말을 기준으로 모스크바에서 매매된 농산물의 2/3는 국영농장이나 집단농장에서 오는 것이 아니라, 다차의 텃밭에서 생산된 것이라는 통계도 있다.

모스크바의 여름은 쾌적하고 찬란하다. 열악한 집단주거에서 탈출하여 눈부신 자연 속에서 여가를 즐기며 신선한 야채와 과일을 재배하는 이런 이야기는 매우 목가적이고 낭만적인 그림을 상상하게 한다. 하지만 실제로는 고된 노동을 수반하는 경우가 대부분이었다. 일반적으로 다차는 도시로부터 멀리 떨어져 있을 뿐만 아니라 가는 길도 쉽지가 않았다. 소련시절 평균적 모스크바 사람들은 다차까지 차로 2~3시간 걸리는 길을 가야 했다고 한다. 새로 개척한 다차 단지는 더 멀어서, 4시간 이상 걸리는 경우도 있었다. 개인이 승용차를 가진 경우가 흔치 않았던 소련시절, 다차로 가기 위해서는 복잡다단하게 대중교통을 이용해야 했다. 우선 시내에서 지하철을 타고 기차역까지 가야했다. 그곳에서 교외선 열차를 타고 목적지 역에 내려서는, 불규칙적으로 다니는 버스를 기다려야 했다. 그리고 버스에서 내려서 또 한참을 걸어야 하는 경우가 많았다. 그 길을 그냥 가는 것이 아니라는 게 또 문제였다. 주말에 먹을 양식과 건축자재, 묘목 등을 가지고 가야 했기 때문이다. 그걸로 끝이 아니었다. 집으로 돌아올 때는 다차의 수확물을 힘겹게 도시로 운반해야 했다.

다차 작물을 팔고 있는 모습 ⓒKwunYoong

자동차를 이용하는 경우에도 크게 나을 것이 없었다. 모스크바에서 빠져나가는 약 80㎞의 길은 고속도로였지만, 그 후에는 포장상태가 좋지 않은 지방도로를 또 수십 ㎞ 달려야 했다. 목적지에 이르는 마지막 몇 ㎞의 도로는 매우 험한 길인 경우가 많았다. 이 도로는 진흙과 구덩이 때문에 건조한 날에만 사용할 수 있었다. 이 길로 벽돌, 통나무, 판자 등 건축자재들을 싣고 가야 했던 것이다. 요컨대 차가 있거나 없거나, 다차에서 감자를 심고

베리와 버섯을 따는 일은 이처럼 길고 험난한 여정 끝에 비로소 시작되는 것이었다.

난제는 또 있었다. 다차가 들어선 토지가 문제였다. 다차의 용도로 제공된 토지는 보통 집단농장과 국영농장이 기피한 땅이었다. 따라서 십중팔구 아주 척박한 토지였다. 늪지대이거나 이탄으로 가득하고, 매우 울퉁불퉁하거나 숲 가장자리에 위치하는 경우도 많았다. 이 땅을 경작할 수 있게 만들기 위해서는 표토와 거름을 다른 곳에서 운반해오고 배수로를 만들어야 했다. 대부분의 다차에서는 작물을 경작하기 위해 이처럼 지독한 노동이 필요하였다. 요컨대 다차는 엄청난 노동과 자금, 그리고 시간을 요구하는 존재였다. 다차에서 생산된 작물은 이처럼 고된 노동의 산물이며, 생존을 위한 처절한 노력의 결실이었다. 다차에서의 휴식은 그 이후의 이야기였다. 그러나 그럼에도 불구하고 사람들은 다차를 강렬하게 원했고, 누가 시키지 않아도 그곳에서 열렬하게 노동하였다.

오늘의 다차

소련이 무너지고 시장경제체제로 이행한 러시아에서도 다차는 여전히 중요한 사회적 현상이다. 주택과 토지에 대한 사유화가 이루어지고 규제가 완전히 풀리면서 기존 다차를 개량하거나 새 다차를 건축하려는 격렬한 수요가 발생하였다. 오늘날 러시아 사람들이 다차를 이용하는 패턴은 매우 다양하다. 어떤 사람들은 예전그대로의 소박한 다차를 여름철 휴가 삼아 이용하지만, 적지 않은 사람들은 숙원이었던 난방시설을 갖춤으로써 다차를 연중 이용할 수 있는 제2주택으로 개조하였다. 오래된 다차 단지는 도시에 근접한 경우가 많다. 이와 같은 다차는 도시의 질 좋은 인프라를 이용할 수 있고 정기회수권을 이용한 통근이 가능하므로 가장 인기 있는 리모델링 대상이다. 이와 같은 다차를 어엿한 전원주택으로 리모델링하여 매각함으로써 한몫을 톡톡히 챙긴 사람들도 있다. 다른 한편으로 도시의 아파트는 세를 놓고 다차에서 생활하는 경우도 있다. 곤궁한 생활에 허덕이는 연금생활자들과 저숙련 노동자들의 가족이 도시의 아파트를 매각해버리고 다차로 완전히 이주하는 경우도 드물지 않다. 집을 판 돈의 일부를 다차의 개량에 사용하고 나머지는 생활비로 쓸 수 있기 때문이다.

새로 지은 다차 ©KwunYoong

러시아의 신흥부자 노브이 루스키(New Russian)들은 많은 돈을 손에 쥐게 되자 제일 먼저 고급 승용차를 구입하였다. 그리고 그 다음으로는 다차를 수리하거나 아예 새로 짓기 시작했다. 이들의 다차는 사실상 전원주택이라고 부르는 것이 옳을 것 같다. 이들의 집은 그 규모나 시설 측면에서 과거와는 차원이 다른 것이다. 종전과 다름없는 소박한 다차들 사이로 고래등 같은 새집들이 들어서 있는 모습은 모스크바 외곽에서 흔히 볼 수 있는 풍경이다.

이런 현상은 종종 갈등을 유발하기도 한다. 과거에도 다차의 배정에는 분명히 차별이 존재했다. 그러나 다차 조합은 직장에서 지위가 비슷한 사람들끼리 구성하는 경우가 일반적이었기 때문에 같은 단지 내에서는 그런 불평등의 요소를 직접 마주치는 일이 없었다. 하지만 이제 상황이 달라졌다. 사람들은 자신의 나무 오두막 바로 옆에 수영장과 각종 호화시설을 갖춘 고대광실이 들어서는 것을 바라보게 되었다. 이에 대한 불만 때문에 신축 다차에 방화로 추정되는 원인 모를 화재가 발생하는 일이 드물지 않다.

다차에 대한 러시아 사람들의 엄청난 수요는 사회주의 소련의 주택정책과 에너지 및 교통요금 정책, 그리고 식품 부족이 낳은 사회적 버블이라고 평가하는 사람들도 있다. 질식할 것 같은 아파트에서 탈출하고 싶은데, 다차가 멀지만 교통비는 무시할 수 있을 정도로 저렴했다. 그러니 정말 내 집 같은 그곳에 가서 감자와 야채를 키워 가지고 오면, 힐링도 되고 생계에도 도움이 되었던 것이다.

그렇다면 바뀐 세상에서도 여전히 다차는 막대한 시간과 돈을 투자할 만한 대상일까? 그렇지 않다. 적어도 경제적으로 볼 때는 이제 다차에 집착하는 것이 비합리적인 상황이 되었다. 그 요인 가운데 하나는 교통비용이다. 과거 막대한 보조금 지원에 의해 운영되던 대중교통수단들의 요금은 이미 대폭 인상되었으며, 앞으로도 계속 인상될 것이다. 이제 머나먼 다차 나들이는 무시할 수 없는 비용을 요구하고 있으며, 이를 감안하면 다차에서 재배되는 야채의 생산비는 시장에서 판매되는 농산물 가격에 비해 저렴하지가 않다.

그뿐이 아니다. 이제는 '기회비용(opportunity cost)'에 대한 고려가 매우 중요해졌다. 소련 시절 사람들은 여름 시즌 동안 주말마다 매일 많은 시간 다차에서 일하고 공휴일에도 쉼 없이 종일 시간을 바치곤 했다. 그때는 다차 노동의 기회비용이 그리 크지 않았다. 소련 시절에는 사람들이 주말에 다차에 가는 대신 다른 노동으로 수익을 올릴 수 있는 기회가 별로 없었기 때문이다. 그것은 1990년대 체제이행 초기, 실업자가 넘치던 시절에도 마찬가지였다. 하지만 지금은 사정이 달라졌다. 오늘 러시아 대도시의 많은 사람들이 투잡 생활을 하고 있을 정도로 시간은 돈이 되어가고 있다. 이런 상황이라면 다차에서 무지막지한 노동으로 시간을 보내느니보다 다른 일로 돈을 벌어 야채를 사먹는 것이 당연히 더 현명한 일이다.

러시아 대도시의 많은 사람들이 투잡 생활을 하고 있는 오늘, 다차 노동의 기회비용은 과거와 다르다. 모스크바의 시장 풍경. ⓒKwunYoong

감안해야 할 기회비용은 또 있다. 과거 다차의 토지는 거의 무료로 정부로부터 임대받은 것이었지만 이제 그것은 개인의 소유물이 되었다. 그 토지를 매각하지 않고 계속 보유하는 행위의 기회비용은 또 얼마가 될 것인지도 이제는 고려해 보아야 한다. 그뿐이 아니다. 과거 다차 건축의 동기는 '투자'라기보다 '소비'였다. 열악한 집단주거에 살고 있던 사람들은 진정한 자신의 집을 원했는데 다차에서는 그것이 가능했다는 것이다. 그러나 주택사유화로 도시 주거를 자유롭게 처분할 수 있게 된 지금은 사정이 달라졌다. 쉽게 말해서 이젠 다차가 아니라 도시의 주거 개선에 돈을 투자하는 것이 더 현명한 일이 될 수 있다. 그렇게 수리한 아파트에서 전보다 안락하게 살아갈 삶의 기회비용, 그리고 그것을 매각한 대금으로 꿈꿀 수 있는 경제행위들의 기회비용도 감안되어야 한다.

이런 점들로 인해 확실히 과거의 다차 버블은 많이 완화되고 있다. 그러나 이는 주로 경제적 관점에서의 이야기이다. 과거 어려운 시기에 다차가 국민들의 굶주림을 덜어주는 식량 조달원으로서 훌륭한 역할을 한 것은 분명하다. 그러나 전원생활에 대해 특별한 애착을 갖고 있는 러시아인들에게 다차는, 오직 그만이 가져다 줄 수 있는 정신적 기쁨을 제공하는 오래된 안식처로서도 매우 중요하다. 요컨대 앞으로도 러시아 사람들은 여름이 오면 변함없이 다차를 찾을 것이다. 그리고 그곳에서 화단을 가꾸고 야채를 심을 것이며, 숲속에서 버섯과 딸기를 딸 것이다. 비록 그것이 경제적으로는 전혀 타산이 맞지 않는 일이라 할지라도 그렇게 할 것이다. 마치 낚시꾼들이 만원어치도 안 될 물고기를 잡으러 몇 십만 원을 들여 바다로 나가듯이.

다차 숲속에서 버섯을 따는 부부 ©KwunYoong

에필로그

에필로그

그들

사회주의 종주국 소비에트 연방이 붕괴되던 날 우리는 TV 뉴스에서 속절없이 무너져 내리던 그들의 동상을 보았다. 그러나 사실 그곳에는 아직도 그들이 남아있다.

모스크바 혁명광장의 마르크스 석상 ⓒKwunYoong

모스크바 중심부의 혁명광장 플로샤지 레발류치. 잘 알려진 볼쇼이극장과 고급 백화점 춤(TSUM)을 정면으로 바라보는 그곳에서 칼 마르크스는 변함없이 "전 세계 프롤레타리아여 단결하라"고 외친다. 그러나 아무런 메아리가 들리지 않는다. 극장 안에서 공연되는 예술작품은 사회주의 리얼리즘을 벗어 던진 지 오래이고, 백화점은 오늘도 명품을 사려는 부자들로 붐빈다. 근처에서 마르크스를 기웃거리는 사람도 눈에 띄지 않는다. 착한 비둘기들만 그를 벗해줄 뿐.

마르크스의 충실한 조력자였던 프리드리히 엥겔스. 모스크바 중심부의 남서쪽 이면도로 가에 자존심을 잃지 않겠다는 듯 애써 당당한 모습으로 그가 서있다. 그러나 지나가는 사람들의 눈길을 거의 받지 못한 채, 그 역시 새들의 친구로 남아있을 뿐이다.

철학 또는 사상으로 책 속에 머물러 있던 사회주의 이념을 현실 세계에 처음 구현했던 블라디미르 레닌. 그는 모스크바 중심부로부터 남쪽으로 향한, 그의 이름을 딴 레닌스키 대로 가에서 옷자락을 휘날리며 결연한 표정으로 허공을 바라보고 있다. 러시아에서 본 레닌 동상들 가운데 가장 박진감 있는 모습이다. 하지만 주변의 광고판과 전깃줄들 때문일까, 그의 숙연한 얼굴을 바라보고 있으면 어쩐지 깊은 고뇌와 착잡함이 전해져오는 것 같다. 무.엇.이.잘.못.된.것.일.까.를 끝없이 되돌아보고 있는 듯한 얼굴. 그래도 레닌에게는 그의 이름을 딴 큰 길과 모스크바에서 가장 큰 기차역이 남았다.

그들은 무슨 생각을 하고 있을까. 그들이 모든 것을 바쳐 헌신했던 사람들이 자기들끼리만 웃고, 쇼핑을 하고, 꽃을 고르는 모습을 바라보면서.

엥겔스의 동상, 모스크바 ⓒKwunYoong

레닌 동상, 모스크바 ⓒKwunYoong

군견의 코

모스크바 지하철은 세계에서 가장 깊은 땅속을 운행하는 것으로 유명하다. 따라서 에스컬레이터의 경사가 급하고 속도도 매우 빠르다.

모스크바의 플로샤지 레발류치 지하철 역, 온종일 이곳저곳을 돌아다니다가 숙소로 돌아가는 길이었다. 열차가 오기까지 지친 다리를 쉴 만한 곳을 찾다보니 주변 곳곳의 독특한 조형물들이 눈에 띄었다. 원래 모스크바 중심부의 지하철역 내부는 갤러리를 연상시키는 예술성 높은 장식으로 이름나 있다. 그러나 그곳은 다른 역들과 분위기가 좀 달랐다. 회랑 여기저기를 장식한 것들은 총을 멘 게릴라 풍 사람들의 역동적인 모습을 묘사한 조형물이었다. 그렇지, 역 이름이 '플로샤지 레발류치(혁명광장)' 아닌가. 머리 위에는 전 세계 프롤레타리아여 단결하라던 마르크스의 석상이 있는 곳이 아닌가. 아마 혁명에 기여했던 파르티잔들을 기념하여 이런 조형물들을 배치한 것으로 짐작되었다.

그때 눈앞에서 좀 이상한 일이 일어났다. 30대쯤 되어 보이는 여성 한사람이 잽싸게 그 조형물을 손으로 만지고는 막 도착한 객차 속으로 몸을 날리는 것이었다. 모스크바 지하철 열차는 출입문이 굉장히 빨리 닫힌다. 중간에 잠시 멈칫하는 단계도 없이 곧바로 닫히는 힘도 매우 세어서, 쾅 소리를 내며 양쪽 문이 충돌하는 탄력으로 잠시 문틈이 벌어졌다 제자리로 돌아갈 정도이다. 그러므로 지하철을 탈 때마다 혹시 문틈에 몸이 끼이지 않을까 늘 겁이 나곤 한다. 그럼에도 불구하고 여자는 그 짧은 시간에 굳이 직선로를 이탈하여 조형물을 터치하고는 아슬아슬하게 차에 올라타는 것이었다.

모스크바 지하철 혁명광장역 조형물. 반들반들한 군견의 코 ©KwunYoong

매우 의아한 모습이었다. 혹시 잘못 본 건 아닐까. 고개를 갸웃하며 잠시 그대로 앉아 있었다. 그런데 얼마 후 나이든 아주머니 한 분이 다시 그곳으로 다가가더니 마찬가지로 조형물을 쓱 만지고 지나가는 것이었다. 다음 열차가 올 때까지 그런 모습을 몇 번 더 마주칠 수 있었다. 목격한 바로 그런 의식을 치르는 사람들은 모두 여성들이었다. 그들이 만진 것은 한 파르티잔 용사 옆에 버티고 있는 군견, 정확히 말해서 그 개의 코 혹은 주둥이 부분이었다. 가까이 가서 보니 사람들의 손길이 얼마나 닿았던지 그 부분만 반들반들하게 변형되어 있었다.

숙소로 돌아온 후 주인 내외와 현지 유학생들에게 이 일의 상세한 내력에 대해 물어보았다. 그러나 기대와는 달리 아무도 이 사실을 모르고 있었다. 심지어 아는 유학생이 러시아인 동료들과 교수에게까지 알아보았으나 다들 모르더라는 것이었다. 아직도 그 내력에 대해 시원한 답을 듣지 못했지만, 그 광경은 아마도 개인적 기복행위가 아니었을까. 예전에 우리 제주도의 돌하루방도 신혼부부들이 아들을 낳는다고 코를 만지는 수난을 겪어야 했던 시절이 있다.

모스크바 한복판의 번잡한 지하철역에서 잠시 지켜보는 동안에도 여러 사람들이 반복하는 행위를, 그리고 그 반들거림으로 보아 아마도 아주 오랫동안 이어져 왔을 그 의식을 모르는 사람들이 많다는 사실. 사람들이 흔히 자기가 사는 사회에 대해서는 잘 알고 있다고 착각하지만, 현대사회의 복잡다양성이 그리 간단치 않다는 것을 새삼 깨닫게 한다.

세상의 정보가 신경망처럼 연결되어 빛의 속도로 오가는 시대이다. 하지만 우리는 등잔 밑의 일을 알지 못하거나 잘못 알고 있는 경우가 많다. 성바실리대성당을 지은 건축가의 눈을 뽑아버렸다는 이반 뇌제의 악행이나 보드카의 알코올 농도 표준을 40%로 설정했다는 화학자 멘델레예프에 관한 잘못된 속설은 이제 너무나 당연한 사실처럼 인터넷과 여행 안내서를 장악하고 있다.

살아갈수록 모르는 일들이 더 많아지는 것 같고, 의심 없이 믿어온 것들이 과연 어디까지 진실일지 돌아보게 되는 사건들이 거듭된다. 그럼에도 불구하고 세상과 타인을 평가함에 있어서는 번번이 예단과 교만을 버리지 못한다. 이를 어찌할 것인가.

수즈달의 나무다리

모스크바 북동부에 산재해 있는 아름다운 중세도시들을 연결하면 고리 모양을 이룬다. 이를 황금 고리(Golden Ring)라고 부른다.
황금 고리의 절정 수즈달은 도시라기보다는 고즈넉한 마을에 가깝다.
그 들녘을 카멘카 강이 감돌아 흐른다. 강이란 이름이 영 어울리지 않는 좁다란 이 개울에 성냥개비를 엮어놓은 것 같은 나무다리들이 놓여있다.
여름날 다리 아래에서는 멱을 감는 동네아이들의 웃음소리가 햇살과 함께 수면 위로 부서진다. 다리 위의 할머니는 굽뜬 몸으로 낚싯대를 드리우고 있다. 간간이 걸려 올라오는 손가락만한 물고기들은 고양이의 저녁밥이다.
나무다리의 난간에 한갓지게 기대어 지나가는 사람들을 구경하다가, 아침 장에서 사온 오이를 한입 베어물어본다. 천상의 것처럼 사각거리는 수즈달의 오이. 그 들판의 갈대숲을 훑고 가는 바람 맛이 입 안에 가득하다.

길을 가다가도, 잠자리에 들어서도
수즈달의 나무다리가 문득문득 떠오르곤 한다.
왜 자꾸 그 나무다리가 그리운 건지.
그리운 것이 그 다리인지
그곳을 지나던 사람들인지.
그 길에 잠시 머물다 지나간
다시 교차할 수 없는 그들과 나의 시간인지.

ⓒKwunYoong

ⓒKwunYoong

ⓒKwunYoong

에필로그 345

©KwunYoong

©KwunYoong

저작권 링크

저작권 링크

1) https://en.wikipedia.org/wiki/File:Polish–Lithuanian_Commonwealth_at_its_maximum_extent.svg
2) https://commons.wikimedia.org/wiki/File:Moscow_July_2011-7a.jpg
3) https://commons.wikimedia.org/wiki/File:Schwimmbad_Moskwa.jpg?uselang=ko
4) https://commons.wikimedia.org/wiki/File:HotelRossia.jpg?uselang=ko
5) https://commons.wikimedia.org/wiki/File:Sankt_Petersburg_Peter_der_Grosse_2005_a.jpg?uselang=ko
6) https://commons.wikimedia.org/wiki/File:Spb_06-2012_Palace_Embankment_various_14.jpg
7) https://commons.wikimedia.org/wiki/File:Mauzoleumlenina_(cropped).jpeg?uselang=ko
8) https://commons.wikimedia.org/wiki/File:Swan_Lake_prodution_2008_at_the_Royal_Swedish_Opera.jpg
9) https://commons.wikimedia.org/wiki/File:Gulag_Location_Map.svg?uselang=ko
10) https://commons.wikimedia.org/wiki/File:RIAN_archive_159271_Nikita_Khrushchev,_Valentina_Tereshkova,_Pavel_Popovich_and_Yury_Gagarin_at_Lenin_Mausoleum.jpg?uselang=ko
11) https://commons.wikimedia.org/wiki/File:RIAN_archive_734809_Members_of_Moscow%27s_Soviets,_Communist_and_civic_organisations_attend_International_Women%27s_Day_meeting.jpg?uselang=ko
12) https://commons.wikimedia.org/wiki/File:Kudrinskaya_Square_Building_in_Moscow2.jpg?uselang=ko
13) https://commons.wikimedia.org/wiki/File:RIAN_archive_359290_Mikhail_Gorbachev.jpg
14) https://commons.wikimedia.org/wiki/File:Refugeesaz.jpg?uselang=ko
15) https://commons.wikimedia.org/wiki/File:1989_08_23_Baltijoskelias14.jpg?uselang=ko

16) https://commons.wikimedia.org/wiki/File:Boris_Yeltsin_22_August_1991-1.jpg?uselang=ko
17) https://commons.wikimedia.org/wiki/File:RIAN_archive_848095_Signing_the_Agreement_to_eliminate_the_USSR_and_establish_the_Commonwealth_of_Independent_States.jpg?uselang=ko
18) https://commons.wikimedia.org/wiki/File:%D0%91%D0%BE%D1%80%D0%B8%D1%81_%D0%9D%D0%B8%D0%BA%D0%BE%D0%BB%D0%B0%D0%B5%D0%B2%D0%B8%D1%87_%D0%95%D0%BB%D1%8C%D1%86%D0%B8%D0%BD-1.jpg?uselang=ko]
19) https://commons.wikimedia.org/wiki/File:Vladimir_Potanin.jpg
20) https://commons.wikimedia.org/wiki/File:M.B.Khodorkovsky.jpg
21) https://commons.wikimedia.org/wiki/File:Pn-meeting-profsojuz-1998-chubais.jpg?uselang=ko
22) https://commons.wikimedia.org/wiki/File:Boris_Yeltsin_4_April_1996.jpg?uselang=ko
23) https://commons.wikimedia.org/wiki/File:Tatyana_Yumasheva.jpg
24) https://en.wikipedia.org/wiki/Boris_Yeltsin#/media/File:Ba-meeting-october-1998-people.jpg
25) https://commons.wikimedia.org/wiki/File:Evstafiev-chechnya-women-pray.jpg?uselang=ko
26) https://commons.wikimedia.org/wiki/File:Evstafiev-helicopter-shot-down.jpg?uselang=ko
27) https://commons.wikimedia.org/wiki/File:Evstafiev-chechnya-handshake.jpg?uselang=ko
28) https://www.flickr.com/photos/143381734@N02/27042729974
29) https://commons.wikimedia.org/wiki/File:Evstafiev-chechnya-palace-gunman.jpg?uselang=ko
30) https://commons.wikimedia.org/wiki/File:Vladimir_Putin_with_Boris_Yeltsin-5.jpg?uselang=ko
31) https://commons.wikimedia.org/wiki/File:Boris_Yeltsin_31_December_1999.jpg
32) https://commons.wikimedia.org/wiki/File:Vladimir_Putin_Cockpit_TU-160_Bomber.jpg?uselang=ko
33) https://commons.wikimedia.org/wiki/File:Beslan_school_no_1_victim_photos.jpg?uselang=ko
34) https://commons.wikimedia.org/wiki/File:Vladimir_Putin_11_March_2008-1.jpg?uselang=ko
35) https://commons.wikimedia.org/wiki/File:Parade_Ded_Moroz_(4).jpg
36) https://commons.wikimedia.org/wiki/File:Moscow,_Neglinnaya_14_Mar_2009_01_PC2.jpg?uselang=ko
37) https://commons.wikimedia.org/wiki/File:Samogon.JPG?uselang=ko
38) https://commons.wikimedia.org/wiki/File:RIAN_archive_487609_Boleslav_Telichan%27s_family_at_summer_house.jpg?uselang=ko
39) https://commons.wikimedia.org/wiki/File:RIAN_archive_532407_Country_house_battening.jpg?uselang=ko